### PRENTICE HALL
# Realidades ②

## para hispanohablantes

**PEARSON**

Prentice
Hall

Needham, Massachusetts
Upper Saddle River, New Jersey

**Acknowledgments**

"Ballet folklórico de México de Amalia Hernández-Quienes somos" from Balletamalia.com

"Ballet folklórico de México de Amalia Hernández-Escuela" from Balletamalia.com

"Sobre la Clínica del Pueblo" from La Clínica del Pueblo. Lcdp.org

*Note: Every effort has been made to locate the copyright owner of material used in this textbook. Omissions brought to our attention will be corrected in subsequent editions.*

2 3 4 5 6 7 8 9 10    08 07 06 05

ISBN 0-13-116430-9

# TABLA DE MATERIAS

# Nota para los padres

¡Felicidades! Ustedes han comprendido la importancia de que su hijo o hija estudie español y lo (la) han animado a hacerlo. Con su ayuda, su hijo o hija logrará ser completamente bilingüe. El ser completamente bilingüe, el saber hablar, leer y escribir correctamente dos idiomas, va a aportarle muchos beneficios a su hijo o hija. Es importante que ustedes estén al corriente de los progresos que su hijo o hija realiza en español y que en todo momento lo (la) apoyen y lo (la) animen a continuar estudiando.

## Estrategias para que sus hijos mejoren su español

Ustedes, como hispanohablantes, pueden ayudar muchísimo a mejorar el nivel de español de su hijo(a):

- corrigiendo en una forma positiva los errores que su hijo(a) cometa al hablar o escribir en español y felicitándolo(a) por sus progresos.

- asegurándose de que su hijo(a) comprende bien las palabras que usa en español. Pedirle a su hijo(a) que explique en español qué significa alguna palabra que él (ella) usa a menudo es un ejercicio divertido y muy útil.

- enseñando a su hijo(a) palabras nuevas en español. Ustedes pueden ayudar a aumentar el vocabulario de su hijo(a) diciéndole qué otras palabras pueden usarse para decir algo.

Su hijo(a) conoce el español y la herencia cultural de su país de origen a través de ustedes, por eso es importante que sienta que ustedes valoran su idioma y su cultura. Con su actitud, ustedes pueden transmitirle a su hijo(a) el amor a un idioma y una herencia cultural tan rica. El conocer a fondo dos idiomas y dos culturas diferentes hará de su hijo(a) una persona más abierta y comprensiva, al mismo tiempo que le dará una mayor agilidad mental. Todo lo cual le será muy útil tanto durante sus estudios actuales como en sus estudios y en su trabajo futuros y le proporcionará mayor seguridad en sí mismo(a).

Por todo esto, es muy importante no sólo que continúen usando el español en su vida diaria, sino que también se propongan a ayudar a su hijo(a) a mejorar el español que ya saben y animarlo para que siga estudiando y aprenda a escribirlo correctamente. A continuación, les presentamos algunas ideas para que siga animando a su hijo(a) a estudiar español y contribuya al éxito de su hijo(a) en sus estudios.

## Consejos para ayudar a su hijo o hija a tener éxito en sus estudios de español

- **_Hablen en español._** Usen el español para comunicarse entre sí y con sus hijos y familiares en la casa.

- **_Escriban en español._** Cuando escriban notas para sus hijos, háganlo en español. Al principio pueden usar el español para notas sencillas, como por ejemplo: "Hay torta en el refrigerador. Besos, Papá". Con el tiempo, sus hijos comenzarán a responder a sus notas y a crear las suyas propias en español. También, ayude a su hijo(a) a escribir una carta o un mensaje de correo electrónico en español a un familiar. Si es posible, anime a su hijo(a) a mantener correspondencia con un familiar de su misma edad en su país de origen.

- **_Lean en español._** Den ejemplo a sus hijos leyendo en español delante de ellos. Lean en voz alta cuentos, historias, artículos, etc. que ustedes sepan que pueden ser interesantes para sus hijos. Tengan en casa materiales de lectura apropiados a la edad y los intereses de sus hijos. Cuando su hijo(a) lea en español, hable con él (ella) sobre lo que leyó, lo que entendió y lo que más le gustó o le llamó la atención de la lectura.

- **_Repasen las tareas escolares juntos._** Dediquen un tiempo al día o a la semana para repasar las tareas escolares de español con su hijo(a). Así le demostrarán a su hijo(a) que el español es importante para ustedes. También, al repasar la tarea juntos surgirán preguntas y comentarios sobre el español y sobre la cultura de los países hispanohablantes, que ustedes podrán responder ampliando los conocimientos de su hijo(a) sobre su herencia cultural.

- **_Mantengan viva la cultura y las tradiciones de su país de origen._** Cuéntenle a su hijo(a) historias de su país de origen y muéstrenle fotografías de allí; cocinen platos típicos; jueguen con su hijo(a) a juegos tradicionales; enséñenle bailes típicos de su país; si es posible, celebren algunas fiestas tradicionales de su país, si no, al menos recuerden el día con historias y recuerdos de cómo celebraban esas fiestas en su tierra natal. De esta forma su hijo(a) conocerá y apreciará toda su herencia cultural.

- **_Vean películas en español._** Si donde ustedes viven hay una gran comunidad hispana, sin duda habrá algún videoclub o alguna biblioteca en donde se pueden encontrar películas en español. Si es posible, busquen películas en este idioma y véanlas y coméntenlas en familia.

- **_Mantengan una actitud positiva y abierta._** Es importante que su hijo(a) sepa que puede contar con su apoyo en sus estudios de español y que puede comentar con ustedes temas relacionados con su país de origen.

# Códigos Web para los archivos de audio en español

Aquí están los códigos Web de *A primera vista* y *Manos a la obra* de *Realidades 2*. Estos códigos se pueden usar para acceder a prácticas adicionales de los puntos siguientes que se presentan en *Realidades para hispanohablantes, Nivel 2*.

Acceso a materiales Online:
- Ir a www.PHSchool.com.
- Introducir el código Web.
- Hacer clic en "Go!"

| Capítulo | A primera vista | Manos a la obra |
|---|---|---|
| **Para empezar** | jdd-0001: Adjetivos<br>jdd-0002: *Ser*<br>jdd-0003: Nacionalidades<br>jdd-0004: Verbos regulares | |
| **Capítulo 1A** | jdd-0102: Práctica de vocabulario<br>jdd-0103: Práctica de vocabulario | jdd-0104: Verbos con cambios en el radical<br>jdd-0105: Palabras negativas y afirmativas |
| **Capítulo 1B** | jdd-0112: Práctica de vocabulario<br>jdd-0113: Práctica de vocabulario | jdd-0114: Comparaciones<br>jdd-0115: *Saber* y *conocer*<br>jdd-0116: *Hace* y expresiones de tiempo |
| **Capítulo 2A** | jdd-0202: Práctica de vocabulario<br>jdd-0203: Práctica de vocabulario | jdd-0204: Verbos reflexivos<br>jdd-0205: *Ser* y *estar*<br>jdd-0206: Adjetivos posesivos |
| **Capítulo 2B** | jdd-0212: Práctica de vocabulario<br>jdd-0213: Práctica de vocabulario | jdd-0214: El pretérito de los verbos regulares<br>jdd-0215: Adjetivos demostrativos<br>jdd-0216: Adjetivos usados como nombres |
| **Capítulo 3A** | jdd-0302: Práctica de vocabulario<br>jdd-0303: Práctica de vocabulario | jdd-0304: Pronombres de objeto directo<br>jdd-0305: Verbos irregulares en el pretérito: *ir* y *ser*<br>jdd-0306: Verbos irregulares en el pretérito: *hacer, tener, estar* y *poder* |
| **Capítulo 3B** | jdd-0312: Práctica de vocabulario<br>jdd-0313: Práctica de vocabulario | jdd-0314: Pronombres de objeto directo<br>jdd-0315: Mandatos afirmativos irregulares con *tú*<br>jdd-0616: El presente progresivo |

| Capítulo | *A primera vista* | *Manos a la obra* |
|---|---|---|
| **Capítulo 4A** | jdd-0402: Práctica de vocabulario<br>jdd-0403: Práctica de vocabulario | jdd-0404: El imperfecto<br>jdd-0405: El imperfecto: verbos irregulares<br>jdd-0406: Pronombres de objeto indirecto |
| **Capítulo 4B** | jdd-0411: Práctica de vocabulario<br>jdd-0412: Práctica de vocabulario | jdd-0413: El imperfecto: describir situaciones<br>jdd-0414: Acciones recíprocas |
| **Capítulo 5A** | jdd-0502: Práctica de vocabulario<br>jdd-0503: Práctica de vocabulario | jdd-0504: El imperfecto: otros usos<br>jdd-0505: El pretérito de *oír, leer, creer* y *destruir* |
| **Capítulo 5B** | jdd-0511: Práctica de vocabulario<br>jdd-0512: Práctica de vocabulario | jdd-0513: Pretéritos irregulares<br>jdd-0514: El imperfecto progresivo y el pretérito |
| **Capítulo 6A** | jdd-0602: Práctica de vocabulario<br>jdd-0603: Práctica de vocabulario | jdd-0604: El pretérito de los verbos en *-ir* con cambios en el radical<br>jdd-0605: Otros verbos reflexivos |
| **Capítulo 6B** | jdd-0611: Práctica de vocabulario<br>jdd-0612: Práctica de vocabulario | jdd-0613: Verbos que requieren el uso de pronombres de objeto indirecto<br>jdd-0614: Presente perfecto |
| **Capítulo 7A** | jdd-0702: Práctica de vocabulario<br>jdd-0703: Práctica de vocabulario | jdd-0704: Mandatos negativos con *tú*<br>jdd-0705: El *se* impersonal |
| **Capítulo 7B** | jdd-0711: Práctica de vocabulario<br>jdd-0712: Práctica de vocabulario | Jdd-0713: Mandatos con *usted* y *ustedes*<br>jdd-0714: Usos de *por* |
| **Capítulo 8A** | jdd-0802: Práctica de vocabulario<br>jdd-0803: Práctica de vocabulario | jdd-0804: El presente del subjuntivo<br>jdd-0805: Verbos irregulares en el subjuntivo |
| **Capítulo 8B** | jdd-0811: Práctica de vocabulario<br>jdd-0812: Práctica de vocabulario | jdd-0813: El presente del subjuntivo con expresiones impersonales<br>jdd-0814: El presente del subjuntivo de los verbos con cambios en el radical |
| **Capítulo 9A** | jdd-0902: Práctica de vocabulario<br>jdd-0903: Práctica de vocabulario | jdd-0904: El futuro<br>jdd-0905: Verbos irregulares en el futuro |
| **Capítulo 9B** | jdd-0911: Práctica de vocabulario<br>jdd-0912: Práctica de vocabulario | jdd-0913: Otros verbos irregulares en el futuro<br>jdd-0914: El presente del subjuntivo con expresiones de duda |

# Códigos Web para los archivos de audio en español

**For:** Audio files
**Visit:** www.phschool.com
**Web Codes:** see below

Mientras aprendes español es muy útil que practiques tanto como puedas tus habilidades para escuchar. Para ayudarte a hacerlo puedes visitar www.PHSchool.com y descargar electrónicamente documentos auditivos que puedes escuchar en tu propio reproductor o en tu computadora. Sólo tienes que introducir el código Web *(Web Code)* correcto de esta lista para indicar la sección del capítulo en la que estás trabajando y así podrás ver un menú que contiene una lista de todos los documentos disponibles. Descarga los que quieras. Mientras más escuches, ¡más pronto aprenderás!

| Capítulo | *A primera vista* | *Manos a la obra* | *Repaso* |
|---|---|---|---|
| **Para empezar** | | | jdd-0099 |
| **Capítulo 1A** | jdd-0187 | jdd-0188 | jdd-0189 |
| **Capítulo 1B** | jdd-0197 | jdd-0198 | jdd-0199 |
| **Capítulo 2A** | jdd-0287 | jdd-0288 | jdd-0289 |
| **Capítulo 2B** | jdd-0297 | jdd-0298 | jdd-0299 |
| **Capítulo 3A** | jdd-0387 | jdd-0388 | jdd-0389 |
| **Capítulo 3B** | jdd-0397 | jdd-0398 | jdd-0399 |
| **Capítulo 4A** | jdd-0487 | jdd-0488 | jdd-0489 |
| **Capítulo 4B** | jdd-0497 | jdd-0498 | jdd-0499 |
| **Capítulo 5A** | jdd-0587 | jdd-0588 | jdd-0589 |
| **Capítulo 5B** | jdd-0597 | jdd-0598 | jdd-0599 |
| **Capítulo 6A** | jdd-0687 | jdd-0688 | jdd-0689 |
| **Capítulo 6B** | jdd-0697 | jdd-0698 | jdd-0699 |
| **Capítulo 7A** | jdd-0787 | jdd-0788 | jdd-0789 |
| **Capítulo 7B** | jdd-0797 | jdd-0798 | jdd-0799 |
| **Capítulo 8A** | jdd-0887 | jdd-0888 | jdd-0889 |
| **Capítulo 8B** | jdd-0897 | jdd-0898 | jdd-0899 |
| **Capítulo 9A** | jdd-0987 | jdd-0988 | jdd-0989 |
| **Capítulo 9B** | jdd-0997 | jdd-0998 | jdd-0999 |

**Fondo cultural** ■◆■▽■◆■▽■◆ (página **1**)

**El primer día de clases**   En los países hispanohablantes, los estudiantes regresan a las clases en diferentes meses. Por ejemplo, en Uruguay y en Chile los estudiantes regresan en marzo porque las vacaciones de verano son de noviembre a febrero. En Colombia, hay tres calendarios para las escuelas. Unas escuelas van de enero a noviembre, el horario tradicional, y otras van de agosto a junio. El tercer calendario va de septiembre a junio, que es igual a los calendarios de Estados Unidos y México.

1. ¿En qué mes regresas a la escuela después de las vacaciones de verano?

   _____

2. ¿Qué otros periodos de vacaciones tienes durante el año? ¿Cuánto dura cada uno?

   _____

   _____

   _____

3. Piensa en el primer día del curso en tu escuela. ¿Qué pasa ese día? ¿Qué hacen los estudiantes? ¿Hay muchas personas en la escuela? ¿A qué hora empiezan las clases? Responde en un párrafo breve.

   _____

   _____

   _____

   _____

4. ¿Por qué crees que en las escuelas de Latinoamérica hay diferentes calendarios? ¿Crees que esto está relacionado con la posición geográfica de estos países? ¿Cuándo es verano en el Hemisferio Sur? ¿Y en el Hemisferio Norte? Responde en un párrafo breve.

   _____

   _____

   _____

   _____

# Para empezar

## Conexión geográfica (página 7)

Estos países tienen una conexión con el tema de este capítulo. Ubica y marca en el mapa los siguientes lugares. Luego, consulta la página 7 de tu Libro de texto para verifica si los ubicaste correctamente.

| | | |
|---|---|---|
| República Dominicana | Venezuela | Perú |
| España | Paraguay | Panamá |
| Uruguay | Honduras | Cuba |

Web Code
jde-0002

# 1 ¿Cómo eres tú? (página 2)

**Actividad A**

¿Cómo son estos personajes famosos? Escribe una descripción de cada uno.

> **Modelo**   *El monstruo de Frankenstein*
> *Es alto, feo y desordenado. No es muy paciente.*

1. Jennifer López _____

2. El hombre-araña _____

3. Ricky Martin _____

4. Bátman _____

5. Shakira _____

6. Supermán _____

**Actividad B**

Estas parejas son hermanos pero no se parecen en nada, ni en el físico ni en la personalidad. Lee las oraciones que describen a uno(a) y usa esa información para indicar cómo es el otro o la otra.

> **Modelo**   *Antonio es muy tranquilo y ordenado. (Rosa)*
> *Rosa es muy nerviosa y desordenada.*

1. Mario es serio y deportista. (Erika)

   _____

2. Rocío es paciente y trabajadora. (Tomás)

   _____

3. Santiago es sociable y muy talentoso. (Josefina)

   _____

4. Julia es alta y graciosa. (Francisco)

   _____

# Gramática • Repaso

## Adjetivos

(página 3)

Recuerda que los adjetivos describen personas, lugares y cosas. En español, los adjetivos deben tener el mismo número y género que los nombres a los que describen y normalmente, se colocan después del nombre.

| Masculino | | Femenino | |
|---|---|---|---|
| **Singular** | **Plural** | **Singular** | **Plural** |
| serio | serios | seria | serias |
| deportista | deportistas | deportista | deportistas |
| trabajador | trabajadores | trabajadora | trabajadoras |
| paciente | pacientes | paciente | pacientes |
| joven | jóvenes | joven | jóvenes |

*Fíjate en que *jóvenes* requiere un acento en la forma plural.

## Gramática interactiva

### Analiza

• Subraya los adjetivos que tienen la misma forma en masculino que en femenino. ¿Cuál es la terminación de estos adjetivos?

_____

Los adjetivos que tienen la misma forma en femenino y en masculino se llaman invariables. Escribe otros tres adjetivos invariables.

_____

_____

_____

Escribe en tu cuaderno frases para describir a las siguientes personas de las ilustraciones. Describe tanto el físico como la personalidad.

1. el chico de la ilustración a

2. las dos chicas de la ilustración b

3. un chico y una chica de la ilustración c

# Gramática • Repaso

## El verbo *ser*

(página 5)

Ya has aprendido a usar el verbo *ser* con adjetivos para describir cómo es una persona.

Esas chicas **son bonitas.**

También has aprendido a usar *ser + de* para indicar de dónde es alguien.

**Son de** Buenos Aires.

Recuerda que *ser* es un verbo irregular. Aquí tienes sus formas en el presente:

| (yo) **soy** | (nosotros)<br>(nosotras) **somos** |
|---|---|
| (tú) **eres** | (vosotros)<br>(vosotras) **sois** |
| Ud.<br>(él) **es**<br>(ella) | Uds.<br>(ellos) **son**<br>(ellas) |

El verbo *ser* también se puede usar con nombres para decir algo sobre el sujeto. Tanto los nombres como los adjetivos deben concordar en género y número con el sujeto.

Margarita es maestra.

Carlos es médico.

Margarita y Dolores son amigas.

José y Fernando son maestros.

Margarita y Carlos son hermanos.

### Gramática interactiva

**Analiza**

En los ejemplos del verbo *ser* con nombres, subraya las terminaciones de los complementos que están después del verbo *estar* y escribe una *F* si la terminación indica género femenino, y una *M* si indica género masculino; una *S* si la terminación indica singular y una *P* si indica plural.

Compara la terminación del complemento de cada frase con su sujeto. ¿Qué conclusión sacas?

_____

_____

_____

Completa las oraciones a continuación de una forma lógica, utilizando la forma apropiada del verbo **ser** para cada sujeto y los complementos necesarios.

1. Mis amigos y yo _____

2. Usted _____

3. Mi mamá y mi papá _____

4. Yo _____

5. Tú _____

## Ampliación del lenguaje

**Gentilicios**   Mira la tabla de adjetivos gentilicios (que indican nacionalidad) en la página 6 de tu libro de texto. Fíjate en cómo se forman y después, usa esa información para contestar:

**1.** ¿Cómo se forma el gentilicio para los países que acaban en -*ia*? Busca los ejemplos en la tabla para ayudarte a determinarlo.

_____

**2.** ¿Cuál de estos gentilicios es igual para hombres y mujeres?

_____

## Conexiones   Las ciencias sociales (página 6)

Estados Unidos es un país de inmigrantes donde hay gente de todas partes del mundo. Un grupo importante de los inmigrantes está formado por hispanohablantes. La población hispana representa más de 35 millones de personas, o el 13 por ciento de la población total. Es muy diversa porque hay hispanohablantes de muchos países hispanos. Lee la gráfica de población en la página 6 de tu libro de texto y contesta las siguientes preguntas.

¿Por qué razones crees que el grupo de inmigrantes de México es el más numeroso?

_____

¿Qué país es un estado asociado de los Estados Unidos? ¿Se refleja esto en la tabla?

_____

¿Qué otros países crees que se incluyen en la categoría de "otros países hispanos", aparte de los que ya están en la tabla?

_____

¿Qué razones puede tener un hispano para querer venir a Estados Unidos como inmigrante?

_____

_____

# 2 ¿Qué haces? (página 8)

Piensa en las cosas que te gusta hacer durante las diferentes estaciones del año. Completa
la tabla indicando por lo menos dos actividades para cada estación.

| **Primavera** (marzo, abril, mayo) *montar a bicicleta* | **Verano** (junio, julio, agosto) *nadar* |
|---|---|
| **Otoño** (septiembre, octubre, noviembre) | **Invierno** (diciembre, enero, febrero) |

Aquí tienes una lista de características de algunos estudiantes de tu escuela. Para cada
uno, sugiere una actividad de vacaciones teniendo en cuenta lo que sabes sobre la persona.

> **Modelo**  *Flor es atlética, impaciente y deportista.*
> *practicar deportes, montar en monopatín, nadar y correr*

1. Manuel es reservado, estudioso y paciente.

   _____

   _____

2. Rosana es atrevida, extrovertida y simpática.

   _____

   _____

3. Azucena es tímida, deportista e impaciente.

   _____

   _____

4. Antonio y Rosa son guapos, atléticos y
   antipáticos.

   _____

   _____

### ¿Recuerdas?

Puedes hablar acerca de actividades
para pasar el tiempo usando los verbos
regulares y las expresiones siguientes:

| | |
|---|---|
| bailar | montar en bicicleta |
| caminar | montar en monopatín |
| cantar | nadar |
| comer | pasar tiempo |
| correr | patinar |
| dibujar | practicar deportes |
| escribir | tocar la guitarra |
| cuentos | tomar el sol |
| escuchar | usar la computadora |
| música | |
| esquiar* | |
| leer revistas | |

*En el presente, *esquiar* lleva un
acento en la *i* de todas las formas,
excepto en las formas de *nosotros* y
*vosotros: esquío, esquías, esquía,
esquiamos, esquiáis, esquían.*

## Gramática • Repaso

(página 9)

### El tiempo presente de los verbos regulares

Recuerda que en español hay tres tipos de verbos regulares. Los infinitivos de estos verbos terminan en *-ar, -er,* y en *-ir.* Para formar el tiempo presente de un verbo regular, se elimina la terminación *-ar, -er,* o *-ir* del infinitivo y se añade la terminación correspondiente del presente. El presente se usa para hablar de lo que uno hace o está haciendo en el momento actual.

### Gramática interactiva

**Analiza**

Subraya la terminación de la forma *yo* de los verbos de la tabla. La parte no subrayada se llama el radical o la raíz. Escribe el radical de los tres verbos aquí.

_____

_____

_____

Luego encierra en un círculo el radical de la forma *nosotros* de los verbos de la tabla.

| | | | |
|---|---|---|---|
| (yo) | **hablo** | (nosotros) (nosotras) | **hablas** |
| (tú) | **hablas** | (vosotros) (vosotras) | **habláis** |
| Ud. (él) (ella) | **habla** | Uds. (ellos) (ellas) | **hablan** |

| | | | |
|---|---|---|---|
| (yo) | **como** | (nosotros) (nosotras) | **comemos** |
| (tú) | **comes** | (vosotros) (vosotras) | **coméis** |
| Ud. (él) (ella) | **come** | Uds. (ellos) (ellas) | **comen** |

| | | | |
|---|---|---|---|
| (yo) | **vivo** | (nosotros) (nosotras) | **vivimos** |
| (tú) | **vives** | (vosotros) (vosotras) | **vivís** |
| Ud. (él) (ella) | **vive** | Uds. (ellos) (ellas) | **viven** |

En tu cuaderno contesta las siguientes preguntas con oraciones completas.

1. ¿Cuál es la actividad que haces todos los fines de semana?

2. ¿Qué es lo primero que haces siempre cuando empiezas las vacaciones?

3. ¿Adónde vas a veces para pasar tu tiempo libre?

4. ¿Cómo es tu local favorito en tu ciudad?

**¡Enrique!** Lee este artículo de una revista sobre el cantante Enrique Iglesias y luego, en tu cuaderno, contesta las preguntas.

**Lectura** interactiva

**Encuentra**

- Subraya todas las formas de verbo *ser* que aparecen en el artículo sobre Enrique Iglesias.

- ¿En qué tiempo(s) está conjugado el verbo *ser* en este párrafo?

_____

# ENRIQUE IGLESIAS

El cantante Enrique Iglesias es de España pero ahora vive en Miami. Su padre es el famosísimo cantante Julio Iglesias, pero los jóvenes de todo el mundo conocen a Enrique por sus canciones populares como "Bailamos", "Be With You" y "Hero". Por primera vez en la historia de la música latina, recibe en 1996 el premio Grammy como Mejor Artista Latino con su primer disco. Enrique dice que la inspiración de su música viene de la música rock norteamericana y por las influencias latinas, caribeñas y europeas. Dice que "soy y voy a ser siempre latino, pero mi música no lo es". Cuando no está escribiendo música o cantando en conciertos, le gusta practicar deportes acuáticos, pasar tiempo con su perro, Grammy, y ver la tele, especialmente los programas musicales. Sus amigos dicen que es gracioso, independiente, romántico y optimista.

1. ¿Quién es el padre de Enrique?

2. ¿Qué le gusta hacer a Enrique en su tiempo libre?

3. ¿Cómo crees tú que es Enrique?

# Presentación escrita (página 13)

**( Tarea )** ................................................

Escribe un poema con forma de diamante. El poema va a describirte a ti mismo(a).

### Estrategia

**Organizar los pensamientos** Sigue las pautas de un organizador gráfico con forma de diamante a medida que escribes tu poema. Esto te ayudará a organizar tus ideas y a mejorar tu escritura.

**1. Antes de escribir**

Sigue estas instrucciones para escribir tu poema. Trata de hacer que algunas de las palabras al final de las líneas rimen, por ejemplo, *estudioso* y *perezoso*.

1. Escribe tu nombre.
2. Escribe dos adjetivos que no te describan.
3. Escribe tres adjetivos que te describan.
4. Escribe cuatro actividades que haces todos los días.
5. Escribe tres actividades que tú y tus amigos hacen en el verano.
6. Escribe dos actividades que nunca haces.
7. Escribe "¡Así soy yo!"

**2. Borrador**

Usa la información anterior y escribe tu poema con forma de diamante.

**3. Revisión**

Muéstrale tu poema a un(a) compañero(a) para que revise lo siguiente:

- ¿El poema incluye toda la información de la parte de Antes de escribir?
- ¿Usaste las formas correctas para los verbos y los adjetivos?
- ¿Hay algo que debes cambiar o eliminar?

Determina cuáles de las sugerencias de tu compañero(a) quieres usar y prepara tu versión final.

**4. Publicación**

Pon tu poema en una hoja de papel grande (tamaño folio) o en una cartulina. Decora la hoja o cartulina con fotos, dibujos y otras cosas que ayuden a describir cómo eres tú.

**5. Evaluación**

Quizá tu profesor(a) te dé los criterios de cómo va a ser evaluado tu poema. Probablemente, tu presentación del poema será evaluada teniendo en cuenta:

- si has seguido todos los pasos de forma apropiada.
- el uso adecuado de verbos y adjetivos.
- lo interesante que resulta.

# A ver si recuerdas... (páginas 16–17)

En este capítulo, vamos a hablar sobre la escuela. Completa la tabla siguiente para comprobar cuánto sabes ya sobre la escuela. Escribe tantas palabras como conozcas en cada columna.

| Clases | Lugares en la escuela | Materiales escolares | Cosas en la sala de clases |
|---|---|---|---|
| español | la sala de clases | los libros | el escritorio |
|  |  |  |  |

**Fondo cultural** (página 16)

**Simón Silva**  Algunos temas que Simón Silva refleja en sus pinturas incluyen el duro trabajo de los campesinos, escenas familiares, la amistad y, en general, la vida de los chicanos en California. Silva también ha escrito e ilustrado libros sobre las familias de los campesinos en California, como *Cosecha de la vida.* Puedes ver algunos cuadros de Silva en su propio sitio Web.

1. ¿Qué temas trata Simón Silva en sus pinturas?

   _____

   _____

2. Mira el cuadro de Silva y la fotografía de los estudiantes en la página 16 de tu libro de texto. ¿En qué se parecen y se diferencian los estudiantes del cuadro de los de la fotografía?

   _____

   _____

   _____

# ¿Qué haces en la escuela?

## Objetivos del capítulo

- Describir objetos y actividades en la sala de clases
- Hablar sobre las reglas de la escuela
- Expresar ideas afirmativas y negativas
- Comparar las costumbres y las reglas de la escuela en otros países con las de tu escuela

## Conexión geográfica (página 17)

Estos países y estados tienen una conexión con el tema de este capítulo. Ubica y marca en el mapa los siguientes lugares. Luego, consulta la página 17 de tu libro de texto para verificar si los ubicaste correctamente.

| | | | |
|---|---|---|---|
| México | Chile | Venezuela | Cuba |
| Texas | Argentina | España | Illinois |

Web Code
jde-0002

# A primera vista (páginas 18–19)

**Actividad A**

Escribe las sílabas en el orden correcto para formar palabras relacionadas con la escuela. Luego, completa las siguientes frases usando estas palabras.

ten - ción - a _____    pe - ri - to - men - ex _____

les - te - ma - ria _____    pe - res - tar _____

lo - bio - gía _____    for - me - in _____

1. ¡Qué alegría! Hoy tenemos laboratorio de _____.

2. Estamos haciendo un _____ sobre la luz solar y las plantas.

3. La maestra nos pide que usemos con cuidado los _____ del laboratorio.

4. También nos dice que es muy importante _____ las reglas para evitar accidentes.

5. Yo presto _____ porque quiero sacar buenas notas en la clase.

6. Además, es más fácil escribir un buen _____ si recuerdo todo lo que la maestra explica.

**Actividad B**

En la escuela, haces trabajos o proyectos especiales en cada clase. También, hay que seguir ciertas reglas. ¿Cómo es esto en tu escuela? Completa la tabla siguiente. Usa los infinitivos en tu tabla.

| Clases | Lo que hago en la clase | En la clase hay que... | En la clase se prohíbe... |
|--------|-------------------------|------------------------|---------------------------|
|        |                         |                        |                           |
|        |                         |                        |                           |
|        |                         |                        |                           |
|        |                         |                        |                           |

## Videohistoria (páginas **20–21**)

Todos nos ponemos algo nerviosos la víspera (el día antes) del primer día de escuela. Esteban no es una excepción. ¿Cómo contarías tú la historia de Esteban? Usa en tus respuestas las palabras y expresiones que aparecen en tu libro.

**Actividad C**

Recuerda que una historia tiene tres momentos principales: planteamiento, nudo y desenlace.

1. **Planteamiento:** Es el principio de la historia; aquí se introducen los personajes, la situación o el lugar de la historia. ¿Quién es el personaje principal de la videohistoria? ¿Dónde ocurre la historia?

_____

_____

_____

2. **Nudo:** Es la parte más importante; aquí se explica lo que les ocurre a los personajes. ¿Qué pasa en la videohistoria? ¿Qué hace Esteban? ¿Y los otros personajes?

_____

_____

_____

_____

3. **Desenlace:** Es el final de la historia. ¿Cómo acaba la historia de Esteban? ¿Qué te parece este final? ¿Por qué?

_____

_____

Escribe un resumen de la videohistoria en una hoja aparte basándote en tus respuestas a la actividad anterior y usando las palabras y expresiones del recuadro de abajo. Un resumen tiene que ser corto e incluir sólo las cosas más importantes. Cuando termines, revisa tu borrador para verificar que tu resumen sigue un orden lógico.

| alguno | conocer | dar un discurso | llegar tarde | nadie |

Nombre _____  Fecha _____

# Manos a la obra (páginas 22–26)

Lee las siguientes oraciones y complétalas con una palabra o expresión aprendida en tu libro de texto para este capítulo.

1. En clase de química, vamos al _____ para hacer experimentos.

2. Estoy contenta porque me gusta hablar en público y mañana, tengo que _____ en la clase de historia.

3. Cuando no entiendo algo, a mi profesor no le importa _____ la lección varias veces.

4. Si tengo problemas en clase, puedo _____ a un amigo o a un profesor.

5. Si estudio mucho, este semestre voy a _____.

6. Ahora voy a terminar de escribir mi _____ sobre historia.

7. Si no te despiertas pronto, vas a _____ a la escuela.

8. Por favor, préstame _____. Tengo que cortar esta cartulina.

9. ¡Ay! Me olvidé el _____ en casa. ¿Crees que me dejarán entrar?

10. Estoy leyendo esta poesía tantas veces porque la quiero _____ y no olvidarla nunca.

Ayer acompañé a mi prima a comprar materiales escolares. ¿Qué piensas que ella necesitará para el año escolar? Responde con oraciones completas.

1. ¿Qué necesitará para un proyecto de arte? _____

_____

2. ¿Qué materiales tendrá que llevar a clase todos los días? _____

_____

3. ¿Dónde puede anotar las reglas de la escuela? _____

_____

**Actividad F**

Escribe una definición breve para cada una de estas palabras. Si conoces alguna otra palabra para ese mismo objeto, escríbela. Fíjate en el modelo.

> **Modelo**   pizarra   **Definición:** *Tabla negra donde el profesor escribe.*
> **Otra palabra:** *pizarrón*

1. **Bolígrafo**   Definición: _____

   Otra palabra: _____

2. **Grapadora**   Definición: _____

   Otra palabra: _____

3. **Carpeta**   Definición: _____

   Otra palabra: _____

4. **Asiento**   Definición: _____

   Otra palabra: _____

5. **Mochila**   Definición: _____

   Otra palabra: _____

6. **Tiza**   Definición: _____

   Otra palabra: _____

7. **Asignatura**   Definición: _____

   Otra palabra: _____

# Gramática • Repaso

## Verbos con cambios en el radical    (página 27)

El radical de un verbo es la parte del infinitivo que queda después de eliminar las terminaciones *-ar, -er* o *-ir*. Por ejemplo, el radical de *empezar* es *empez-*. En los verbos irregulares, el radical presenta cambios en todas las formas del presente, excepto en las formas *nosotros(as)* y *vosotros(as)*.

Ya has aprendido tres tipos de verbos irregulares. Para repasarlos, aquí están las formas del presente de *poder* (o ⟶ *ue*), *empezar* (e ⟶ *ie*) y *pedir* (e ⟶ *i*).

— Si no **puedes** contestar una pregunta, ¿qué haces?

— Generalmente le **pido** ayuda a otro estudiante o al profesor.

### poder *(o ⟶ ue)*

| (yo) | **puedo** | (nosotros) (nosotras) | **podemos** |
|---|---|---|---|
| (tú) | **puedes** | (vosotros) (vosotras) | **podéis** |
| Ud. (él) (ella) | **puede** | Uds. (ellos) (ellas) | **pueden** |

### empezar *(o ⟶ ie)*

| (yo) | **empiezo** | (nosotros) (nosotras) | **empezamos** |
|---|---|---|---|
| (tú) | **empiezas** | (vosotros) (vosotras) | **empezáis** |
| Ud. (él) (ella) | **empieza** | Uds. (ellos) (ellas) | **empiezan** |

### pedir *(e ⟶ i)*

| (yo) | **pido** | (nosotros) (nosotras) | **pedimos** |
|---|---|---|---|
| (tú) | **pides** | (vosotros) (vosotras) | **pedís** |
| Ud. (él) (ella) | **pide** | Uds. (ellos) (ellas) | **piden** |

## Gramática interactiva

### Identifica formas

- Encierra en un rectángulo el radical de los verbos en infinitivo.

- Subraya las terminaciones en los verbos conjugados.

- Encierra en un círculo los cambios en los radicales de los verbos conjugados.

## ¿Recuerdas?

Otros verbos con cambios en el radical que siguen los modelos anteriores son:

| o ⟶ ue | u ⟶ ue | e ⟶ ie | e ⟶ i |
|---|---|---|---|
| almorzar | jugar | entender | servir |
| costar | | pensar | repetir |
| dormir | | preferir | |
| | | querer | |

Ahora completa las formas que faltan en las tablas siguientes.

| (yo) **almuerzo** | (nosotros)<br>(nosotras) |
|---|---|
| (tú) | (vosotros)<br>(vosotras) **almorzáis** |
| Ud.<br>(él) **almuerza**<br>(ella) | Uds.<br>(ellos)<br>(ellas) |

| (yo) **entiendo** | (nosotros)<br>(nosotras) |
|---|---|
| (tú) **entiendes** | (vosotros)<br>(vosotras) |
| Ud.<br>(él)<br>(ella) | Uds.<br>(ellos) **entienden**<br>(ellas) |

Completa la carta con la forma apropiada de los verbos en paréntesis.

Querido Carlos:

No sé porque Paco y José Luis no _____ *(querer / almorzar)* trabajar con

nosotros. Yo _____ *(preferir / pensar)* que es una idea estupenda hacer ese mural

en el patio de la escuela. Aunque Paco y José Luis _____ *(dormir / preferir)*

trabajar con otro grupo, yo creo que tú _____ *(poder / entender)* convencerlos

para que nos ayuden. Ernesto y yo ya tenemos algunos materiales de pintura, pero hay

otros que _____ *(costar / pensar)* mucho, y el maestro de arte dice que él no

_____ *(poder / pedir)* más materiales hasta que no estemos bien organizados.

Saludos,

Mario

## Ampliación del lenguaje

### Ortografía: ¿*m* o *n*?

| M | N |
|---|---|
| Se escribe *m* delante de *p* y *b*. | Se escribe *n* delante del resto de las consonantes. |
| relámpago    hombre | repelente    andar |
| empezar    ambos | inmediatamente    brincar |
| impresionar    embargo | invierno    enfadado |

## Gramática

### Palabras afirmativas y negativas (página 31)

Ya sabes muchas palabras afirmativas y negativas.

| Afirmativas | Negativas |
|-------------|-----------|
| alguien | nadie |
| algo | nada |
| algún, alguno(s), alguna(s) | ningún, ninguno, ninguna |
| siempre | nunca |
| también | tampoco |

*Alguien* y *nadie* son pronombres (sustituyen a un nombre) y pueden desempeñar las mismas funciones que un nombre.

> **Alguien** me dijo que Pedro está enfermo.
> Le voy a regalar este libro a **alguien**.
> No he visto a **nadie** en el patio.
> **Nadie** me regaló esta mochila; la compré yo.

*Alguno / alguna / algunos / algunas / ninguno / ninguna* concuerdan en número (singular o plural) y género (masculino o femenino), con el nombre al que se refieren.

> —¿Ustedes van al laboratorio de computadoras en **algunas** clases?
> —No, no vamos al laboratorio en **ninguna** clase.

Cuando *alguno* y *ninguno* van antes de un nombre masculino singular, cambian a *algún* y *ningún*.

> —¿Vas a dar **algún** discurso en la clase de inglés?
> —No, no voy a dar **ningún** discurso.

*También* y *tampoco* son adverbios (modifican al verbo) y por eso son invariables.

> A Clara le gusta mucho la clase de arte. La clase de historia **también** le gusta.
> A Carlos y Javier **también** les gustan las clases de arte y de historia.
> Antonio no saca buenas notas.
> Rosario y Violeta **tampoco** sacan buenas notas.

### Gramática interactiva

**Identifica funciones**

- En los ejemplos con *alguien* y *nadie*, subraya estas palabras cuando funcionan como sujeto.

- En los ejemplos con *alguno(a)* y *ninguno(a)*, subraya la palabra con la que concuerda la palabra negativa o positiva en cada frase.

- Encierra en un círculo todas las palabras variables que encuentres en los ejemplos. ¿Por qué se dice "algunas clases"?

  _____

  _____

- Encierra en un círculo todas las palabras invariables que encuentres en los ejemplos. ¿Por qué son invariables?

  _____

  _____

### ¿Recuerdas?

Para hacer una oración negativa por lo general se pone *no* delante del verbo.

- **No** sacamos buenas notas en la clase de álgebra.

Algunas veces también se puede usar una palabra negativa después del verbo.

- **No** estudiamos **nunca** los sábados por la noche.

**Actividad I**

Cuatro estudiantes están comparando sus horarios de clases. Éstas son las asignaturas que tienen a primera hora de la mañana. Observa los horarios y completa el párrafo usando las palabras afirmativas y negativas que has estudiado en la página 31 de tu libro.

**Marta**

| | LUNES | MARTES | MIÉRCOLES | JUEVES | VIERNES |
|---|---|---|---|---|---|
| 8:00-8:45 | Inglés | Ciencias | Inglés | Inglés | Arte |

**Gabriela**

| | LUNES | MARTES | MIÉRCOLES | JUEVES | VIERNES |
|---|---|---|---|---|---|
| 8:00-8:45 | Inglés | Inglés | Inglés | Inglés | Inglés |

**Joaquín**

| | LUNES | MARTES | MIÉRCOLES | JUEVES | VIERNES |
|---|---|---|---|---|---|
| 8:00-8:45 | Español | Inglés | Español | Español | Arte |

**Felipe**

| | LUNES | MARTES | MIÉRCOLES | JUEVES | VIERNES |
|---|---|---|---|---|---|
| 8:00-8:45 | Arte | Ciencias | Inglés | Ciencias | Español |

Todos los estudiantes tienen clase de inglés por la mañana. _____ tiene clase de

matemáticas. _____ estudiante tiene clase de educación física por la mañana.

_____ estudiantes tienen clase de ciencias. Gabriela no tiene clase de ciencias,

Joaquín _____ . Gabriela y Joaquín no tienen _____ clase de ciencias por la

mañana. Gabriela _____ tiene clase de inglés por la mañana. Marta sólo tiene

inglés _____ días. En la semana, los chicos tienen _____ clase de español por

la mañana y las chicas no tienen _____ clase de español.

**Actividad J**

Otras palabras positivas y negativas son *siempre* y *nunca*. Estas palabras indican tiempo o momento en que se hace o no se hace algo. Son adverbios, y por lo tanto invariables. (**Siempre** entrego la tarea a tiempo. **Nunca** llego tarde a la escuela.)

Ahora, escribe en tu cuaderno un párrafo corto usando algunas de las frases anteriores. Recuerda que *alguno* y *ninguno* cambian a *algún* y *ningún* delante de nombres masculinos en singular.

**Modelo**    Siempre llego a la escuela a las 8:15. Las clases empiezan a las 8:30. Algunos estudiantes llegan tarde. Yo nunca llego tarde...

> **¡Ojo!**
> No es habitual usar las palabras
> *ningunos* y *ningunas*. Por lo general,
> se prefiere la forma en singular,
> *ningún* y *ninguna*.

# Lectura cultural

Tu escuela tiene un programa de amigos por correspondencia con una escuela secundaria de España. Una de las estudiantes españolas te ha escrito el siguiente mensaje de correo electrónico. A medida que lees, compara lo que cuenta Rosario sobre su escuela con las cosas en tu escuela.

Hola,

Me llamo Rosario Díaz y estudio en el Instituto Manuel de Falla en Elche, Alicante. El instituto es el nombre que tienen en mi país los centros públicos de enseñanza secundaria. Las clases empiezan a las ocho y media y terminan a las dos y cuarto. Cada día tenemos seis clases y un descanso a mitad de la jornada para comer. Cada asignatura la da un profesor diferente. Cada clase dura unos 55 minutos, pero la clase de lengua, que es los martes, miércoles y jueves por la tarde, me parece más larga que todas las demás. Yo creo que es porque a esa hora ya estoy cansada, y además, la lengua no es mi asignatura favorita.

El curso escolar empieza en septiembre y termina en junio. Tenemos vacaciones en Navidad, en Semana Santa y en verano. Al final de cada período de clase, antes de las vacaciones, nos dan las notas. Antes de las vacaciones de verano, los estudiantes y los profesores organizamos un viaje de fin de curso. Estos viajes son muy interesantes y divertidos. Todos los estudiantes participamos en la organización de actos y ventas para recaudar dinero para el viaje, y luego, todos juntos elegimos el destino. Este año, vamos a hacer un recorrido de una semana por Andalucía porque queremos ver los monumentos árabes que hemos estudiado en la clase de historia.

¿Y tú que haces en tu escuela? ¿Tienes los mismos horarios que yo? ¿Cuándo tienes vacaciones? ¿En vuestra escuela tenéis viajes de fin de curso?

Un saludo,

Rosario

Ahora, usando el mensaje de Rosario como guía, escribe una respuesta a Rosario.

1. Empieza presentándote y diciendo a qué escuela vas.
2. Habla de las semejanzas y diferencias entre tu escuela y la escuela de Rosario.
3. Despídete.

# Conexiones La literatura (página 25)

### Actividad M

El escritor cubano José Martí, además de poesía, escribió ensayos y artículos periodísticos. Martí escribía para expresar no sólo sus sentimientos; él buscaba reflejar los sentimientos y las esperanzas de los pueblos americanos. Fue un escritor, pensador, político y filósofo. En 1994, la Conferencia General de la UNESCO *(United Nations Educational, Scientific and Cultural Organization)* creó el Premio Internacional José Martí para reconocer y recompensar a aquellos que con sus actividades contribuyen a la unidad de los países de América Latina y a la conservación de sus tradiciones culturales y valores históricos. El 28 de enero de 2003 organizó un acto especial para celebrar el 150 aniversario del nacimiento de José Martí. En este acto se reconoció la labor de Martí como precursor de la defensa del derecho de los pueblos a gozar de una educación que respete su diversidad.

**1.** ¿Qué otras actividades, además de la escritura de la poesía, llevó a cabo Martí?

_____

_____

**2.** ¿Qué hizo la UNESCO en 1994? ¿Con qué propósito?

_____

_____

_____

## El español en el mundo del trabajo

(página 33)

Saber hablar español te permite ser profesor(a) de la materia. ¿Qué otras oportunidades de trabajo puedes tener si hablas español? Da al menos dos ejemplos.

**Modelo** Agente de viajes: *Si tengo que hacer una reservación en un país hispano, me puedo comunicar directamente en el idioma español.*

**Trabajo**                              **Descripción de tus tareas**

_____ : _____

_____ : _____

# ¡Adelante! (páginas 34–35)

**Lectura 1**

### Estrategia

**Usar títulos y subtítulos** La lectura de los títulos de un artículo te ayudará a anticipar el contenido del mismo.

Antes de leer, haz la actividad en la caja que está al margen. Luego, lee los consejos para estudiar mejor que publicó la revista española *Okapi*. Si hay alguna palabra que no recuerdas, consulta las glosas del artículo en las páginas 34 y 35 de tu libro de texto. Al terminar la lectura haz la otra actividad al margen.

---

**Lectura** interactiva

**Usa títulos y subtítulos**
Antes de leer el artículo, dale una ojeada. Luego encierra en un círculo el título y subraya los subtítulos.

Predice de qué trata el artículo.

_____

_____

_____

_____

_____

_____

_____

_____

**Verifica la lectura**
Después de leer, verifica si tus predicciones fueron acertadas.

---

# Reglas de oro para estudiar mejor

### ¿Qué debes hacer a la hora de estudiar?

Para estudiar mejor necesitas una buena organización del trabajo y unos hábitos saludables. Siempre debes ser positivo. Repite frases como: "yo puedo hacerlo" o "yo soy capaz". Cuida tus libros y otros materiales. Generalmente una persona constante, organizada y trabajadora tiene buenos resultados en los estudios.

### ¿Cómo puedes organizarte para estudiar?

Establece un horario fijo para estudiar y planifica tu tiempo. Tienes que pasar suficiente tiempo para llegar al punto de máxima concentración. También debes planear unos pequeños descansos de 5 a 10 minutos. Y si no entiendes algo, pide ayuda: ¡Tus padres o tus hermanos mayores te pueden ayudar!

### ¿Cómo puedes estudiar mejor y sacar buenas notas?

Tienes que cuidarte. Debes comer bien y dormir lo suficiente. Por ejemplo, no es bueno estudiar muy tarde por la noche antes de un examen. Debes estar tranquilo, sin estar ni nervioso ni ansioso. La tranquilidad emocional te ayuda a pensar mejor. También tienes que cuidar tu vista: cuando lees, el libro debe estar a 35–40 cm de distancia de tus ojos y siempre debes usar una buena lámpara.

## Actividad Ñ

¿Cuál es la idea principal en cada uno de los párrafos del artículo?

1. _____
   _____
2. _____
   _____
3. _____
   _____

## Actividad O

Imagina que eres el (la) director(a) de la revista *Okapi* y en respuesta a tu artículo recibes muchas cartas de los lectores. ¿Cómo responderías a las siguientes preguntas?

1. Comparto mi cuarto con mi hermanito menor y no tengo mucho lugar para hacer las tareas. ¿Qué lugar sería el más tranquilo para hacer las tareas de la escuela?

   _____
   _____

2. Mi casa queda lejos de la escuela; por eso, cuando llego a la casa estoy muy cansado. ¿Cuál piensas que sería la mejor hora para hacer las tareas de la escuela?

   _____
   _____

3. Me cuesta trabajo organizarme para hacer las tareas escolares. ¿Tienes algunos consejos para que me pueda organizar mejor?

   _____
   _____

## Lectura 2

Antes de leer el texto siguiente, haz la primera actividad al margen. Después lee el texto y haz el resto de las actividades en la caja. Fíjate que las partes de esta carta son: membrete, saludo, párrafo de introducción, lista de propósitos, despedida y firma.

### Lectura interactiva

**Identifica el tipo de texto**
Observa el texto y traza líneas para separar cada una de sus partes. Luego, identifica cada una de esas partes usando las letras siguientes: *M*, membrete; *S*, saludo; *I*, párrafo de introducción; *L*, lista de propósitos; *D*, despedida; *F*, firma. Teniendo en cuenta las partes que has indicado, ¿qué tipo de texto es?

_____

**Encuentra**
En cualquier tipo de texto, el párrafo de introducción suele presentar la idea principal de todo el texto. Subraya la idea principal en el párrafo de introducción. Luego resúmela en tus propias palabras.

_____
_____
_____
_____
_____
_____
_____

---

**Escuela secundaria Benito Juárez**
**Avenida Américas, 527**
**México, D.F. - México**

Bienvenido(a) a la escuela,

En nuestra escuela queremos proporcionarte las bases para que puedas continuar con éxito tu educación, ya sea en una carrera técnica o universitaria y para que puedas incorporarte a la vida cotidiana con una actitud positiva y responsable. Nuestros planes de estudio incluyen talleres de actividades artísticas y culturales, así como talleres de computación y tecnología, en los que te prepararás para tu futuro profesional.

Nuestros propósitos son:

- Ampliar los conocimientos de los estudiantes y desarrollar sus capacidades.
- Promover el pensamiento crítico (capacidad para razonar y analizar).
- Ampliar la capacidad de comunicación del estudiante.
- Fomentar la lectura como instrumento para la adquisición de conocimientos y de desarrollo personal.
- Desarrollar la sensibilidad artística y la creatividad.
- Fomentar actitudes de respeto y tolerancia ante opiniones y puntos de vista diferentes.
- Preparar a los alumnos para continuar sus estudios en la opción que ellos escojan.

Puedes hablar con el (la) consejero(a) a los estudiantes para que te ayuden a elegir los cursos y actividades extracurriculares más apropiados para ti.

Atentamente,

José Palacios Ríos

Completa las siguientes actividades sobre el texto.

**1.** ¿A quién va dirigido el texto?

_____

_____

**2.** ¿Qué tipos de talleres ofrecen en la escuela?

_____

_____

**3.** Fíjate en los siguientes verbos que aparecen en la lectura. Escribe al lado de cada verbo la letra del significado con el que asocias cada verbo. Si no sabes su significado, recuerda que lo puedes descifrar si te fijas en el contexto.

**Verbos:**                  **Significados:**

_____ promover          a. hacer que algo mejore con el tiempo

_____ ampliar            b. aumentar, hacer mayor

_____ desarrollar

_____ fomentar

**4.** Lee otra vez la lista de propósitos. ¿Cuál te parece el más importante de la lista? ¿Por qué?

_____

_____

_____

_____

_____

# La cultura en vivo (página 36)

**Actividad R**

Lee este artículo sobre el escudo de México y responde a las preguntas en tu cuaderno.

### El águila, la serpiente y el nopal

Una leyenda cuenta que el dios del Sol les indicó a los aztecas el lugar donde debían construir una ciudad que "sería la reina y señora de todas las demás de la Tierra". Les dijo que reconocerían el lugar al ver un águila sobre un nopal comiendo una serpiente.

En 1325, los mexicas (descendientes de los antiguos aztecas) encontraron el águila de la leyenda. Estaba sobre un nopal en una isla del lago Texcoco. Allí fundaron Tenochtitlán, donde hoy está la ciudad de México.

Los habitantes de la ciudad tomaron como escudo la imagen del acontecimiento. Para los antiguos mexicanos, el águila era un animal sagrado, símbolo del Sol, y la serpiente era el símbolo de la Tierra. El águila con la serpiente en el pico representaba la unión del Sol y la Tierra. Por último, el nopal representaba el alimento de los habitantes de la región.

Después de la conquista, los pobladores de la ciudad de México les pidieron a los reyes de España que les permitieran conservar su escudo, pero rodeado de pencas de nopal, como símbolo de los tlatoanis (guerreros mexicas) vencidos durante la conquista.

1. ¿Cuáles fueron los primeros elementos del escudo mexicano?

_____

2. ¿Qué representaba cada uno de los elementos del escudo mexicano?

_____

_____

3. ¿Cuáles fueron los últimos elementos añadidos al escudo? ¿Qué representan?

_____

_____

# Presentación oral (página 37)

## Director(a) por un día

**Tarea**

Te han invitado a ser el (la) director(a) de tu escuela por un día. Tu primera tarea es crear algunas reglas de la escuela nuevas y mostrarlas en un cartel. ¡Sé creativo(a)! Después de que termines tu cartel, preséntalo a la clase.

### Lluvia de ideas

Antes de preparar una presentación, piensa en todas las ideas posibles para tu proyecto. Haz una lista con *todas* esas ideas, sin pensar si son buenas o malas. Después revisa la lista y toma las mejores ideas para tu presentación.

### 1. Preparación

Haz una lista de seis reglas nuevas de la escuela. Incluye tres cosas que los estudiantes deben hacer y tres cosas que está prohibido hacer. Incluye también una explicación corta, en la que expliques por qué los estudiantes deben o no deben obedecer las reglas nuevas. Quieres que la escuela sea un lugar en el que los estudiantes se sientan apoyados y así aprendan mejor. Luego haz un cartel en el que ilustres las reglas nuevas.

### 2. Práctica

Repasa tu presentación varias veces, usando las ilustraciones del cartel. Puedes usar tus notas cuando repasas la presentación, pero no cuando la hagas en público. Asegúrate de:

- incluir tres cosas que los estudiantes deben hacer y tres cosas que no pueden hacer.
- usar frases completas.
- hablar con claridad.

**Modelo** *Éstas son mis reglas nuevas: Todos los estudiantes deben hacer preguntas si no entienden algo, porque hacer preguntas es la mejor manera de aprender. Y hay que... ¡Se prohíbe hablar inglés en la clase de español! Y tampoco deben...*

### 3. Presentación

Explica a tus compañeros de clase las nuevas reglas de la escuela, usando los elementos visuales de tu cartel.

### 4. Evaluación

Quizá tu profesor(a) te dé los criterios de cómo va a ser evaluada tu presentación. Probablemente, tu presentación será evaluada teniendo en cuenta:

- lo completa que es tu presentación.
- lo fácil que resulta entenderte.
- la claridad con que los elementos visuales de tu cartel ilustran tus reglas.

**Repaso del capítulo**

Para preparar el examen, revisa si...
• conoces el vocabulario nuevo y la gramática.
• puedes realizar las tareas de la página 29.

# Repaso del capítulo (página 40)

## Vocabulario y gramática

**para hablar acerca de lo que haces en clase**

| | |
|---|---|
| aprender de memoria | to memorize |
| contestar | to answer |
| dar un discurso | to give a speech |
| discutir | to discuss |
| explicar | to explain |
| hacer una pregunta | to ask a question |
| el informe | report |
| el laboratorio | laboratory |
| la palabra | word |
| pedir ayuda | to ask for help |
| el proyecto | project |
| sacar una buena nota | to get a good grade |

**para hablar acerca de reglas en la sala de clases**

| | |
|---|---|
| a tiempo | on time |
| entregar | to turn in |
| llegar tarde | to arrive late |
| prestar atención | to pay attention |
| la regla | rule |
| respetar | to respect |
| se prohíbe... | it's forbidden... |

**para nombrar objetos de la escuela**

| | |
|---|---|
| el armario | locker |
| el asiento | seat |
| el carnet de identidad | I.D. card |
| la cinta adhesiva | transparent tape |
| la grapadora | stapler |
| los materiales | supplies, materials |
| las tijeras | scissors |

**palabras negativas y afirmativas**

| | |
|---|---|
| alguien | someone, anyone |
| algún, alguna, algunos, -as | some, any |
| nadie | no one, nobody |
| ningún, ninguno, -a | no, none, not any |

**otras palabras útiles**

| | |
|---|---|
| conocer | to know |
| lo que | what |
| sobre | on, about |

**para expresar posesión o relación**

**almorzar (o → ue)** *to have lunch*

| | |
|---|---|
| almuerzo | almorzamos |
| almuerzas | almorzáis |
| almuerza | almuerzan |

**empezar (e → ie)** *to start, to begin*

| | |
|---|---|
| empiezo | empezamos |
| empiezas | empezáis |
| empieza | empiezan |

**entender (e → ie)** *to understand*

| | |
|---|---|
| entiendo | entendemos |
| entiendes | entendéis |
| entiende | entienden |

**repetir (e → i)** *to repeat*

| | |
|---|---|
| repito | repetimos |
| repites | repetís |
| repite | repiten |

● **Más práctica**
Practice Workbook Puzzle 1A-8
Practice Workbook Organizer 1A-9

# Preparación para el examen (página 41)

| En el examen vas a... | Éstas son las tareas que te pueden ser útiles para el examen... | Si necesitas repasar... |
|---|---|---|

 **① Escuchar** Escuchar y entender a unos estudiantes mientras describen lo que deben y lo que no deben hacer en clase.

Escucha a dos estudiantes que comparan sus clases de español. (a) ¿Cuáles dos cosas hacen los estudiantes en ambas clases? (b) ¿Cuáles dos cosas son diferentes? (c) ¿Cuál de las dos clases prefieres? ¿Por qué?

págs. 18–21
*A primera vista*

---

 **② Hablar** Preguntar y responder a afirmaciones acerca de las actividades que se hacen en la sala de clases.

Tu profesor(a) les ha pedido a ti y a tu compañero(a) que investiguen las actividades más comunes en la sala de clases. Cada uno de ustedes va a hacer un cuadro con una lista de sus clases, en la parte de arriba. Luego piensen en cinco o seis actividades y escríbanlas en una columna al lado del cuadro. Escriban una *X* al lado de las actividades que ustedes hacen en cada clase. Por último, describan con qué frecuencia hacen estas actividades.

*Doy discursos en las clases de historia, español e inglés. Hablo sólo español en la clase de español todos los días.*

pág. 22 Actividad 4
pág. 23 Actividades 5–6
pág. 24 Actividad 7
pág. 28 Actividades 15–16
pág. 29 Actividad 17
pág. 32 Actividad 21

---

**③ Leer** Leer y entender una lista de reglas típicas de la sala de clases.

Lee las reglas que están abajo. Escribe los números del 1 al 5 y luego escribe una *P* para aquellas afirmaciones que pienses que fueron idea de un(a) profesor(a) y una *E* para las que crees que fueron escritas por un estudiante.

1. Se prohíbe hacer la tarea a tiempo.
2. Hay que pedir ayuda si no entiendes.
3. Hay que prestar atención.
4. Se prohíbe traer libros a la clase de literatura.
5. Hay que dormir en las clases.

pág. 31 Actividad 19
pág. 33 Actividad 23
pág. 37
*Presentación oral*

---

 **④ Escribir** Escribir un párrafo acerca de tu clase favorita.

En un párrafo corto, describe tu clase favorita. Incluye: (a) lo que haces en clase; (b) la clase de tarea para casa que tienes.

pág. 26 Actividad 12
pág. 27 Actividad 14
pág. 29 Actividad 17

---

 **⑤ Pensar** Demostrar conocimiento de los escudos de armas.

Estás haciendo una búsqueda sobre *los escudos de armas*, antes de crear uno para una asignación. Una lista de sitios Web ofrece ejemplos históricos de países hispanohablantes. Basándote en lo que has aprendido, ¿qué tipos de adornos esperas encontrar en ellos? ¿Dónde se muestran esos escudos?

pág. 36
*La cultura en vivo*

Web Code jdd-0107
PHSchool.com

# A ver si recuerdas... (páginas 42–43)

¿Qué cosas haces o te gustaría hacer en tu tiempo libre? ¿Por qué te gusta esa actividad?

Completa la tabla siguiente según tus gustos personales. Escribe al menos dos actividades por cuadro.

|  | En el invierno | En el verano | Me gusta porque... |
|---|---|---|---|
| **Actividades en el interior** |  |  |  |
| **Actividades al aire libre** |  |  |  |

 (página 44)

**Antonio Berni**   Vuelve a mirar el cuadro del pintor argentino Antonio Berni que aparece en la página 44 de tu libro de texto. Este cuadro es un buen ejemplo del estilo realista de Berni y en él se puede ver cómo pintó a cada jugador de fútbol como individuo. El fútbol es el deporte más popular en Argentina y en otros países hispanohablantes. Es común que los chicos de los barrios organicen sus propios equipos y campeonatos.

¿Conoces algún deporte que sea tan popular o más que el fútbol para los hispanohablantes?

_____

_____

¿Puedes nombrar a algún jugador hispanohablante de este deporte?

_____

_____

¿Con qué equipo juega?

_____

_____

Comparte tus respuestas con la clase.

# ¿Qué haces después de las clases?

## Conexión geográfica (página 45)

Estos países tienen una conexión con el tema de este capítulo. Ubica los puntos cardinales en el mapa: Norte, Sur, Este y Oeste. Luego, contesta las siguientes preguntas.

1. ¿En qué dirección viajarás si vas de Argentina a

   Colombia? _____

2. ¿Venezuela está al norte o al sur de Nicaragua? _____

3. ¿Cuba está al oeste o al este de Texas? _____

4. ¿El océano Atlántico está al oeste o al este de Argentina? _____

Web Code
jde-0002

# A primera vista (páginas 46–47)

**Actividad A**

En las ilustraciones siguientes puedes ver a varios alumnos de secundaria haciendo actividades extracurriculares. Observa las ilustraciones y responde a las preguntas con frases completas.

**1.** ¿Qué es Rosario? _____

**2.** ¿Qué hace? _____

**3.** ¿Dónde crees que está ella? _____

**4.** ¿Qué es Pancho? _____

**5.** ¿Qué hace? _____

**6.** ¿Dónde crees que está él? _____

**7.** ¿Qué son Patty y Luis? _____

**8.** ¿Qué hacen? _____

**9.** ¿Dónde están ellos? _____

**Actividad B**

Actualmente, en todas las escuelas estadounidenses hay actividades extracurriculares en las que participan un gran número de estudiantes. Responde a las preguntas siguientes con frases completas.

**1.** ¿Qué actividades extracurriculares hay en tu escuela? Nombra todas las que puedas.

_____

_____

_____

**2.** ¿Qué otras actividades te gustaría hacer? Nombra por lo menos tres y explica por qué te gustan.

_____

_____

_____

_____

## Videohistoria (páginas **48–49**)

**Actividad C**

Lee las siguientes frases que dicen los chicos de la *Videohistoria* de este capítulo y luego explica con tus propias palabras qué quieren decir con cada frase.

**1.** Angélica: "Voy a ser miembro del equipo de fútbol en primavera".

_____

_____

**2.** Esteban: "¿A alguien le interesa asistir a la reunión conmigo esta tarde?"

_____

_____

**3.** Lisa: "Vamos a ensayar hoy".

_____

_____

**Actividad D**

¿Con cuál de los chicos o chicas de la *Videohistoria* te identificas más tú? ¿Por qué? Explícalo en un párrafo corto en tu cuaderno, usando las palabras de la caja.

| | | | | | |
|---|---|---|---|---|---|
| asistir a la reunión | ensayar | interés | tomar lecciones | volver | una voz |

**Actividad E**

Observa la secuencia 5 de la *Videohistoria*. Angélica es animadora. ¿Crees que para un equipo deportivo es importante tener buenos animadores? Explica tu respuesta en tu cuaderno.

# Manos a la obra (páginas 50–52)

Lee las siguientes definiciones y escribe junto a cada una la palabra o expresión del vocabulario que corresponda.

1. Para este pasatiempo necesitas una cámara y otros materiales. _____

2. Aquí puedes practicar deportes como el jockey, la natación o las artes marciales. _____

3. Para destacarte en este juego tienes que tener buena concentración. Se juega sobre una mesa. _____

4. Para pertenecer a este grupo de gente te tiene que gustar la música, pero no necesitas buena voz. _____

5. Esto es algo que debes hacer si quieres hacer una búsqueda en línea. _____

Aquí tienes las descripciones de varios estudiantes que van a asistir a tu escuela el semestre próximo. Lee las descripciones y elige una actividad extracurricular para cada persona. Explica por qué crees que les va a gustar esa actividad.

**MARIAM:** Es muy atlética y sociable. No tiene mucha paciencia y le gustan las actividades que requieren mucho movimiento. Le gusta mucho trabajar en equipo.

Actividad recomendada: _____

Explicación: _____

_____

**ROSARIO:** Es simpática y extrovertida. Le encanta cantar, bailar, saltar y pasar el tiempo con sus amigas. Es muy abierta y le gustan mucho las actividades al aire libre.

Actividad recomendada: _____

Explicación: _____

_____

**PEDRO:** Es reservado y muy creativo. No tiene mucha disciplina y le gusta pasar las horas frente a su computadora. Necesita una actividad que le ayude a moverse un poco más.

Actividad recomendada: _____

Explicación: _____

_____

**Actividad H**

Busca toda la información que puedas sobre tu deporte favorito o sobre tu actividad extracurricular favorita. Después usa la gráfica a continuación para incluir los datos que encontraste y compártelos con la clase.

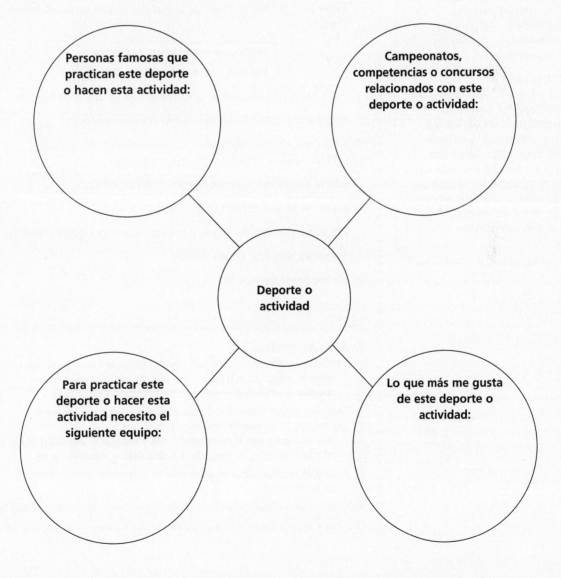

# Gramática

## Comparaciones (página 53)

### Gramática interactiva

**Identifica términos**

Fíjate en los ejemplos de la tabla y subraya los siguientes elementos:

- Subraya con una línea los dos términos de la comparación en cada ejemplo *(tan / tanto / como)*.
- Subraya con dos líneas la palabra con la que va *tan* o *tanto* en cada frase y escribe *AJ* para los adjetivos, *AV* para los adverbios y *N* para los nombres.

**Reflexiona**

Los adjetivos modifican a los nombres; los adverbios modifican a los verbos y a otros adverbios, y además son invariables. Teniendo esto en cuenta, encierra en un rectángulo las formas de *tan* o *tanto* que son adjetivos y encierra en un círculo las que son adverbios.

Para comparar personas o cosas que son iguales una a otra se usa:

> **tan + *adjetivo* + como**

En mi club, levantar pesas es tan popular como correr.

Alfredo es tan artístico como Catalina.

> **tan + *adverbio* + como**

Carlos estudia tan frecuentemente como Luisa.

Para decir que las cosas *no* son iguales, se puede usar la forma negativa.

En el club atlético, levantar pesas no es tan popular como correr.

> **tanto, -a + *nombre* + como**
> **tantos, -as + *nombre* + como**

*Tanto* concuerda en género y número con lo que se compara.

Hay tantas actrices en el ensayo como actores.

Aquí tienes algunos ejemplos más de comparaciones, de igualdad. Léelos fijándote en qué comparan:

María no es tan talentosa como su hermana.

Luisa llega tan tarde como Clara.

No es tan divertido jugar a los bolos como jugar al ajedrez.

Pablo es tan alto como Carlos.

Víctor tiene tantos libros como Aurora.

### ¿Recuerdas?

Ya conoces diferentes formas para comparar cosas y personas.

| | |
|---|---|
| más + *adjetivo* + que | mayor que / menor que |
| menos + *adjetivo* + que | mejor que / peor que |

También sabes cómo decir que alguien o algo es "el más" o "el menos", "el mejor" o "el peor".

el / la / los / las + *nombre* + más / menos + *adjetivo* + de
el / la / los / las + mejor(es) / peor(es) + *nombre* + de

- Cecilia cree que hacer gimnasia es la actividad más divertida de la escuela.

**Actividad I**

Ana, Arturo, Sergio y Amparo son cuatro hermanos que asisten a tu escuela este curso.
Aunque son hermanos son muy diferentes entre sí. Usa los datos de la tabla siguiente para
escribir dos comparaciones para cada uno de ellos en tu cuaderno.

> **Modelo**   Ana es **tan** estudiosa **como** Sergio pero es **más** extrovertida **que** él.

| ANA | ARTURO | SERGIO | AMPARO |
|---|---|---|---|
| Mide 1 m 65 cm. | Mide 1 m 57 cm. | Mide 2 m. | Mide 1 m 73 cm. |
| Estudia todas las tardes de seis a ocho y media. | Nunca estudia después de las clases. | Estudia los fines de semana, cinco horas cada día. | Estudia todas las mañanas entre las ocho y las doce. |
| Hace muchos deportes y participa en actividades extracurriculares. | Pasa mucho tiempo leyendo libros. | Pasa mucho tiempo en la piscina practicando natación. | Le gusta el fútbol y es animadora del equipo de su escuela. |
| Le gusta mucho la música y tiene más de 100 CD. | Canta en el coro de la escuela. Sólo tiene 2 CD. | Sergio sueña con ser bailarín. Tiene 5 CD de baile. | Amparo también quiere ser bailarina y tiene 5 CD. |

**Actividad J**

Piensa en las cosas que sabes sobre tu escuela y sobre tus compañeros de clase, y termina
cada una de estas oraciones de una forma lógica.

> **Modelo**   Nuestra escuela tiene tantas…
> Nuestra escuela tiene tantas animadoras en el equipo de fútbol como las
> demás escuelas de la ciudad.

1. Mi profesor(a) de español es tan _____

2. El gimnasio de nuestra escuela tiene tantos _____

3. Nuestro equipo de natación gana tantas _____

4. La orquesta de la escuela ensaya tan _____

5. Nuestro club atlético tiene tantos _____

# Gramática • Repaso

## *Saber* y *conocer*   (página 56)

Ya has estudiado las formas del presente de *saber* y *conocer*.
Tanto *saber* como *conocer* siguen el patrón de los verbos
regulares terminados en *-er* en el presente, pero ambos
tienen una forma irregular.

| (yo) | sé | (nosotros) (nosotras) | sabemos |
|---|---|---|---|
| (tú) | sabes | (vosotros) (vosotras) | sabéis |
| Ud. (él) (ella) | sabe | Uds. (ellos) (ellas) | saben |

**Gramática** interactiva

**Identifica formas**
Subraya los radicales de los
verbos de las tablas.

En el primer párrafo de la
caja se dice que tanto *saber*
como *conocer* siguen el
patrón de los verbos
regulares en *-er* pero que
ambos tienen una forma
irregular. Encierra en un
rectángulo la forma irregular
de cada verbo.

* *Saber* significa que conoces los hechos y la información.
  También puedes usar *saber* con el infinitivo de otro verbo
  para decir que conoces la manera de hacer algo.

  **¿Sabes** si tenemos tarea para mañana?
  **¿Sabes** quién es el director de la banda?
  **Sé** jugar al ajedrez.

| (yo) | conozco | (nosotros) (nosotras) | conocemos |
|---|---|---|---|
| (tú) | conoces | (vosotros) (vosotras) | conocéis |
| Ud. (él) (ella) | conoce | Uds. (ellos) (ellas) | conocen |

* *Conocer* significa que sabes quién es una persona o que
  estás familiarizado con un lugar o una cosa.

  **¿Conoces** al profesor de esta clase?
  No, no lo **conozco**.
  **¿Conoces** el club atlético de la calle Ocho?

### ¿Recuerdas?
Se usa el *a personal* con el *verbo*
*conocer* para decir que se conoce a
alguien.

* Guillermo **conoce a** mi primo
  Tomás.

Imagínate que hace unos días te mudaste con tu familia a otra ciudad. En la escuela, Carlos, el chico que se sienta a tu lado, te ofreció ayudarte si necesitas alguna información sobre la ciudad o la escuela. Completa la nota siguiente con las formas adecuadas de los verbos *conocer* o *saber* para enviársela por correo electrónico a Carlos.

---

◻ **untitled 2**

Send Now   Send Later   🖫   Link ▾   🗑   📎   ✒▾   ▤▾     🌐 Insert Hyperlink ▾   ☰ Categories ▾

To: *Click here to add recipients*

Cc:

Subject:

▷ Attachments: *none*

Monaco ▾   Medium ▾   **B** *I* U T   ☰ ☰ ☰   ☷ ☷ ☷   A ▾ ✎ ▾

---

Hola Carlos:

¿Cómo estás? Quiero hacerte una preguntita porque como tú _____, yo todavía no

_____ la ciudad. Necesito ir a una biblioteca para buscar unos libros, pero no

_____ a qué biblioteca debo ir. Mi hermano y yo _____ una biblioteca que está

cerca de mi casa, pero _____ que sólo tiene libros de tecnología. Mis padres tampoco

_____ dónde está la biblioteca pública. Yo necesito libros de literatura. Voy a escribir un

informe sobre poesía. ¿Tú _____ la poesía de Martí? ¡A mí me encanta! Me

_____ de memoria varios de sus poemas. ¿Tú _____ si en la escuela hay algún

club literario?

Arturo y tú _____ a casi todo el mundo en la escuela, ¿verdad? A mí me gustaría

_____ a más gente que comparta mis aficiones, pero _____ que aún es pronto.

Bueno, por favor, a ver si puedes ayudarme.

Muchas gracias y hasta luego.

---

# Lectura cultural (página 59)

Vuelve a leer en la página 59 del libro del estudiante el artículo sobre la cantante cubana Celia Cruz. Luego, elige uno de los personajes famosos a continuación y escribe una breve reseña sobre esa persona en tu cuaderno. Al terminar, haz una presentación a la clase de la información que has conseguido. Recuerda que hay páginas Web donde puedes encontrar la historia, la biografía y las anécdotas de tus estrellas favoritas.

| Cristina Aguilera    Enrique Iglesias    Salma Hayek    Shakira    Andy García |
| --- |

Usa las siguientes preguntas como guía para desarrollar tu artículo:

1. ¿Por qué es famosa esta persona?
2. ¿De qué país es?
3. ¿Cuáles son sus obras más populares?
4. ¿Es conocida internacionalmente o sólo en los Estados Unidos?

## Ampliación del lenguaje

### Uso de la mayúscula

Los nombres de los países se escriben con mayúscula inicial. Sin embargo, los adjetivos que indican el lugar de origen se escriben con minúscula inicial.

Cuba       cubano(a)
Perú       peruano(a)

Elige uno de los temas que siguen y escribe en tu cuaderno por lo menos un párrafo para responder a la pregunta. Usa comparaciones en tus respuestas.

1. ¿A qué personaje latino famoso te gustaría conocer y por qué?
2. ¿A qué deportista latino famoso te gustaría entrevistar?
3. ¿Has leído un libro de algún / alguna escritor(a) latinoamericano(a) que te gustaría recomendar a tus compañeros(as)?
4. ¿Qué tipo de música latina es la que más te gusta?
5. ¿Qué país de América Latina es el que más te gustaría conocer?

## Conexiones   La computación (página 60)

**Actividad N**

### El correo electrónico

En casi todo el mundo el correo electrónico forma parte de la vida diaria de millones de personas, pues se ha convertido en una de las formas de comunicación de mayor uso. Es rápido, conveniente y confiable. Muchos de los usuarios envían simples mensajes de texto para recordar una tarea pendiente, saludos, tratar asuntos con familiares, amigos, socios, compañeros. También nos sirve para enviar archivos que se anexan *(attach)* a un mensaje. Estos archivos pueden contener fotografías, hojas de cálculo, resúmenes e imágenes. Con un micrófono, incluso puedes enviar mensajes de voz. Además, usar el correo electrónico es muy fácil: estudiantes e instructores son capaces de aprender a usarlo después de un pequeña explicación.

1. ¿Qué ventajas tiene el correo electrónico sobre otros medios de comunicación personal?

_____

2. ¿Qué tipo de mensajes podemos enviar a través del correo electrónico?

_____

3. ¿Es difícil aprender a usar el correo electrónico? ¿Por qué? Explica tu respuesta.

_____

## El español en la comunidad

(página **61**)

La comunidad hispanohablante está creciendo rápidamente en los Estados Unidos y tiene influencia sobre muchos aspectos de la cultura y economía norteamericanas. Da un paseo por tu vecindario y presta atención a los carteles escritos en español. Luego, haz una lista de los carteles que veas en español. Si no encuentras carteles en español en tu vecindario, investiga en otros lugares como supermercados, bancos u oficinas del gobierno.

**Actividad Ñ**

Responde a las preguntas en tu cuaderno. Luego comparte tu lista y tus conclusiones sobre la misma con el resto de la clase.

1. ¿Cuáles son los dos temas más comunes de los carteles?

2. ¿Qué conclusión puedes sacar de la respuesta de la pregunta 1? Explica.

# ¡Adelante! (páginas 62–63)

## Lectura 1

### Actividad 0

Lee la siguiente página Web de La Escuela de Baile Internacional. Si hay alguna palabra que no recuerdas, consulta las glosas del anuncio en las páginas 62 y 63 de tu libro de texto.

### Lectura interactiva

**Predice**

Antes de leer la página Web, escribe tres cosas que crees que encontrarás en ella.

1. _____

2. _____

3. _____

_____

**Verifica la lectura**

Después de leer verifica si tus predicciones fueron acertadas. Subraya en el texto las frases que confirmen tus predicciones.

---

*La Escuela Internacional de Baile* te ofrece una gran variedad de clases de bailes tradicionales y contemporáneos. Razones para hacerse miembro hoy mismo:

- Puedes participar en una actividad sana y deportiva que te ayuda a entender las ricas tradiciones y costumbres de varios países hispanohablantes.
- Si no tienes pareja para bailar, ¡no te preocupes! Puedes conocer a otros jóvenes simpáticos de varias escuelas que vienen a aprender estos bailes.
- Puedes ir a competiciones internacionales en Francia, los Estados Unidos y Japón, y hasta ganar muchos premios.

Tenemos los siguientes cursos:

| | |
|---|---|
| *Tango* | Ven a aprender este baile romántico de Argentina que se hizo famoso por las composiciones musicales de Gardel y Piazzolla. |
| *Merengue* | Impresiona a tus amigos moviendo las caderas al ritmo del merengue, baile tradicional del Caribe. |
| *Flamenco* | Aprende los pasos de este misterioso baile de Andalucía. |
| *Swing* | Baila toda la noche con tu pareja este baile muy popular de los Estados Unidos. |

### Actividad P

Fíjate en la frase de presentación de la escuela que dice: "…ofrece una gran variedad de bailes tradicionales y contemporáneos". Si te fijas en el contexto en que las palabras aparecen en una lectura, puedes descifrar su significado. Vuelve a leer el texto y trata de definir con tus propias palabras el significado de la palabra *tradicional*.

¿De qué palabra del texto crees que procede?

_____

_____

### Actividad Q

El texto que acabas de leer puede dividirse en dos partes. Explica cuáles son y cuál es la idea principal de cada una de ellas.

_____

_____

_____

_____

### Actividad R

¿Qué otros tipos de baile puedes nombrar además de los que se mencionan en la lectura? Escribe por lo menos el nombre de tres y una frase sobre cada uno de ellos.

**1.** _____

**2.** _____

**3.** _____

### Actividad S

El baile como expresión artística es una forma de identidad de una comunidad y sirve para unir generaciones y para conservar tradiciones. ¿Sabes bailar algún baile típico hispano? Escribe un párrafo corto en tu cuaderno explicando las características principales de este baile. Trata de incluir toda la información que puedas sobre los puntos siguientes:

- origen
- descripción de los principales movimientos
- tipo de música e instrumentos con que se acompaña el baile
- ropa especial que se usa para bailarlo
- tu opinión personal sobre ese baile

Comparte tu párrafo con el resto de la clase.

## Lectura 2

**Actividad T**

Antes de leer el texto siguiente, lee la primera actividad que está al margen y sigue las instrucciones para la lectura. Después de leer, haz el resto de las actividades.

**Lectura interactiva**

**Identifica la intención del escritor**
A medida que leas, subraya en el texto las frases que te ayudan a identificar la intención del escritor.

_____

Después de leer, vuelve a mirar el texto y subraya algunas palabras o expresiones que sirven para cumplir mejor la finalidad que el escritor se ha propuesto. Explica por qué elegiste esas palabras o expresiones.

_____

_____

_____

_____

**Divide el texto**
Teniendo en cuenta el contenido, de manera general, ¿en cuántas partes dividirías el texto? Indícalo con líneas.

# El Ballet Folklórico de México

Amalia Hernández es una de las mayores figuras de la danza en México. Ella se inspira en el folklor mexicano y lo recrea (vuelve a crear) con diversas técnicas de la danza clásica y moderna. La creatividad artística y el esfuerzo de Amalia Hernández se materializaron en el establecimiento del Ballet Folklórico de México, y de su escuela de danza para la preparación de bailarines profesionales.

La escuela tiene un plan de estudios de cinco años. Previo a éste, existen los grados infantil I, para niños de 6 a 9 años, y II, para niños de 9 a 13 años. Después de este curso, los estudiantes de 14 años en adelante pueden continuar con el programa de los tres años. Al término de este periodo, el alumno recibe el diploma de bailarín ejecutante (que está cualificado para bailar ante el público). Asimismo, existe la posibilidad de continuar con uno o dos años más de estudio para convertirse en maestro.

El programa de estudios abarca clases de folklor y ballet clásico, aunque en ocasiones se imparten cursos de danza moderna. El ingreso del estudiante a la compañía no es automático: el aspirante (persona que quiere entrar en la compañía) tiene primero que formar parte de un grupo de suplentes (sustitutos), en donde recibe una preparación especial, sin costo alguno, y aprende el repertorio. Para lograrlo, no es indispensable haber terminado la carrera, depende más bien de las habilidades del bailarín.

**Actividad U**

Responde a estas preguntas.

**1.** ¿Cuál es el tema principal del texto?

___ los maestros
del Ballet

___ el plan de estudios
del Ballet

___ las actuaciones
del Ballet

**2.** Según el texto, en México la danza es una manifestación estética...

___ poco importante.

___ muy importante
y antigua.

___ que surgió hace poco
tiempo.

**3.** ¿Cuántos años dura el plan de estudios de la Escuela del Ballet Folklórico?

___ cinco

___ tres

___ diez

**4.** ¿Qué debe hacer el aspirante para entrar a formar parte de la compañía de Ballet?

___ pasar un examen

___ pagar mucho dinero

___ recibir una preparación

**Actividad V**

Vuelve a mirar las líneas con las que dividiste el texto. ¿Por qué has usado esa división?
¿Cuál es el tema o idea principal en cada una de las partes en las que has dividido el texto?
Escribe una frase completa para cada parte.

_____

_____

_____

_____

_____

**Actividad W**

¿Te gustaría pertenecer a un cuerpo de danza como el del Ballet Folklórico? ¿Por qué?
¿Conoces a alguien que baila en un grupo escolar o comunitario? ¿Tomas clases de baile en
la escuela? Escribe un párrafo corto en tu cuaderno para responder a las preguntas.

# Perspectivas del mundo hispano (página 64)

Lee el texto siguiente y responde a las preguntas a continuación.

### Secundaria

En España, la Enseñanza Secundaria Obligatoria (E.S.O.) es obligatoria y gratuita para los jóvenes de 12 a 16 años. Está dividida en dos ciclos de dos cursos cada uno.

En el primer ciclo, el currículo es común para todos los estudiantes. En el segundo ciclo hay materias optativas (para elegir). La posibilidad de elegir les da a los estudiantes mayor libertad para planificar su educación y comenzar ya su especialización.

En la tabla se muestran las materias de E.S.O. que todas las escuelas o centros de educación tienen la obligación de ofrecer en el último curso; además de éstas, los centros pueden ofrecer otras materias optativas adicionales.

El programa de estudios de la E.S.O. busca preparar a los estudiantes para los nuevos retos del mundo actual, nuevas tecnologías y nuevas carreras profesionales, sin olvidar los campos de la educación tradicional como la formación moral o ética y los conocimientos sobre cultura clásica.

| Cuarto Curso—Materias | Horas semanales |
|---|---|
| Comunes | |
| Matemáticas | 3 |
| Ciencias Sociales, Geografía e Historia | 4 |
| Lengua Castellana y Literatura | 3 |
| Lengua y Literatura de la Comunidad Autónoma | 3 |
| Lengua Extranjera | 3 |
| Religión o Actividades Alternativas | 2 |
| Vida Moral y Reflexión Ética | 2 |
| Electivas (el alumno tiene que elegir dos de las materias siguientes): Física y Química, Biología y Geología, Educación Plástica y Visual, Tecnología, Música | 2<br>2 |
| Optativas (el alumno debe elegir tres de las siguientes): Segunda Lengua Extranjera, Cultura Clásica, Iniciación Profesional (Taller de Artesanía, Imagen y Expresión, Procesos de Comunicación, Taller de Teatro) | 2<br>2<br>2 |
| TOTAL | 30 |

1. ¿Cuántos ciclos y cuántos cursos tiene la educación secundaria en España?

_____

2. ¿Cuántas materias y cuántas horas de clase hay en el último curso?

_____

3. ¿Qué opinas de la posibilidad de elegir entre ciertas materias de estudio? ¿Crees que los estudiantes de escuela secundaria están preparados para comenzar a decidir su futuro académico y profesional?

_____

_____

# Presentación escrita (página 65)

## Mis actividades extracurriculares

**Tarea**

Tu maestro(a) te ha pedido que expliques por qué has elegido tus actividades extracurriculares y que propongas una nueva que te parezca interesante.

**Estrategia**

**Personalizar** Para personalizar tu presentación, piensa por qué disfrutas haciendo ciertas actividades y cuáles son los elementos que las hacen atractivas para ti.

**1. Antes de escribir**

Explica por qué encuentras tus actividades atractivas o por qué son un reto para ti. Anota también cuánto tiempo hace que participas en esas actividades.

Piensa en alguna actividad que ahora no haces pero que te gustaría hacer. Describe brevemente en qué consiste esa actividad. Explica que es lo que te atrae de esta actividad y por qué podría resultar interesante también para otros estudiantes.

**2. Borrador**

Usa tu lista y tus notas para escribir un borrador. Intenta personalizar tanto como sea posible, diciendo lo que piensas sobre las actividades y por qué las haces.

**3. Revisión**

Lee tu párrafo y revisa la ortografía, el uso de *hace* + expresiones de tiempo y formas verbales.

Muéstrale tu párrafo a un(a) compañero(a) y responde a los puntos siguientes:

- ¿Es fácil de entender?
- ¿Proporciona información sobre tus actividades?
- ¿Hay algo que debas añadir o cambiar? ¿Hay algún error?

Vuelve a escribir tu párrafo haciendo todos los cambios necesarios.

**4. Publicación**

Haz una copia final de tu párrafo para entregársela a tu profesor(a) o para incluirla en tu portafolios.

**5. Evaluación**

Quizá tu profesor(a) te dé los criterios de cómo va a ser evaluada tu presentación. Probablemente, tu presentación será evaluada teniendo en cuenta:

- la cantidad de información sobre ti mismo(a) que proporcionas.
- el uso del vocabulario.
- la precisión en el proceso de escritura.

**Repaso del capítulo**

**Para preparar el examen, revisa si...**
- conoces el vocabulario nuevo y la gramática.
- puedes realizar las tareas de la página 49.

# Repaso del capítulo (página 68)

## Vocabulario y gramática

**para hablar acerca de las actividades extracurriculares**

| | |
|---|---|
| las actividades extracurriculares | extracurricular activities |
| el ajedrez | chess |
| el club | club |
| *pl.* los clubes | |
| el club atlético | athletic club |
| el equipo | team |
| la fotografía | photography |
| el fotógrafo, la fotógrafa | photographer |
| los jóvenes | young people |
| el miembro | member |
| ser miembro | to be a member |
| el pasatiempo | pastime |
| la práctica | practice |
| la reunión | meeting |
| *pl.* las reuniones | |

**para hablar acerca de las actividades deportivas**

| | |
|---|---|
| el animador, la animadora | cheerleader |
| las artes marciales | martial arts |
| hacer gimnasia | to do gymnastics |
| el hockey | hockey |
| jugar a los bolos | to bowl |
| la natación | swimming |

**para hablar acerca de música y teatro**

| | |
|---|---|
| la banda | band |
| el bailarín, la bailarina | dancer |
| la canción | song |
| *pl.* las canciones | |
| el (la) cantante | singer |
| el coro | chorus, choir |
| ensayar | to rehearse |
| el músico, la música | musician |
| la orquesta | orchestra |
| la voz, *pl.* las voces | voice |

**para hablar acerca de acciones con actividades**

| | |
|---|---|
| asistir a | to attend |
| ganar | to win, to earn |
| grabar | to record |

| | |
|---|---|
| participar (en) | to participate (in) |
| tomar lecciones | to take lessons |
| volver (o → ue) | to return |

**para hablar y describir actividades en Internet**

| | |
|---|---|
| crear una página Web | to create a Web page |
| estar en línea | to be online |
| hacer una búsqueda | to do a search |
| navegar en la Red | to surf the Web |
| visitar salones de chat | to visit chat rooms |

**otras palabras útiles**

| | |
|---|---|
| entre | among, between |
| el interés | interest |
| la oportunidad | opportunity |
| *pl.* las oportunidades | |

**para hablar de cuánto tiempo hace que algo ha estado sucediendo**

| | |
|---|---|
| ¿Cuánto tiempo hace que...? | How long...? |
| Hace + *tiempo* + que | It has been... |

**para hacer comparaciones**

| | |
|---|---|
| tan + *adj.* + como | as + *adj.* + as |
| tantos(as) + *nombre* + como | as much / many + *noun* + as |

**saber** *to know (how)*

| | |
|---|---|
| sé | sabemos |
| sabes | sabéis |
| sabe | saben |

**conocer** *to know, to be acquainted with*

| | |
|---|---|
| conozco | conocemos |
| conoces | conocéis |
| conoce | conocen |

● **Más práctica**

Practice Workbook Puzzle 1B-8
Practice Workbook Organizer 1B-9

# Preparación para el examen (página 69)

| En el examen vas a... | Éstas son las tareas que te pueden ser útiles para el examen... | Si necesitas repasar... |
|---|---|---|

 **①** **Escuchar** Comprender a unos jóvenes mientras hablan acerca de lo que hacen después de la escuela.

Escucha a dos jóvenes describiendo lo que hacen después de la escuela. Intenta entender: (a) lo que les gusta hacer; (b) por qué les gusta hacerlo; (c) cuánto tiempo hace que participan en esa actividad.

**págs. 46–49**
*A primera vista*
**pág. 51** Actividad 7
**pág. 57** Actividad 17
**pág. 59** Actividad 20

---

 **②** **Hablar** Hablar acerca de tus actividades extracurriculares y cuánto tiempo hace que las haces.

Imagina que conoces a un(a) nuevo(a) compañero(a) de clase de Venezuela que asiste a tu escuela. Habla con él/ella y (a) cuéntale algunas cosas que haces después de la escuela y que tú creas que le pueden interesar; (b) pregúntale si quiere hacerlas contigo.

**pág. 51** Actividad 6
**pág. 52** Actividad 8
**pág. 54** Actividad 13
**pág. 58** Actividad 18
**pág. 59** Actividades 19–20

---

 **③** **Leer** Leer y entender una carta escrita por un estudiante acerca de un problema en la escuela.

Lee la siguiente carta a un consultorio de una revista. ¿Qué problema describe el escritor? ¿Cómo se compara él con su hermano?

Mi hermano mayor es muy estudioso y deportista. Pero yo... ¡no! A mí me interesa visitar a mis amigos en los salones de chat en la Red. Según mis amigos, soy increíble con mi computadora. ¡Todos mis profesores piensan que soy tan estudioso y deportista como mi hermano! Mis padres dicen que debo ser como mi hermano. No me gusta.

**pág. 53** Actividad 11
**pág. 57** Actividad 16
**págs. 62–63**
*Lectura*

---

 **④** **Escribir** Escribir un párrafo corto acerca de tus actividades extracurriculares.

Estás llenando una solicitud para conseguir un trabajo y tienes que responder a estas preguntas: *¿En qué actividades extracurriculares participas? ¿Cómo te van a ayudar estas actividades en este trabajo?* Escribe un párrafo corto para describir tus actividades extracurriculares y explica por qué te gustan.

**pág. 50** Actividad 4
**pág. 52** Actividades 8–9
**pág. 57** Actividad 16
**pág. 59** Actividad 19
**pág. 65** *Presentación escrita*

---

  **⑤** **Pensar** Demostrar un conocimiento de las diferencias entre las escuelas de E.E.U.U. y las de España.

El padre de tu amigo(a) va a ser trasladado a España por un año, por lo que tu amigo(a) asistirá a una escuela en Madrid. Basándote en este capítulo, ¿qué le dirías a tu amigo(a) acerca de las diferencias que probablemente encontrará en su nueva escuela?

**pág. 64** *Perspectivas del mundo hispano*

 **Go Online**
**PHSchool.com**
Web Code
jdd-0118

# A ver si recuerdas... (páginas 70–71)

Las personas nos vestimos de forma diferente para ocasiones diferentes. Completa la tabla siguiente escribiendo prendas de ropa y complementos (corbatas, carteras, cinturones, etc.) que usarías en cada ocasión.

| Una fiesta de quince años | Una actividad al aire libre |
|---|---|
|  |  |

**Fondo cultural** (página 72)

En 1935, Diego Rivera pintó baile en Tehuantepec. El istmo de Tehuantepec está ubicado en el sur de México, cerca de Guatemala. El traje típico de las tehuanas, como se les llama a las mujeres de la región, consiste en una falda larga y amplia, y una blusa bordada. Para las fiestas, las tehuanas también usan un tocado de encaje sobre la cabeza. Vuelve a leer el *Fondo cultural* en la página 70 de tu libro de texto y responde a las siguientes preguntas.

1.  ¿Qué prenda tradicional usan los hombres del campo en México y otros países hispanohablantes?

     _____

     _____

2.  ¿Conoces alguna prenda de ropa tradicional de un país hispanohablante o de los Estados Unidos? ¿Cómo es?

     _____

     _____

3.  ¿Quiénes usan esa prenda? ¿En qué ocasiones la usan?

     _____

     _____

**Capítulo 2A**

# ¿Cómo te preparas?

**Objetivos del capítulo**

- Describir cómo te preparas para un evento especial
- Hablar sobre las rutinas diarias
- Describir personas y objetos
- Expresar posesión
- Entender las perspectivas culturales con respecto a la ropa

## Conexión geográfica (página 73)

Ubica las siguientes ciudades en el mapa. Verifica tus respuestas en los mapas de las páginas xvi a xxix de tu libro de texto.

1. Lima

2. Buenos Aires

3. La Paz

4. Nueva York

Web Code
jde-0002
PHSchool.com

# A primera vista (páginas 74–75)

**Actividad A**

Expresa las frases siguientes usando una sola palabra del vocabulario.

1. perfume suave _____

2. quitarse el agua o la humedad _____

3. cortarse la barba _____

4. objetos de metal y piedras preciosas _____

5. para controlar el mal olor _____

6. para secarse el cuerpo _____

**Actividad B**

En las siguientes tablas, escribe en las columnas de la izquierda tres cosas que haces todas las mañanas; en las columnas de la derecha, escribe algunos detalles junto a cada actividad. Luego, escribe en tu cuaderno tres frases comparando tus rutinas, por ejemplo: *"De lunes a viernes me despierto a las siete, pero los fines de semana me despierto a las diez".*

| De lunes a viernes | | Los fines de semana y las vacaciones | |
| --- | --- | --- | --- |
| Cosas que hago | Detalles | Cosas que hago | Detalles |
| | | | |

## Ampliación del lenguaje

**Ortografía: *r* y *rr***

Se escribe *r*:
- al principio y final de una palabra
  rata    repisa    risa    mar    comer    salir
- después de las consonantes *l, n, m* y *s*
  alrededor    honrar    rumrum    Israel
- después de las consonantes *b, d, p* y *t*
  brazo    dragón    preciosa    tren

Se escribe *rr* solamente para representar el sonido fuerte de la *r* entre vocales:
  perro    carreta    carroza    arreglo

## Videohistoria    (páginas **76–77**)

 **Actividad C**

Fíjate en la *Videohistoria* de las páginas 76 y 77 de tu libro de texto. Termina este diálogo entre Raúl y Gloria después de la obra. Usa en tu diálogo las palabras y expresiones que aparecen en tu libro.

Raúl:     ¡El espectáculo fue un desastre!

Gloria:   No fue un desastre. El público se divirtió mucho.

Raúl:     _____

Gloria:   _____

Raúl:     _____

Gloria:   _____

 **Actividad D**

En la *Videohistoria,* Raúl y Tomás se disfrazan para participar en una obra de teatro. ¿Has participado en una obra de teatro? ¿Te has disfrazado para algún evento de tu escuela o de tu comunidad? Si nunca lo has hecho, imagina que te encuentras en una situación parecida a la de los chicos de la *Videohistoria* y usa tu imaginación para responder a las siguientes preguntas. Usa frases completas.

**1.** ¿Qué haces antes de empezar a prepararte?

_____

**2.** ¿Qué tipo de ropa vas a ponerte?

_____

**3.** ¿Qué otras cosas tienes que hacer? ¿peinarte? ¿maquillarte?

_____

_____

**4.** ¿Cómo te sientes con tu disfraz? ¿cómodo(a) o ridículo(a)? Explica.

_____

_____

# Manos a la obra (páginas 78–79)

**Actividad E**

La Sra. Romas tiene un problema. Su hijo pequeño, Carlitos, siempre está haciéndole preguntas en el momento menos oportuno, como justo antes de irse a trabajar. Lee el diálogo y completa los espacios en blanco con la palabra apropiada del vocabulario.

**CARLITOS:** Mamá, ¿qué es esa cosa que te pones en la cintura?

**MAMÁ:** Carlitos, esto es un _____. Así no se me caen los pantalones.

**CARLITOS:** Ah... ¿y qué es esa máquina que echa aire?

**MAMÁ:** Es un _____ para el pelo, para secarlo más deprisa.

**CARLITOS:** ¿Por qué te peinas? ¿No vas al sitio ese donde trabaja la tía Carmen para peinarte?

**MAMÁ:** Sí, ese sitio es un _____ pero no puedo ir todos los días allí.

**CARLITOS:** ¿Y eso que te pones en las orejas? ¿Por qué esos son amarillos y los que están encima de la mesa son blancos?

**MAMÁ:** Estos son _____. Unos son amarillos porque son de

_____, pero los que están en la mesa son _____.

**CARLITOS:** Ah... ¿y qué te estás haciendo en las manos ahora? ¿Por qué están de colores?

**MAMÁ:** No me estoy haciendo nada en las manos... simplemente _____.
Y ahora te toca a ti, ven abre la boca.

**CARLITOS:** Deja Mamá, que ya soy muy mayor. Yo _____ los dientes yo sólo.

**Actividad F**

Relaciona cada verbo de la primera columna con una palabra de la segunda columna.

____ **1.** lavarse          a. barba

____ **2.** cepillarse        b. desodorante

____ **3.** secarse           c. dientes

____ **4.** pintarse          d. cuerpo

____ **5.** afeitarse         e. uñas

____ **6.** ponerse           f. cara

Haz una encuesta a dos de tus compañeros(as) sobre la última vez que asistieron a una fiesta de quince años u otra fiesta familiar. Anota la información en la tabla siguiente. Para cada persona, indica qué se celebraba, dónde, que música o entretenimiento había, qué comieron y qué hicieron después. Luego elige la fiesta que más te gustó y escribe un párrafo corto para explicar en tus propias palabras cómo fue la fiesta. Utiliza la información de tu tabla.

| Nombre de tu compañero(a) | Detalles de la fiesta o evento | |
|---|---|---|
| | Evento | |
| | Lugar | |
| | Música | |
| | Comida | |
| | Actividades | |
| | Evento | |
| | Lugar | |
| | Música | |
| | Comida | |
| | Actividades | |

_____

_____

_____

_____

### ¿Recuerdas?

Los adverbios indican cómo se realiza una acción:

    Caminé *despacio*.

Muchos adverbios se forman al añadirle el sufijo *-mente* a la forma femenina de un adjetivo.

    general          generalmente
    rápida           rápidamente

Nota que los adjetivos que llevan tilde en la tercera sílaba la conservan cuando se les añade el sufijo *-mente*.

## Gramática

### Verbos reflexivos

(página **80**)

**Gramática interactiva**

**Identifica formas**

• Vuelve a leer los ejemplos de verbos reflexivos y encierra en un círculo todos los pronombres reflexivos, incluyendo tus propios ejemplos. Encierra en un círculo todos los pronombres reflexivos, incluyendo tus propios ejemplos.

• Luego, subraya el sujeto de los verbos reflexivos. Si el sujeto no se ha expresado en la oración, escríbelo al lado.

Los verbos reflexivos se usan para expresar lo que las personas hacen para sí mismas. Por ejemplo, lavarse las manos o cepillarse el cabello son acciones reflexivas, porque la persona que está haciendo la acción también la recibe.

Antes de ir a una cita, (yo) me ducho y me arreglo el pelo.

Tú ya sabes que un verbo reflexivo se reconoce porque el infinitivo lleva la terminación *se*.

**ducharse**          **arreglarse**

Los pronombres reflexivos en español son *me, te, se, nos* y *os*. Cada pronombre corresponde a un sujeto diferente. Estas son las formas del presente del verbo reflexivo *secarse*:

| (yo) **me seco** | (nosotros) (nosotras) **nos secamos** |
|---|---|
| (tú) **te secas** | (vosotros) (vosotras) **os secáis** |
| Ud. (él) (ella) **se seca** | Uds. (ellos) (ellas) **se secan** |

Algunos verbos tienen formas y usos reflexivos y no-reflexivos. Un verbo se usa en la forma no reflexiva si la acción la recibe otra persona o cosa.

Lavo el coche a menudo.
Me lavo el pelo todos los días.

Cuando se usa un verbo reflexivo con partes del cuerpo o con ropa, se usa el artículo definido.

¿Siempre te pintas las uñas?
Felipe se pone los zapatos.

Escribe dos ejemplos más del uso del artículo definido con partes del cuerpo o con ropa.

_____

El pronombre reflexivo puede ir delante del verbo conjugado o unido al infinitivo.

Me voy a duchar.          Te tienes que vestir para la fiesta.
Voy a ducharme.           Tienes que vestirte para la fiesta.

Escribe un ejemplo del pronombre reflexivo en delante del verbo conjugado y otro unido al infinitivo.

_____

**Actividad H**

En el texto siguiente, Ricardo, un estudiante de secundaria, explica su rutina por la mañana. Lee el texto y luego elige dos verbos, uno en forma reflexiva y otro en forma no reflexiva. A continuación escribe cada verbo y una frase en la que se use ese mismo pero de forma opuesta.

> Por la mañana me levanto temprano. Me ducho y me afeito. Luego me seco bien y me visto. Un poco más tarde despierto a mi hermanita. Mi mamá baña a mi hermana por las noches. Por la mañana yo la preparo para ir a la escuela: le lavo la cara y la peino. Ella se cepilla los dientes mientras yo me arreglo el pelo. Luego, los dos nos ponemos los zapatos.

**1.** Verbo en forma
reflexiva en el texto                Frase con la forma no-reflexiva

_____        _____

                        _____

**2.** Verbo en forma
no-reflexiva en el texto            Frase con la forma reflexiva

_____        _____

                        _____

## Gramática

### Adjetivos posesivos

Recuerda que los adjetivos posesivos tienen una forma larga después del nombre. Estas formas se usan para dar énfasis.

| mío/mía<br>míos/mías | nuestro/nuestra<br>nuestros/nuestras |
|---|---|
| tuyo/tuya<br>tuyos/tuyas | vuestro/vuestra<br>vuestros/vuestras |
| suyo/suya<br>suyos/suyas | suyo/suya<br>suyos/suyas |

Estos adjetivos posesivos pueden usarse sin nombre.
¿Estas chaquetas son **suyas**?
Sí, son **nuestras**.

## Gramática • Repaso

### Los verbos *ser* y *estar*    (página 86)

Los verbos *ser* y *estar* tienen distintos usos.

| (yo) | **soy** | (nosotros) (nosotras) | **somos** |
|---|---|---|---|
| (tú) | **eres** | (vosotros) (vosotras) | **sois** |
| Ud. (él) (ella) | **es** | Uds. (ellos) (ellas) | **son** |

Se usa *ser* para hablar acerca de:
1. qué es una persona o cosa (Lola y yo **somos** actores.)

_____

2. cómo es una persona o cosa (**Son** muy simpáticos.)

_____

3. de dónde es una persona o cosa (**Son** de Nicaragua.)
4. el material del que está hecha una cosa (Este anillo **es** de oro.)
5. a quién pertenece algo (**Es** el anillo de Juana.)

| (yo) | **estoy** | (nosotros) (nosotras) | **estamos** |
|---|---|---|---|
| (tú) | **estás** | (vosotros) (vosotras) | **estáis** |
| Ud. (él) (ella) | **está** | Uds. (ellos) (ellas) | **están** |

Se usa *estar* para hablar acerca de:
1. cómo es encuentra una persona o cosa en un momento determinado (**Estás** muy cansada.)

_____

2. cómo se siente alguien (Alicia y Carlos **están** entusiasmados.)

_____

3. dónde se halla una persona o cosa (Alfonso **está** en el

## Ampliación del lenguaje

### Complementos predicativos

En general, los verbos *ser* y *estar* no añaden significado a la oración; más bien actúan como elementos de unión entre el sujeto y el complemento llamado predicativo. Por esta razón, *ser* y *estar* se llaman verbos predicativos.

Mauricio es mi primo.
<u>sujeto</u>  V  c. predicativo

Mauricio es alto.
<u>sujeto</u>  V  c. predicativo

Observa que el predicativo concuerda en género y número con el sujeto.

### Gramática interactiva

**Identifica formas**
Lee los ejemplos 1 y 2 de cada verbo.

En cada uno de estos ejemplos, subraya con una línea el sujeto y con dos líneas el complemento predicativo.

Si el sujeto no está expresado en la oración, escríbelo al lado.

**Reflexiona**
Vuelve a escribir las oraciones 1 y 2. Usa la misma persona, pero si está en singular, ponla en plural, y viceversa. Fíjate en las formas verbales y en las concordancias.

## Actividad I

Lee el siguiente párrafo que escribió Enrique y subraya cada forma de *ser* o *estar* que encuentres. Después, en una hoja aparte, escribe una oración indicando por qué se usa ser o estar en cada una de esas oraciones. Compara tus respuestas con las de un(a) compañero(a) para ver si llegaron a las mismas conclusiones.

Mi rutina diaria es bastante sencilla. En mi casa somos muchos hermanos y tenemos que hacer turnos por las mañanas para ducharnos, peinarnos y desayunar. Cuando nos levantamos, mi hermano mayor ya está en el piso de arriba. Tiene que estudiar mucho y por eso siempre está sólo allí. Arturo, Antonio y yo estamos en el mismo cuarto. Es un lugar bastante amplio, pero como mis hermanos son tan desorganizados y dejan todo desordenado, el cuarto parece que es más pequeño de lo que realmente es. Bueno, como iba diciendo, mi rutina es sencilla. Me preparo antes de salir de casa y voy a la escuela. Por las tardes estoy participando en unos ensayos con el coro de la escuela. Es un coro bastante pequeño, pero está muy bien. Ahora estamos listos para dar un concierto. Va a ser una cosa pequeña, sólo vamos a cantar dos canciones, pero como el concierto es en el teatro, pues esperamos que venga mucha gente. Todos estamos muy emocionados.

## Actividad J

Describe a cuatro de tus familiares, amigos(as) o compañeros(as) de clase utilizando las formas apropiadas de los verbos *ser* y *estar* + adjetivo. Explica la descripción.

**Modelo** Mi papá es muy listo.
¡Se graduó de la escuela secundaria a los 16 años!

Julio está aburrido.
No le interesa la película.

1. _____

2. _____

3. _____

4. _____

# Lectura cultural (página 84)

Al igual que en los Estados Unidos, en los países hispanohablantes los cumpleaños son eventos muy importantes que se celebran con una fiesta a la que se invitan familiares y amigas. Pero para las chicas hispanas, la llegada de los quince años es una ocasión muy especial. Esta celebración suele comenzar con una ceremonia religiosa seguida de una recepción elegante en la casa o en un salón de fiestas.

Imagina que una amiga tuya va a cumplir 15 años y sus padres le ofrecen las siguientes opciones para celebrarlo. Ayúdala a elegir una manera de celebrar sus quince años y explica en un párrafo corto por qué escogiste esa opción.

1. Una gran fiesta en la casa
2. Una fiesta íntima sólo para amigos
3. Una fiesta elegante en un salón especial
4. Un regalo muy especial
5. Un viaje

_____

_____

_____

_____

El periódico de tu escuela te ha pedido que escribas un artículo sobre una fiesta típica de tu familia. Tu abuelo u otro familiar acaba de cumplir años y tú decides escribir sobre ese evento. Ten en cuenta las siguientes preguntas para tu artículo.

1. ¿Cómo se llama tu familiar y cuántos años cumple?
2. ¿Dónde se celebró la fiesta? ¿Quiénes asistieron a la fiesta?
3. Qué tipo de comida sirvieron? ¿Qué hicieron en la fiesta?
4. Te gustan las fiestas familiares? ¿Por qué?

_____

_____

_____

# Conexiones    La salud (página 83)

Realizar una actividad física de manera habitual es una excelente forma de mejorar nuestra calidad de vida. Pero además ayuda a tener un sueño más profundo y a descansar mejor. Diferentes estudios han demostrado que las personas que caminan durante 30 minutos o más todos los días tienen un 30% de posibilidades de evitar problemas del sueño. Las personas que practican un deporte al menos una vez por semana reducen los problemas del sueño en un 37%. Según los investigadores, esto se debe a que el deporte, además de reducir el estrés, tiene un efecto calmante que ayuda a dormir mejor.

**Actividad M**

1. Explica con tus propias palabras qué entiendes por el término "calidad de vida".

   _____

   _____

2. Según el artículo, ¿de qué maneras podemos evitar los problemas del sueño?

   _____

   _____

3. ¿Cómo crees que mejora la vida de una persona que duerme bien?

   _____

   _____

   _____

## El español en la comunidad

(página 85)

Imagina que tu primo(a) que vive en América Latina te pregunta cómo son las celebraciones de los hispanohablantes en los Estados Unidos. En tu cuaderno, escribe una carta a tu primo(a) en la que describas una celebración en una comunidad hispanohablante. Puedes hablarle sobre la celebración del Cinco de Mayo en Texas, el Desfile Puertorriqueño de Nueva York, el Festival de la Calle Ocho de Miami o de cualquier otra. Incluye en tu carta los puntos siguientes.

- ¿Qué se celebra? ¿Dónde se celebra el evento?
- ¿Hay música? ¿Qué tipo de música?
- ¿Qué personas asisten al evento? ¿Usan alguna vestimenta especial?
- ¿Le recomendarías a tu primo(a) que asistiera a esta celebración? ¿Por qué?

# ¡Adelante! (páginas 90–91)

## Lectura 1

### Estrategia

**Identificar la actitud del escritor**
Muchas veces, un escritor expresa su opinión o su sentimiento personal acerca del tema sobre el que escribe. Para reflejar esto, algunos escritores usan frases en primera persona.

Antes de leer el artículo, lee la primera actividad que está al margen y sigue las instrucciones de lectura. Luego, lee el artículo. Si hay alguna palabra que no recuerdas, consulta las glosas en las páginas 90 y 91 de tu libro de texto. Al terminar la lectura haz el resto de las actividades al margen.

### Lectura interactiva

**Identifica la actitud del escritor**
Al leer el artículo, subraya las frases que te ayuden a entender cómo se siente el escritor respecto al evento.

**Identifica ideas principales y detalles.**
Lee con atención el cuarto párrafo y encierra en un círculo la idea principal.

Luego, subraya con dos líneas algunos detalles que apoyen esta idea.

#### El **teatro Colón: Entre bambalinas**

Pasar una noche en el Teatro Colón de Buenos Aires siempre es un evento especial y hoy es muy especial para mí. Vamos a presentar la ópera *La traviata* y voy a cantar en el coro por primera vez. ¡Estoy muy nervioso!

Pero, ¿qué me dices? ¿No conoces el Teatro Colón? Pues, es el teatro más importante de toda Argentina, quizás de toda América del Sur. Lleva casi 150 años ofreciendo ópera al público argentino y *La traviata* fue la ópera que se presentó en la inauguración del teatro el 27 de abril de 1857. Por eso estamos todos muy entusiasmados.

¿Te gustaría saber cómo ser miembro de los grupos que se presentan aquí? La mejor manera es presentarse a una audición para la escuela de teatro. Se llama el Instituto Superior de Arte y funciona dentro del teatro. En el Instituto puedes estudiar canto, danza, dirección de orquesta y otras especialidades para la ópera. Si estudias en el Instituto, puedes llegar a ser miembro del coro o del cuerpo de baile. Para músicos con talento también está la Orquesta Académica del Teatro Colón. Esta orquesta está formada por jóvenes de entre 15 y 25 años de edad. La orquesta hace sus presentaciones en el teatro o en las principales ciudades del país. Aquí en el teatro siempre buscan jóvenes con talento.

Si no te gusta actuar ni cantar, pero te encanta el teatro, puedes estudiar otra especialidad. Por ejemplo, si te gusta el arte, puedes aprender a hacer los escenarios. O si te interesa la tecnología, puedes estudiar la grabación o el video. En el teatro hay talleres para todos los elementos de una presentación. Hay talleres para los decorados, la ropa, los efectos especiales electromecánicos, la grabación y el video.

Bueno, tengo que irme. ¡Ahora mismo empieza el "show" y tengo que ponerme el maquillaje!

**Actividad Ñ**

· · · · · · · · · · · · · · · · · · · · · · · · · · · · · · · · · · · · · · · · · · · · · · ·

Basándote en lo que acabas de leer, responde a las preguntas siguientes:

1. ¿Qué actividades artísticas se pueden estudiar en el Instituto Superior de Arte?

_____

_____

2. ¿Qué actividades técnicas o de apoyo se pueden estudiar?

_____

_____

3. ¿Cómo resumirías el contenido de todo el texto en una sola frase?

_____

_____

_____

**Actividad O**

· · · · · · · · · · · · · · · · · · · · · · · · · · · · · · · · · · · · · · · · · · · · · · ·

Busca en tu comunidad información sobre algún teatro importante o alguna escuela de actuación, teatro, cine o música. Después prepara un informe corto para presentarlo al resto de la clase. No te olvides de incluir en tu informe los puntos siguientes:

- qué requisitos hay que cumplir para inscribirse
- qué cursos o talleres se imparten
- cuántas personas participan en ellos
- qué hay que hacer para inscribirse en la escuela
- qué hay que hacer para ser elegido para participar en una presentación
- qué presentaciones públicas ofrecen

_____

_____

_____

_____

_____

_____

## Lectura 2

Teatro Escolar es el nombre de un programa cultural mexicano dedicado al teatro y a los jóvenes. Antes de leer el artículo sobre el Teatro Escolar, haz la actividad que está al margen.

### Lectura interactiva

**Usa el contexto**
Algunas palabras tienen un significado general y otro más específico. Por ejemplo, *función* significa "utilidad", pero en el primer párrafo la frase *de teatro* nos ayuda a adivinar que significa "evento".

**Busca sinónimos**
Busca en el texto sinónimos de las siguientes palabras. Subráyalas y escribe su número en el margen.

1. apoyo
2. organización
3. capturar
4. obra de teatro
5. tipo de expresión

## Teatro Escolar

En 1992 en Nuevo León, México, tuvo lugar la primera representación de Teatro Escolar. Durante los años siguientes, no hubo representaciones, hasta que en 1996 volvió a celebrarse el evento de Teatro Escolar. Desde entonces, todos los años se representan unas cien funciones de teatro dirigidas a estudiantes de secundaria.

El objetivo del programa es hacer un teatro específico para adolescentes, un teatro que refleje sus inquietudes y que al mismo tiempo sea instructivo. En algunas ocasiones se han presentado obras con temas relacionados con lo que los chicos estudian en la escuela como El Quijote o Sor Juana. La novedad en la presentación de temas y personajes clásicos es su adaptación al público adolescente. Se trata de atraer el interés de los chicos, buscando siempre la unión entre el tema de la obra y el mundo de los adolescentes.

El programa de Teatro Escolar cuenta con el apoyo del Consejo para la Cultura y las Artes de Nuevo León (CONARTE), que es un organismo público que apoya el desarrollo cultural, y la Secretaría de Educación Estatal. El respaldo de estos dos organismos es muy importante ya que ayuda a promocionar un género al cual se dedican muy pocos artistas y creadores y que puede ser una magnífica herramienta para despertar los intereses culturales de los adolescentes, crear una vía de expresión para sus problemas y necesidades y ofrecer una educación.

1. ¿Cuál es el principal público del Teatro Escolar?

_____

_____

**2.** ¿Qué es el CONARTE?

_____

_____

**3.** ¿Cuáles son algunas de las características del Teatro Escolar?

_____

_____

**4.** Nombra a dos personajes históricos sobre los que se representaron obras en el Teatro Escolar. Di si son reales o ficticios y con qué país los relacionas.

_____

_____

**5.** ¿Crees que debe existir un tipo de teatro para cada tipo de público? ¿Qué opinas del Teatro Escolar? ¿Por qué?

_____

_____

_____

**6.** Como has visto, cada grupo de teatro puede tener una orientación diferente. El Teatro Campesino surgió en 1965 en California, para dar a conocer la situación de los campesinos chicanos. Después ha ido evolucionando pero sin olvidar su origen chicano. Si quieres saber más sobre el Teatro Campesino, puedes visitar su sitio Web. ¿Hay algún grupo de teatro especial en tu comunidad? ¿Qué opinas de este tipo de teatro? Escribe un párrafo corto para contestar estas preguntas.

_____

_____

_____

_____

_____

_____

# La cultura en vivo (página 92)

En la página 92 de tu libro de texto, leíste sobre el poncho, prenda de vestir típica de gran parte de América Latina. Como ampliación de esa lectura lee el texto siguiente. Luego, contesta en una hoja de papel las siguientes preguntas sobre la lectura.

## Ponchos

Se cree que el poncho nació en la zona del noroeste de Argentina y en la costa peruana. Los indígenas americanos ya usaban el poncho antes de la llegada de los españoles.

Además de la lana de oveja y de llama, se usan otros materiales, como el algodón. Los colores y los dibujos varían de una región a otra. Hay ponchos lisos, a rayas de colores diferentes o con franjas gruesas de colores a los lados. Muchas veces, el borde del poncho se adorna con flecos.

En Argentina, el poncho fue una prenda esencial para los gauchos de las llanuras. El poncho les servía de abrigo durante el día y de manta durante la noche. Los gauchos le daban un nombre distinto a cada tipo de poncho, el *calamaco* era un poncho grueso de lana de oveja, de color rojo; el *pampa* era similar al *calamaco* pero no rojo; el poncho *patria* era de paño (*tela gruesa*) azul, con la parte interior de color rojo.

En México sigue siendo muy popular un poncho conocido como *sarape*. Éste es una especie de manta de lana o de algodón con listas de colores vivos. La *ruana* es un poncho de algodón de color blanco típico de Colombia. En el altiplano andino se usa un poncho más corto que el que se usa en la región de la Pampa.

1. ¿Qué título le pondrías al texto? ¿Por qué?
   a. Los gauchos argentinos     b. Historia del poncho     c. La moda prehispana

2. Busca en un mapa de las Américas las zonas geográficas que se mencionan en el texto. ¿El uso del poncho se concentra en una región determinada?

3. ¿Qué materiales y tejidos suelen usarse para hacer los ponchos?

4. Busca alguna prenda de vestir o cualquier otro objeto tradicional que usas tú o algún miembro de tu familia. Pregunta a tus familiares o consulta otras fuentes para saber desde cuándo existe ese objeto y cuál es su lugar de origen. Escribe un párrafo corto sobre este objeto y después léeselo a tus compañeros de clase.

# Presentación oral (página 93)

**Tarea**

Tú eres un estudiante de intercambio en México. La familia con la que te hospedas desea conocer los eventos especiales de tu comunidad, en los cuales participas. Muéstrales fotografías de un evento típico especial al que hayan podido asistir tú y tus amigos.

**Estrategia**

**Tomar notas** Al preparar una presentación es de gran ayuda tomar notas. Estas notas pueden ayudar a organizar tus pensamientos. Usar una lista de tarjetas con tus notas te puede ayudar a mantener el curso de la presentación.

1. **Preparación**

Trae de tu casa una fotografía o una ilustración de una revista sobre un evento especial al que pueden haber asistido los estudiantes de secundaria. Puede ser una fiesta de cumpleaños, de graduación, etc. Responde a las siguientes preguntas por ti y tus demás compañeros:

- ¿Qué tipo de evento es? ¿Qué ropa llevas?
- ¿Qué haces para prepararte?
- ¿Cómo estás? ¿entusiasmado(a)? ¿nervioso(a)? ¿contento(a)?
- ¿Quiénes están invitados?
- ¿Qué comidas van a preparar?
- ¿Hay música? ¿Es para bailar o sólo para escuchar?

Puedes tomar notas para ayudarte a recordar lo que quieres decir.

2. **Práctica**

Repasa tu presentación varias veces e intenta:

- Dar la información que más puedas para cada punto.
- Usar oraciones completas.
- Hablar con claridad.

**Modelo** *Cuando voy a un concierto llevo ropa nueva pero no me gusta ponerme zapatos nuevos. Prefiero zapatos cómodos. Para prepararme me ducho, me peino, me pongo agua de colonia y me visto. Mis amigos y yo siempre estamos entusiasmados porque nos encanta escuchar música.*

3. **Presentación**

Muestra tu fotografía y da la información acerca del evento.

4. **Evaluación**

Quizá tu profesor(a) te dé los criterios de cómo va a ser evaluada tu presentación. Probablemente, tu presentación será evaluada teniendo en cuenta:

- lo completa que es tu presentación.
- la cantidad de información que comunicas.
- lo fácil que resulta entenderte.

# Repaso del capítulo (página 96)

## Vocabulario y gramática

**Para preparar el examen, revisa si...**
- conoces el vocabulario nuevo y la gramática.
- puedes realizar las tareas de la página 69.

**para hablar sobre prepararse**

| | |
|---|---|
| acostarse *(o → ue)* | to go to bed |
| afeitarse | to shave |
| arreglarse (el pelo) | to fix (one's hair) |
| bañarse | to take a bath |
| cepillarse (los dientes) | to brush (one's teeth) |
| despertarse *(e → ie)* | to wake up |
| ducharse | to take a shower |
| levantarse | to get up |
| lavarse (la cara) | to wash (one's face) |
| pedir prestado, -a (a) | to borrow (from) |
| pintarse (las uñas) | to paint, to polish (one's nails) |
| ponerse | to put on |
| prepararse | to get ready |
| secarse | to dry |
| vestirse *(e → i)* | to get dressed |

**para hablar acerca de las cosas necesarias para prepararse**

| | |
|---|---|
| el agua de colonia | cologne |
| el cepillo | brush |
| el cinturón | belt |
| *pl.* los cinturones | |
| el desodorante | deodorant |
| la ducha | shower |
| el gel | gel |
| las joyas (de oro, de plata) | (gold, silver) jewelry |
| los labios | lips |
| el maquillaje | make-up |
| el peine | comb |
| el pelo | hair |
| el salón de belleza | beauty salon |
| *pl.* los salones de belleza | |
| el secador | blow dryer |
| la toalla | towel |
| las uñas | nails |

**para hablar acerca de un evento especial**

| | |
|---|---|
| la audición | audition |
| *pl.* las audiciones | |
| la boda | wedding |
| la cita | date |
| el concurso | contest |
| un evento especial | special event |

**para hablar acerca de cómo te sientes**

| | |
|---|---|
| entusiasmado, -a | excited |
| nervioso, -a | nervous |
| tranquilo, -a | calm |

**otras palabras y expresiones útiles**

| | |
|---|---|
| antes de | before |
| cómodo, -a | comfortable |
| depende | it depends |
| elegante | elegant |
| lentamente | slowly |
| luego | then |
| por ejemplo | for example |
| rápidamente | quickly |
| te ves (bien) | you look (good) |

**verbos reflexivos**

| | |
|---|---|
| me acuesto | nos acostamos |
| te acuestas | os acostáis |
| se acuesta | se acuestan |

**ser** *to be*

| | |
|---|---|
| soy | somos |
| eres | sois |
| es | son |

**estar** *to be*

| | |
|---|---|
| estoy | estamos |
| estás | estáis |
| está | están |

**adjetivos posesivos**

| | |
|---|---|
| mío, -a, -os, -as | nuestro, -a, -os, -as |
| tuyo, -a, -os, -as | vuestro, -a, -os, -as |
| suyo, -a, -os, -as | suyo, -a, -os, -as |

## ● Más práctica

Practice Workbook Puzzle 2A-8
Practice Workbook Organizer 2A-9

# Preparación para el examen (página 97)

| En el examen vas a... | Éstas son las tareas que te pueden ser útiles para el examen... | Si necesitas repasar... |
|---|---|---|

 **1 Escuchar** Escuchar y entender a unos jóvenes mientras hablan sobre lo que hacen el fin de semana y cómo comparan esto con lo que hacen durante la semana de clases.

Todo el mundo hace cosas diferentes durante el fin de semana. La mayoría de las personas duermen hasta tarde, visten de manera informal y hacen cosas que no tienen tiempo de hacer durante la semana. Al escuchar lo que dice cada persona, determina si está hablando del fin de semana o de un día de la semana. Debes estar preparado(a) para explicar tu elección.

págs. 74–77
*A primera vista*
pág. 78 Actividad 5
pág. 82 Actividad 12

---

 **2 Hablar** Conversar sobre tu rutina diaria.

Tus padres te han permitido hacer un viaje a México con el club de español este verano. Durante el viaje los chicos comparten habitación con otro chico y las chicas comparten habitación con otra chica. Deseas compartir la habitación con un(a) amigo(a) que quiere saber si tú tienes la misma rutina que él o ella en la mañana. Descríbele tu rutina a tu amigo(a).

pág. 78 Actividad 5
pág. 79 Actividad 7
pág. 82 Actividades 12–13
pág. 83 Actividad 15
pág. 84 Actividades 16–17

---

 **3 Leer** Leer y entender afirmaciones que las personas hacen sobre rutinas diarias típicas y otras "no tan típicas".

En tu opinión, ¿cuáles enunciados describen una rutina diaria típica? ¿Cuál es la más inusual?
(a) Antes de bañarme, me pongo el maquillaje.
(b) Después de ponerme el desodorante, me ducho.
(c) Antes de lavarme el pelo, me seco con una toalla.
(d) Antes de arreglarme el pelo, me ducho.

págs. 74–77
*A primera vista*
pág. 80 Actividad 8
pág. 83 Actividad 14
pág. 85 Actividad 18
págs. 90–91 *Lectura*

---

 **4 Escribir** Escribir un párrafo corto sobre un evento especial que se celebra cada año.

Después de hacer una breve descripción de un evento especial, intercambia tu párrafo con el de un(a) compañero(a) para ver si él o ella puede adivinar qué tipo de evento es. En tu descripción debes incluir: (a) la época del año en la que tiene lugar el evento; (b) cómo te sientes los días antes del evento; (c) cómo sueles vestir para esta ocasión. Da todas las pistas que puedas.

pág. 78 Actividades 4–5
pág. 84 Actividad 17
pág. 86 Actividad 19

---

 **5 Pensar** Demostrar un conocimiento de las condiciones de vida de las personas de los indígenas del *altiplano* en los Andes.

Quizás has vestido un *poncho* durante un lluvioso partido de fútbol o mientras vas de cámping. Explica el origen de los ponchos, cómo se hacen y por qué son necesarios para las personas de la región.

pág. 92 *La cultura en vivo*

Web Code
jdd-0208

# A ver si recuerdas... (páginas 100–101)

Uno de los objetivos de este capítulo es describir prendas de ropa. Piensa en lo que sabes de las ropas que se usaban en las primeras épocas de la historia de los Estados Unidos, por ejemplo, en 1776, el año de la Independencia, y las que se usan hoy en día. Completa el diagrama siguiente para hallar lo que tienen en común las ropas del pasado y las de la actualidad.

**La ropa en el pasado**          **Características comunes**          **La ropa en la actualidad**

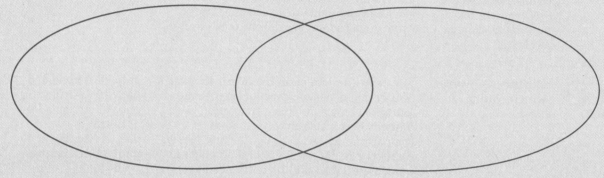

**Fondo cultural** ◼◆◼◇◼◆◼◇◼◆ (página 100)

**La Infanta Margarita de Austria** En 1659, Diego Velázquez pintó un retrato de la Infanta Margarita Teresa con el fin de que el prometido de la princesa y sus familiares pudieran verla en Austria, ya que ella vivía en España. La Infanta lucía un elegante y elaborado vestido azul con blanco que reflejaba que se trataba de la hija de un rey. Fíjate en el retrato de la Infanta Margarita de Austria en la página 100 de tu libro de texto. Los retratos nos dan mucha información, además de indicar cómo son el rostro y la figura de una persona.

**1.** ¿Qué información te dan la ropa, los accesorios, el peinado, etc., de una persona?

_____

_____

**2.** ¿De qué manera te arreglas para hacerte una fotografía para un carnet de identidad?

_____

_____

**3.** ¿Cuáles crees que son las ventajas de la ropa actual en comparación con la ropa antigua?

_____

_____

# ¿Qué ropa compraste?

**Objetivos del capítulo**

- Describir la ropa y la moda
- Hablar sobre las compras
- Describir eventos en el pasado
- Señalar objetos específicos
- Evitar las repeticiones cuando se comparan objetos similares
- Entender las perspectivas culturales con respecto a las fiestas

## Conexión geográfica (página 101)

Identifica los países que se describen a continuación. Están entre los lugares sombreados.

1. El país que está en el extremo sur de las Américas.

    _____

2. El país que es una isla. _____

3. El país que tiene frontera con los Estados Unidos.

    _____

4. El país hispanohablante que está en Europa.

    _____

5. El país que está en Centroamérica. _____

Web Code
jde-0002

# A primera vista (páginas 102–103)

**1.** ¿De cuántas formas puedes pagar tus compras en una tienda?

_____

_____

**2.** ¿Qué nos indica cuál es el tamaño de la ropa? ¿Y el de los zapatos?

_____

**3.** ¿Qué dos cosas puedes decir de un artículo que se vende a un precio más bajo del normal?

_____

_____

**4.** Escribe el nombre de al menos dos materiales que se emplean para hacer ropa.

_____

## Ampliación del lenguaje

### Sufijos

Algunas tiendas se especializan en vender un tipo de producto. Para formar el nombre de ese tipo determinado de tienda, muchas veces, se elimina la *s* del plural del producto y se añade *-ría*. Por ejemplo: la tienda de *flores* se llama *florería*. Otras veces, tienes que buscar la raíz de la palabra y añadir *-ería*. Por ejemplo: la tienda de *helados* se llama *heladería*.

Trata de escribir el nombre de las tiendas que venden los siguientes productos.

perfumes _____      frutas _____

papeles _____      pescado _____

libros _____      zapatos _____

## Videohistoria (páginas **104–105**)

**Actividad C**

Fíjate en la *Videohistoria* de las páginas 104 y 105 de tu libro de texto. Gloria contó la anécdota así:

Salí a pasear con unos amigos. Había liquidaciones fabulosas. Les conté que recientemente me había comprado una blusa. Fuimos al mercado. Vi algunas blusas muy bonitas. Las compré y las pagué en efectivo.

Ahora cuenta tú la misma anécdota desde el punto de vista de Tomás y Raúl. Añade más detalles sobre la historia de los que da Gloria. Usa en tus respuestas las palabras y expresiones que aparecen en tu libro.

_____

_____

**Actividad D**

Fíjate en la actitud de cada uno de los chicos a lo largo de la *Videohistoria* y luego responde a las preguntas siguientes. Explica tus respuestas con frases completas.

**1.** ¿A cuál de los tres amigos le gusta más ir de compras?

_____

**2.** ¿Crees que Gloria compra lo primero que ve o que elige bien lo que compra?

_____

**Actividad E**

¿Qué ropa está de moda? Escribe tres frases para describirla. Habla del material, los colores, el estilo y el tamaño. Luego describe en un párrafo corto cómo es la ropa que te gusta a ti.

_____

_____

_____

# Manos a la obra (páginas 106–109)

Este verano vas a trabajar en una compañía muy importante dedicada a las ventas internacionales. En esa compañía todos los empleados usan ropa formal todos los días excepto los viernes. Tú sólo tienes un conjunto de ropa formal y necesitas ir de compras.

**1.** Haz una lista de la ropa básica que necesitas comprar. Sigue el modelo que tienes en la lista y añade todas las prendas y artículos necesarios.

| ROPA | MATERIAL | COLOR | ESTILO |
|------|----------|-------|--------|
| Corbata | De seda | Roja | Formal, serio |
| _____ | _____ | _____ | _____ |
| _____ | _____ | _____ | _____ |
| _____ | _____ | _____ | _____ |
| _____ | _____ | _____ | _____ |

**2.** Ahora usa elementos de tu lista para indicar qué te puedes poner para cada una de estas ocasiones y explica por qué te vas a vestir así.

**a.** Para la entrevista con tu futuro jefe:

_____

_____

**b.** Para tu primer día de trabajo:

_____

_____

**c.** Para el primer viernes de trabajo:

_____

_____

**d.** Para un día de campo con los compañeros de trabajo:

_____

_____

Tus tíos acaban de abrir una pequeña tienda de ropa en un barrio hispano. Ellos quieren hacer un anuncio para su tienda, pero no saben mucho español. Te han pedido que les ayudes. Quieren que el anuncio sea creativo y que incluya toda la información de la lista de abajo. Lo más importante es escribir algo para llamar la atención de los posibles clientes. Mira el modelo y ayúdales a preparar su anuncio.

**Modelo**    *¡Visite nuestra tienda para ver nuestras fabulosas blusas de algodón! Se va a ver guapísima con estas blusas.*

| | | | |
|---|---|---|---|
| blusa | camisa | liquidación | cupón de regalo |
| ganga | precio | claro/oscuro | algodón/cuero/lana |
| cheque personal | | estilo/estar de moda | |

Responde a estas preguntas según tu propia opinión. Usa frases completas.

1. ¿Qué tipo de ropa crees que refleja mejor tu personalidad? Explica por qué.

_____

_____

_____

2. ¿Alguna vez has comprado ropa usada? Explica por qué.

_____

_____

# Gramática • Repaso

## El pretérito de los verbos regulares (página 110)

El pretérito se usa para hablar acerca de acciones que en el pasado. Para formar el pretérito de un verbo regular, añade las terminaciones del pretérito al radical del verbo.

| (yo) | miré<br>aprendí<br>escribí | (nosotros)<br>(nosotras) | miramos<br>aprendimos<br>escribimos |
|------|------|------|------|
| (tú) | miraste<br>aprendiste<br>escribiste | (vosotros)<br>(vosotras) | mirasteis<br>aprendisteis<br>escribisteis |
| Ud.<br>(él)<br>(ella) | miró<br>aprendió<br>escribió | Uds.<br>(ellos)<br>(ellas) | miraron<br>aprendieron<br>escribieron |

Observa que los verbos terminados en *-ar* e *-ir* que presentan cambios en el radical en el presente, no presentan estos cambios en el pretérito.

Generalmente **me pruebo** la ropa antes de comprarla, pero ayer no **me probé** los pantalones que compré. Normalmente no **me siento** bien cuando voy de compras, pero ayer **me sentí** fenomenal en el centro comercial.

El verbo *ver* tiene terminaciones regulares en el pretérito, y a diferencia de otros verbos, no lleva acentos gráficos.

Anoche David **vio** una camisa que le gustó mucho.

• Los verbos que terminan en *-car*, *-gar* y *-zar* presentan cambios en la forma *yo* del pretérito:

buscar      c → qu     yo busqué
pagar       g → gu     yo pagué
almorzar    z → c      yo almorcé

¿**Pagaste** mucho por tu suéter nuevo?
No, no **pagué** mucho. Lo encontré en una liquidación.

### Gramática interactiva

#### Analiza

Lee las formas verbales de la tabla y subraya la raíz de cada forma verbal. Después, compara la raíz que subrayaste con la raíz de la misma forma en el presente de indicativo. ¿Hay algún cambio ortográfico que se dé en el presente y en el pretérito?

_____

_____

_____

**Actividad I**

Completa el siguiente párrafo con la forma apropiada del pretérito de los verbos entre paréntesis, para saber qué hizo esta chica el fin de semana pasado.

Ayer me _____ *(encontrar)* con una amiga. Primero nosotras

_____ *(almorzar)* en un restaurante. (Nosotras) No _____

*(pagar)* mucho porque era barato. Después fuimos de compras. Me _____

*(probar)* un vestido y _____ *(escribir)* el precio en mi libreta para recordarlo.

Luego, _____ *(mirar)* otras cosas. Siempre me pruebo la ropa antes de

comprarla, por eso _____ *(decidir)* volver otro día, porque no había tiempo.

Mi amiga _____ *(encontrar)* algunas cosas que le gustaron y las

_____ *(comprar)*. A mí me _____ *(gustar)* mucho su selección.

**Actividad J**

Alfredo va al centro comercial para comprar un regalo para su hermana. Lee lo que cuenta Alfredo de su visita al centro comercial mientras busca el regalo.

Hoy es sábado y voy al centro comercial para comprarle un regalo a mi hermana. Primero entro en la tienda de ropa y miro una blusa de seda, pero al final no le compro una blusa porque ella ya tiene muchas. Después, en el departamento de chicos, veo unos pantalones en oferta. Me pruebo unos de color negro y ¡me encantan!, así que decido comprarlos. Pago los pantalones y camino un poco por el centro comercial. Por fin, en una joyería veo unos aretes preciosos. Después de dudar un poco, elijo unos aretes con piedras verdes. ¡A mi hermana le van a gustar mucho!

En tu cuaderno escribe otra vez el relato de Alfredo pero poniendo los verbos en pasado cuando sea necesario. *(Atención: No todos los verbos del relato de Alfredo deben estar en pasado)*. Empieza así: Ayer **fue** sábado y **fui** al centro comercial para comprarle un regalo a mi hermana.

## Gramática

### Adjetivos demostrativos   (página 114)

Para identificar algo o alguien que está lejos de ti y de la persona con quien estás hablando, usas la forma *aquel*.

En el siguiente cuadro se comparan los tres adjetivos demostrativos y sus significados.

| Singular | Plural |
|---|---|
| este, esta ese, esa | estos, estas esos, esas |
| aquel, aquella | aquellos, aquellas |

Todos los adjetivos demostrativos van antes del nombre y concuerdan con el nombre tanto en género (masculino y femenino) como en número (singular y plural).

### Analiza

Subraya las terminaciones de cada forma en el singular y el plural. ¿Cuál es la raíz común para cada grupo de adjetivos?

_____

_____

_____

¿Qué forma se sale de este patrón?

_____

## Ampliación del lenguaje

### Palabras de origen árabe

En español, muchas palabras que empiezan con *al-* son de origen árabe. En árabe, *al-* significa "el/la".

| | | | | | |
|---|---|---|---|---|---|
| almacén | alcohol | alfiler | albañil | alfombra | alcoba |
| algodón | alquitrán | almidón | alpargata | alcacía | almohada |
| álgebra | alfajor | aljibe | | | |

Otras palabras de origen árabe, aunque no empiecen con *al-* son:

| | | | | | |
|---|---|---|---|---|---|
| azúcar | naranja | aceituna | azucena | zanahoria | berenjena |

### Actividad K

¿Qué tienen en común muchas palabras de origen árabe?

_____

_____

_____

**Actividad L**

Bárbara y Gloria están de compras. En tu cuaderno, escribe una conversación entre ellas usando las palabras que se dan en cada punto. En cada oración que escribas debes incluir al menos un adjetivo demostrativo. Mira la ilustración para ver qué adjetivo debes usar según el lugar en el que está la chica que habla y la persona o el objeto sobre el que se habla.

1. **GLORIA:** comprar / blusa. Me gusta el color. Y tú, ¿comprar / guantes?

2. **BÁRBARA:** No sé. guantes / ser / bonitos / pero en realidad no los necesito

3. **GLORIA:** mirar / camisetas / y / bolsos en liquidación

4. **BÁRBARA:** gustar / pantalones que lleva / chica

5. **GLORIA:** gustar / vestidos que ella está mirando. Voy a mirarlos.

6. **BÁRBARA:** mirar / zapatos / y / cinturones del fondo

7. **GLORIA:** Está bien, pagar / blusa / y / vestido que tengo en la mano

**Actividad M**

Lee las siguientes oraciones y determina si la palabra subrayada en cada una es un adjetivo o un pronombre demostrativo. Si es un pronombre, marca el acento correspondiente.

1. La falda que a mí me gusta es más bonita que <u>esta</u>.

2. <u>Aquellos</u> son más bonitos que estos, pero yo prefiero los verdes.

3. Voy a pagar en efectivo porque <u>esta</u> tarjeta ya no tiene dinero.

4. Tu cupón de regalo tiene más valor que <u>esos</u> de ahí.

5. Este vestido oscuro es tan elegante como <u>aquel</u> de la esquina.

6. Las telas sintéticas son más baratas que <u>estas</u> telas tan delicadas.

> **Nota**
> Recuerda que la única diferencia entre los adjetivos demostrativos y los pronombres demostrativos es que estos últimos llevan un acento gráfico, indicando que sustituyen al nombre. Por ejemplo: **Prefiero esta falda** se podría indicar diciendo **Prefiero ésta**, si la persona con quien hablas sabe a qué falda te refieres.

# Lectura cultural (página 117)

En este capítulo has aprendido sobre la moda y sobre algunos diseñadores de origen hispanohablante, como Narciso Rodríguez. ¿Sabías que muchas culturas indígenas siguen vistiéndose de un modo tradicional? Por ejemplo, los kunas o tules de Panamá son famosos por su vestimenta tradicional. Las mujeres llevan anillos de oro en la nariz, faldas coloridas y blusas decoradas con las famosas molas. Las molas son paneles de intrincados diseños cosidos a mano.

**Actividad N**

Busca en Internet toda la información que puedas sobre los kunas. Luego, imagina que vas a crear una mola. Haz un dibujo y describe el diseño y los colores que vas a usar.

**Actividad Ñ**

En tu cuaderno, escribe un párrafo para comparar y contrastar las molas de los kunas con otro tipo de vestimenta que conozcas. Usa las preguntas siguientes como ayuda. Organiza las respuestas en la gráfica.

- ¿Quiénes usan esta ropa?
- ¿La usan en ocasiones especiales o a diario?
- ¿Qué materiales se usan para confeccionarla?
- ¿Tienen colores vivos u oscuros?

molas          otra vestimenta

## Conexiones La historia (páginas 112–113)

**Actividad O**

Toda la ropa refleja la cultura del pueblo que la usa. Por ejemplo, un pueblo de pastores tendrá prendas tradicionales de lana, mientras que otro de agricultores usará más las fibras vegetales. Busca una prenda de vestir de un país hispanohablante e investiga cómo surgió. Si no encuentras mucha información, puedes hacer tus propias hipótesis basándote en las características de la prenda y lo que conoces de la historia y la geografía del pueblo que la usa o la usaba.

Escribe un párrafo corto con tus conclusiones.

_____

_____

_____

## El español en el mundo del trabajo

(página 115)

**Actividad P**

Vuelve a leer el artículo que aparece en la página 115 de tu libro de texto sobre la importancia de hablar inglés y español. Responde a las siguientes preguntas.

1. Además de tiendas y negocios, ¿sabes de algún otro lugar en tu comunidad o estado donde se hable español?

_____

2. ¿Cuál es la cultura hispanohablante que más influye en tu comunidad?

_____

3. ¿Has notado algún cambio en la presencia o la influencia de los hispanohablantes en tu región o estado desde que vives ahí? Explica.

_____

# ¡Adelante! (páginas 118–119)

## Lectura 1

Antes de leer la siguiente información sobre la historia de los jeans, lee la primera actividad que está al margen. Si hay alguna palabra que no recuerdas, consulta las glosas del artículo en las páginas 118 y 119 de tu libro de texto.

### Estrategia

**Tolerar la ambigüedad** Con frecuencia, al leer encontrarás palabras con las que no estás familiarizado(a). No dejes que esto te detenga, quizá puedas aclarar el significado más adelante, basándote en el contexto. También es posible que llegues a entender la lectura sin saber el significado de las palabras desconocidas.

### Lectura interactiva

**Tolera la ambigüedad**

La palabra *remache* es un buen ejemplo de cómo el contexto aclara el significado de una palabra. Encierra en un círculo cada ocurrencia de *remache*. Luego subraya las palabras o frases cercanas que te ayudan a determinar el significado.

¿Qué crees que significa *remache*?

_____

_____

_____

## Los Jeans

### LOS PANTALONES MÁS POPULARES DEL MUNDO

Posiblemente tienes jeans en tu armario. Muchas personas de diferentes países —desde Argentina hasta Canadá y desde Japón hasta España— llevan estos cómodos y prácticos pantalones. Se llevan en el trabajo, en la escuela y para salir de noche. Dicen que los jeans son ropa democrática porque los lleva gente de todas las clases sociales.

### UN POCO DE HISTORIA

Levi Strauss, un joven alemán, llegó a los Estados Unidos con su familia en 1847 a la edad de 18 años. Después de trabajar algunos años con su familia, Strauss viajó a California para abrir una tienda de ropa y accesorios. Esta tienda se convirtió en un negocio próspero durante los siguientes 20 años y Strauss se hizo rico.

En el año 1872, recibió una carta de Jacob Davis, un sastre de Reno, Nevada, en la que le explicó el proceso que él inventó para poner remaches en las esquinas de los bolsillos de los pantalones de hombre. El uso de los remaches resultó en unos pantalones bastante fuertes para aguantar los rigores de un trabajo difícil y en unos bolsillos más resistentes al peso del oro.

Con el dinero de Strauss y la invención de Davis, los dos decidieron pedir la patente para el proceso. En 1873 recibieron la patente para poner los remaches en los pantalones y empezaron a fabricar "*overalls* a la cintura" o *waist* overalls (el antiguo nombre en inglés de los jeans) en San Francisco. Como dicen, "el resto es historia".

1. ¿Qué sucedió en 1847? ¿Y en 1873?

_____

_____

2. ¿Por qué crees que los pantalones fabricados por Strauss y Davis fueron tan resistentes?

_____

_____

Los jeans, más que una moda, han sido un fenómeno social y cultural que ha revolucionado la forma de vestirse de personas de todas las edades en todo el mundo. ¿Por qué crees tú que estos pantalones alcanzaron tanta popularidad? Explica.

_____

_____

En los distintos países hispanohablantes existen muchos nombres diferentes para este tipo de pantalones. ¿Cómo los llamas tú? ¿Te parece correcto usar un nombre en inglés para una prenda de vestir cuando se puede encontrar una palabra (o palabras) equivalente(s) en español? Explica tu respuesta.

_____

_____

¿Cómo puedes diseñar una prenda ideal para un(a) estudiante de secundaria? Trabaja con un(a) compañero(a) para diseñar esta prenda. En un cuaderno, escriban un párrafo con una descripción tan detallada como sea posible. Tengan en cuenta lo siguiente.

1. Material (comodidad, resistencia, abrigo)
2. Bolsillos (qué cosas se deben poder llevar en la prenda)
3. Estilo y colores
4. Precio (¿Van a poder comprarla todos los estudiantes?)

## Lectura 2

Antes de leer el artículo siguiente, haz la actividad que está al margen. Luego lee el texto y haz la otra actividad al margen.

**Estrategia**

**Usar títulos y subtítulos** Usando títulos y subtítulos puedes saber enseguida de qué se trata un artículo.

### Lectura interactiva

**Usa títulos y subtítulos**
Subraya los títulos y subtítulos. ¿Cuál crees que es el tema de este artículo?

_____

_____

¿Cómo está organizada la lectura?

_____

_____

**Encuentra**
Busca en el artículo todas las expresiones (palabras o frases) de tiempo y subráyalas.

¿Cuáles son las palabras de transición temporal?

_____

_____

### La camiseta, prenda universal

¿Quién no tiene una camiseta? La camiseta es, junto con los jeans, el gran invento de ropa del siglo XX. Son cómodas, baratas y multiuso.

**Nacimiento de la camiseta (años 40)**
En 1942, durante la Segunda Guerra mundial, la Marina de los Estados Unidos ideó una prenda para sus tropas en Europa: una camiseta blanca de algodón, cuello redondo y mangas cortas. A esta prenda se le llamó T-shirt porque extendida, tenía forma de T. Más tarde comenzaron a usarla también algunos civiles.

**Popularización (años 50)**
El cine y la televisión contribuyeron a la difusión del uso de la camiseta. En la década de los 50, actores como Marlon Brando y Paul Newman lucieron camisetas en películas y estudios de televisión. Pero quien popularizó su uso fue James Dean. En la película *Rebelde sin causa* (1955), Dean vestía una camiseta blanca y chaqueta negra de cuero. Pronto empiezan a aparecer camisetas de todos los colores y con estampados.

**Nuevos usos de la camiseta (años 60 y 70)**
En las décadas de 1960 y 1970 el uso de la camiseta está extendido por todo el mundo. En esta época surge una nueva faceta de la camiseta: la camiseta como instrumento de protesta. Las camisetas se estampan con frases e imágenes relacionadas con la lucha por la igualdad de derechos de los afroamericanos, la causa feminista, y las revoluciones estudiantiles, políticas y sociales. También empiezan a usarse las camisetas como soporte publicitario.

**Años de "olvido" (años 80 y 90)**
En las décadas de los 80 y 90, el mundo de la moda se "olvida" un poco de la camiseta, aunque la gente sigue usándolas.

**Camisetas actuales**
A partir de mediados de los 90, muchos diseñadores de moda vuelven a presentar camisetas en sus colecciones. Las camisetas actuales son de todos los colores imaginables, pueden llevar estampados, nombres, dibujos, fotografías, etc. Algunos sociólogos dicen que la gente hoy en día ha convertido la camiseta en una forma de expresión.

1. Vuelve a leer el título. Fíjate en la palabra *universal*. ¿Qué crees que significa el título?

   _____

   _____

   _____

2. Escribe una oración corta para resumir la historia de la camiseta en cada una de las épocas sobre las que se habla en el artículo.

   **a.** años 40: _____

   _____

   **b.** años 50: _____

   _____

   **c.** años 60 y 70: _____

   _____

   **d.** años 80 y 90: _____

   _____

   **e.** época actual: _____

   _____

3. Escribe un párrafo corto para responder a una de las siguientes preguntas.

   **a.** ¿Usas camiseta con frecuencia? ¿En qué ocasiones la usas? Si las usas en varias ocasiones, ¿qué tipo de camiseta usas para cada ocasión?

   **b.** ¿Qué opinas de los dibujos y frases en las camisetas? ¿Por qué?

   **c.** ¿Existe alguna prenda de vestir que identifique a un grupo del que tú formas parte?

   _____

   _____

   _____

   _____

   _____

   _____

# Perspectivas del mundo hispano (página 120)

**Actividad W**

En la mayoría de los países hispanohablantes se celebran fiestas populares con origen religioso. Algunas son fiestas patronales. Lee el texto siguiente para saber más sobre estas fiestas y luego responde a las preguntas.

### Fiestas patronales

En los países hispanohablantes cada pueblo o ciudad tiene su santo patrón o patrona. Los santos patrones son santos protectores. Los días en que la iglesia católica celebra al patrón o a la patrona de un pueblo, los habitantes del lugar preparan una gran fiesta. Estas fiestas muchas veces duran varios días. En los pueblos pequeños y en los barrios de las ciudades, donde la comunidad es como una extensión de la familia, todos participan en la preparación de la fiesta.

En las fiestas patronales hay comidas, bailes, puestos de artesanías y productos típicos y fuegos artificiales. Los pueblos vecinos compiten para ver cuál hace las mejores fiestas. Lo que distingue a las fiestas patronales de otro tipo de fiesta es el aspecto religioso de las mismas. Por lo general, el día de la celebración del santo se saca la imagen del patrón del pueblo en procesión por las calles. Una procesión es un desfile religioso en el que casi siempre se toca y se canta música religiosa tradicional. También se hacen romerías, que son fiestas y comidas en el campo, cerca de un santuario o iglesia.

Muchas de estas fiestas religiosas son una evolución cristianizada de antiguas fiestas indígenas que se realizaban en épocas de siembra, de cosecha y otros momentos importantes.

1. ¿Qué quiere decir "la comunidad es como una extensión de la familia"?

   _____

   _____

2. ¿Qué elementos diferencian las fiestas patronales de otro tipo de fiestas?

   _____

   _____

3. ¿Cómo son las fiestas que se celebran en tu comunidad? ¿Qué parecidos y qué diferencias tienen con las fiestas patronales que se describen en la lectura?

   _____

   _____

# Presentación escrita (página 121)

**Encontré unas gangas**

**Tarea**

Recibiste 200 dólares para tu cumpleaños ($100 en efectivo y $100 en cupones de regalo) y acabas de comprar algunas prendas de ropa con ese dinero. Escríbele un mensaje de correo electrónico a tu amigo(a), describiendo tus compras.

1. **Antes de escribir**

Piensa en lo que compraste y en otras cosas que viste pero no compraste. Completa la siguiente tabla.

| ¿Qué compraste? | ¿Dónde? | ¿Cuánto pagaste? | ¿Por qué te gusta(n)? | ¿Qué no compraste? | ¿Por qué no lo compraste? |
|---|---|---|---|---|---|
| | | | | | |

2. **Borrador**

Usa tus respuestas a las preguntas anteriores y escribe un primer borrador. Puedes empezar a escribir tu mensaje de correo electrónico así:

*¡Hola! Para mi cumpleaños recibí $200 para comprar ropa nueva. Decidí ir al centro comercial porque... Encontré... Compré... También vi... pero no lo compré porque...*

3. **Revisión**

Lee tu correo detenidamente. Revisa la ortografía, los acentos, las formas verbales del pretérito y las concordancias. Comparte tu mensaje con un(a) compañero(a). Tu compañero(a) debe verificar si:
- Es fácil de entender tu mensaje.
- Incluye toda la información de la tabla.
- Hay algo que debes añadir o cambiar.
- Hay errores.

4. **Publicación**

Vuelve a escribir tu mensaje de correo electrónico haciendo las correcciones y los cambios necesarios. Envíaselo a tu profesor(a) o a tu amigo(a), o imprímelo y añádelo a tu portafolios.

5. **Evaluación**

Quizá tu profesor(a) te dé los criterios de cómo va a ser evaluada tu presentación. Probablemente, tu presentación será evaluada teniendo en cuenta:
- lo fácil que resulta entender el mensaje.
- si la información es clara y completa.
- la corrección de las formas de los verbos, la ortografía y la concordancia.
- el uso del vocabulario.

**Repaso del capítulo**

**Para preparar el examen, revisa si...**
- conoces el vocabulario nuevo y la gramática.
- puedes realizar las tareas de la página 89.

# Repaso del capítulo (página 124)

## Vocabulario y gramática

### para hablar acerca de ir de compras

| | |
|---|---|
| la entrada | entrance |
| la ganga | bargain |
| el letrero | sign |
| la liquidación | sale |
| *pl.* las liquidaciones | |
| el mercado | market |
| la salida | exit |

### para hablar acerca de los colores

| | |
|---|---|
| claro, -a | light |
| de sólo un color | solid-colored |
| oscuro, -a | dark |
| pastel | pastel |
| vivo, -a | bright |

### para describir de qué está hecha la ropa

| | |
|---|---|
| ¿De qué está hecho, -a? | What is it made of? |
| Está hecho, -a de... | It is made of... |
| algodón | cotton |
| cuero | leather |
| lana | wool |
| seda | silk |
| tela sintética | synthetic fabric |

### para hablar acerca del pago de las compras

| | |
|---|---|
| alto, -a | high |
| bajo, -a | low |
| la caja | cash register |
| el cajero, la cajera | cashier |
| el cheque (personal) | (personal) check |
| el cheque de viajero | traveler's check |
| el cupón de regalo | gift certificate |
| *pl.* los cupones de regalo | |
| en efectivo | cash |
| gastar | to spend |
| el precio | price |
| tan + *adjetivo* | so |
| la tarjeta de crédito | credit card |

### para hablar acerca de compras de ropa

| | |
|---|---|
| apretado, -a | tight |
| escoger | to choose |
| estar de moda | to be in fashion |
| el estilo | style |
| exagerado, -a | outrageous |
| flojo, -a | loose |
| la marca | brand |

| | |
|---|---|
| mediano, -a | medium |
| el número | shoe size |
| probarse (o → e) | to try on |
| la talla | size |

### otras palabras y expresiones útiles

| | |
|---|---|
| anunciar | to announce |
| encontrar (o → ue) | to find |
| en realidad | really |
| me / te importa(n) | it matters (it's important) / they matter to me / to you |
| inmediatamente | immediately |
| me parece que | it seems to me that |
| ¿Qué te parece? | What do you think? / How does it seem to you? |
| recientemente | recently |

### el pretérito de los verbos regulares

| | |
|---|---|
| miré aprendí escribí | miramos aprendimos escribimos |
| miraste aprendiste escribiste | mirasteis aprendisteis escribisteis |
| miró aprendió escribió | miraron aprendieron escribieron |

### los adjetivos demostrativos

| Singular | Plural |
|---|---|
| **este, esta** this | **estos, estas** these |
| **ese, esa** that | **esos, esas** those |
| **aquel, aquella** that one over there | **aquellos, aquellas** those over there |

### ● Más práctica

Practice Workbook Puzzle 2B-8
Practice Workbook Organizer 2B-9

## Preparación para el examen (página **125**)

| En el examen vas a... | Éstas son las tareas que te pueden ser útiles para el examen... | Si necesitas repasar... |
|---|---|---|

  **1 Escuchar** Escuchar y entender a una persona mientras habla acerca de por qué compró una prenda de ropa.

Escucha a Marta mientras explica por qué compró un vestido. Marta lo compró porque: (a) era una ganga, (b) era de buena marca, (c) le quedaba bien; (d) estaba de moda.

**págs. 102–105**
*A primera vista*
**pág. 103** Actividad 2
**pág. 106** Actividad 4

  **2 Hablar** Hablar sobre dónde y cuándo compraste la ropa que llevas puesta hoy.

A tu compañero(a) le gusta mucho tu ropa. Explícale: (a) dónde la compraste; (b) cuánto hace que la compraste; (c) si fue cara o si fue una ganga; (d) de qué marca es, si lo sabes. Después cambien los papeles.

**pág. 107** Actividad 7
**pág. 108** Act. 8–9
**pág. 109** Act. 10–11
**pág. 111** Actividad 14
**pág. 112** Actividad 17
**pág. 115** Actividad 21
**pág. 116** Actividad 23
**pág. 117** Actividad 24

  **3 Leer** Leer y entender un mensaje de agradecimiento por un cupón de regalo recibido recientemente.

En días recientes, tu clase de español envió un cupón de regalo de cumpleaños a una estudiante de Argentina que estuvo el año pasado en el curso de intercambio. Lee el mensaje que ella escribió sobre lo que compró.

¡Hola! Muchas gracias por el cupón de regalo para el Almacén Palete. Compré una blusa de colores pastel que me gusta mucho y está muy de moda. También encontré un cinturón de cuero muy bonito para llevar con mis pantalones favoritos. Aquí tienen mi foto. ¿Qué les parece mi nuevo estilo?

Besos, Susi

**pág. 107** Actividad 6
**pág. 110** Actividad 13
**pág. 114** Actividad 19
**págs. 118–119**
*Lectura*

✎ **4 Escribir** Escribir una descripción corta sobre el último día que fuiste a comprar ropa, incluyendo lo que compraste, la marca y cuánto pagaste por las prendas.

Tu abuela te envió un cheque para tu cumpleaños y quiere saber qué compraste. Describe la ropa de vacaciones que compraste y dónde lo hiciste. Incluye todos los detalles posibles. Puedes empezar así:

Querida abuelita,
Muchas gracias por el cheque que me enviaste para mi cumpleaños. Decidí comprarme ropa para las vacaciones...

**pág. 107** Act. 6–7
**pág. 109** Act. 10–11
**pág. 110** Actividad 13
**pág. 112** Actividad 16
**pág. 121** *Presentación escrita*

  **5 Pensar** Demostrar un conocimiento de lo que es *la parranda* en los países hispanohablantes.

Imagina que les preguntas a tus padres si puedes ir a *una parranda* en la casa de un(a) amigo(a) hispanohablante; ellos no saben de lo que estás hablando. Explícales qué es. ¿Con qué puedes comparar *una parranda*?

**pág. 121** *Perspectivas del mundo hispano*

Web code jdd-0218
**PHSchool.com**

# A ver si recuerdas... (páginas 126–127)

Piensa en lo que hiciste la semana pasada y llena este diario con los quehaceres que hiciste. Incluye los lugares a donde fuiste y las compras que hiciste. Escribe la fecha de cada día al lado del nombre.

| | |
|---|---|
| lunes | |
| martes | |
| miércoles | |
| jueves | |
| viernes | |
| sábado | |
| domingo | |

**Fondo cultural** (página 128)

**Buenos Aires**   Es una ciudad muy internacional. A finales del siglo XIX y en la primera mitad del siglo XX llegaron muchos inmigrantes de Europa, de países como Italia, Alemania, España y Francia. Como en otras ciudades del mundo, la fusión de diferentes culturas ha dado lugar a un enriquecimiento que se refleja en las artes, especialmente en la arquitectura. En su centro histórico pueden apreciarse hermosos palacios, monumentos y avenidas.

1. ¿Hay alguna parte de tu comunidad o de una ciudad que conoces que se considera antigua o histórica? ¿Cómo es?

   _____

   _____

2. ¿Cómo es tu vecindario? ¿Qué servicios o negocios encuentras en él?

   _____

   _____

# ¿Qué hiciste ayer?

## Objetivos del capítulo

- Hablar sobre las actividades que hiciste y sobre dónde las hiciste
- Explicar por qué no pudiste hacer ciertas cosas
- Describir objetos que compraste y dónde los compraste
- Entender las perspectivas culturales con respecto a las compras

## Conexión geográfica

Ya sabes que el ecuador separa el Hemisferio Norte del Hemisferio Sur. La línea al norte del ecuador es el Trópico de Cáncer, y la que queda a la misma distancia al sur del ecuador es el Trópico de Capricornio. Escribe los nombres de los países sombreados, cuyo territorio (o parte del mismo) cae dentro de la zona de los dos trópicos.

_____

_____

_____

Web Code
jde-0002

# A primera vista (páginas **130–131**)

Escribe las palabras del vocabulario de la lección que corresponden a las definiciones siguientes:

1. Cambiar un cheque por dinero _____

2. Especie de zapatos o botas con ruedas _____

3. Atender, ocuparse de alguien _____

4. Oficina de un doctor _____

5. Mujer que ejerce la medicina _____

6. Lugar donde se pueden comprar raquetas y una pelota _____

7. Poner una carta en un buzón _____

Lee los siguientes pares de palabras y determina con qué lugar se relacionan. Luego añade por lo menos dos palabras más relacionadas con el mismo lugar que no estén en el vocabulario de la lección.

> **Modelo**    gasolina, tanque      estación de servicio
>             otras palabras:       automóvil, manguera

1. sello, buzón _____

   otras palabras: _____

2. raqueta, tenis _____

   otras palabras: _____

3. dinero, cheque _____

   otras palabras: _____

4. medicinas _____

   otras palabras: _____

## Videohistoria    (páginas **132–133**)

**Actividad C**

Inventa una excusa para responder a cada una de estas situaciones, usando las palabras y expresiones que aparecen en tu libro de texto.

> **Modelo**  Llevo casi media hora esperándote
> *Lo siento. Tuve que cuidar a mi hermanita hasta las tres.*

**1.** ¿Qué te pasó? Ya se fue el autobús.

_____

**2.** ¿Por qué no me ayudaste a cuidar a Anita ayer?

_____

**3.** ¡El coche no tiene gasolina! ¿Qué hiciste?

_____

**4.** No fuiste al parque a jugar al fútbol el sábado. ¿Adónde fuiste?

_____

**5.** ¿Por qué no me compraste el jabón en la farmacia?

_____

**Actividad D**

Mira las fotografías de la *Videohistoria* de las páginas 132 y 133 de tu libro de texto. Elige dos fotografías y escribe en tu cuaderno un minidiálogo diferente para ellas. Usa en tu diálogo las palabras y expresiones que aparecen en tu libro.

> **Modelo**  Fotografía 7
>
> **TERESA:**   ¡Ay, no se qué vestido voy a llevar al baile! No tengo ningún vestido largo.
> **CLAUDIA:**  ¿Por qué no compraste uno ayer en el centro comercial?
> **TERESA:**   Se me olvidó porque tuve que acompañar a mi abuela al dentista.

# Manos a la obra (páginas 134–137)

Adivina qué negocios se describen a continuación. Luego añade por lo menos un detalle más a cada descripción.

1. Aquí se puede sacar dinero y _____

   Esto es _____

2. Aquí se pueden comprar comestibles, comida preparada, jabón y _____

   Esto es _____

3. Aquí se pueden comprar medicinas, revistas, dulces y _____

   Esto es _____

4. Aquí se pueden enviar cartas y _____

   Esto es _____

5. Aquí se pueden comprar pelotas, ropa deportiva y _____

   Esto es _____

6. Aquí se puede ir para recibir un examen físico y _____

   Esto es _____

Haz una encuesta entre tus familiares para averiguar la siguiente información. Asegúrate de entrevistar por lo menos a tres personas de tu familia para poder sacar conclusiones con los resultados de tu encuesta. Después, añade una pregunta más.

- ¿Cuál es el banco de tu ciudad que más les gusta y por qué? ¿Qué servicios ofrece?
- ¿Qué supermercado les gusta más y por qué compran siempre allí?
- ¿Qué tiendas o centros comerciales visitan para comprar artículos deportivos?
- ¿Cuáles son los artículos deportivos más populares entre las personas de tu familia?
- ¿Qué farmacia prefiere tu familia para conseguir medicina?

Ahora completa el cuadro de la página siguiente, incluyendo los datos más importantes que descubriste al hacer tu encuesta.

Nombre _____ Fecha _____

---

# Resultados de la encuesta

El banco que más les gusta a mis familiares es _____ porque

_____.

El supermercado en el que compran mis familiares es _____.

Compran allí porque _____.

Para comprar artículos deportivos, mis familiares van a _____

porque_____.

Los artículos deportivos más populares en mi familia son _____

_____.

La farmacia a la que van mis familiares para conseguir medicinas es

_____

---

Tu mamá te ha dejado una lista con seis cosas que hacer, pero tú sólo tienes tiempo para hacer cuatro. Escribe una nota para decirle cuáles vas a hacer y por qué escogiste ésas.

| | |
|---|---|
| echar las cartas en el buzón | pasar a buscar una receta del médico |
| cobrar un cheque | comprar un cepillo de dientes |
| hacer las compras en el supermercado | devolver un libro en la biblioteca |

_____

_____

_____

_____

## Gramática • Repaso

### Pronombres de objeto directo   (página 138)

Un objeto directo expresa *qué* o *quién* recibe la acción del verbo.

Devolví **el libro**. (*Libro* es el objeto directo.)

Para evitar la repetición del nombre que funciona como objeto directo, se usa el pronombre de objeto directo. En inglés, *him*, *her* e *it* son ejemplos de pronombres de objeto directo. En español, los pronombres de objeto directo son los siguientes:

| Singular | Plural |
|----------|--------|
| lo | los |
| la | las |

Los pronombres de objeto directo tienen el mismo género (masculino o femenino) y número (singular o plural) que los nombres a los que reemplazan. Estos pronombres van justo delante del verbo conjugado.

¿Devolviste los libros a la biblioteca? No, no los devolví.

¿Ayudaste a tu mamá en casa? Sí, la ayudé.

Cuando el verbo conjugado va seguido de otro verbo en infinitivo, el pronombre de objeto directo puede ir delante del verbo conjugado o unido al infinitivo.

— ¿Sacaste el libro sobre Simón Bolívar?

— No, no lo pude sacar. *o* No, no pude sacarlo.

---

### Gramática interactiva

**Identifica formas**
Lee los ejemplos que se incluyen en la explicación gramatical y para cada uno, subraya el nombre o la frase que indica quién o qué recibe la acción del verbo, el objeto directo. Haz un círculo alrededor de los pronombres de objeto directo, y une con una raya los objetos directos con los pronombres correspondientes.

---

## Ampliación del lenguaje

### El acento ortográfico

Aquí tienes un resumen de las reglas de acentuación en español. Añade otros ejemplos a las listas a continuación en tu cuaderno.

Cuando las palabras terminan en una vocal, o en *n* o *s* y el acento cae sobre la penúltima sílaba, se escriben sin acento ortográfico: *supermercado, deportivo, tarjeta, cobran.*

Cuando las palabras terminan en una consonante (menos en *n* o *s*) y el acento cae sobre la última sílaba, se escriben sin acento ortográfico: *cerrar, dental.*

## Actividad H

Guillermo tiene una cita con una amiga y está preparándose rápidamente. Está un poco nervioso y no quiere llegar tarde, pero su hermana no para de molestarlo. Completa el diálogo entre los dos hermanos usando los pronombres de objeto directo que faltan. Cuando el pronombre se une al infinitivo, subraya la palabra.

**GUILLERMO:** ¡Marisol! ¿Dónde está el champú?

**MARISOL:** Yo _____ vi ahí, en el baño. ¿Qué te pasa? ¿Estás nervioso?

**GUILLERMO:** No. Es que tengo prisa, y estoy buscando las cosas para poder bañarme,

pero no _____ encuentro. ¿Ves? Tampoco encuentro la toalla.

**MARISOL:** ¿No _____ ves? Está ahí. ¿Necesitas el secador?

**GUILLERMO:** Sí, y tampoco _____ veo por aquí. ¿Puedes buscar _____? Necesito el gel también.

**MARISOL:** Ahora mismo _____ traigo. Y también te traigo la pasta dental.

**GUILLERMO:** ¿Qué? ¡No me digas que también _____ tienes tú!

**MARISOL:** Ya, mira: la pasta dental, el gel y el secador. ¿Dónde pongo todo esto?

**GUILLERMO:** Puedes dejar _____ ahí mismo. Gracias. Y ahora a ver si termino de arreglarme que tengo una cita con unos amigos.

**MARISOL:** ¡Ja! ¿Con unos amigos? Será con Rebeca. Que yo _____ vi ayer contigo.

_____ vi a ustedes dos todos románticos.

**GUILLERMO:** ¡Ya calla, por favor!

## Gramática

### El pretérito de verbos irregulares: *ir* y *ser*  (página 140)

En el pretérito, las formas de *ser* son las mismas que las formas de *ir*. Usamos el contexto para clarificar el significado.

El cantante Jon Secada **fue** a vivir a Miami, Florida, en 1970.

| (yo) **fui** | (nosotros) (nosotras) **fuimos** |
|---|---|
| (tú) **fuiste** | (vosotros) (vosotras) **fuisteis** |
| Ud. (él) **fue** (ella) | Uds. (ellos) (ellas) **fueron** |

• Fíjate que ninguna de estas formas irregulares del pretérito tiene acento.

## Gramática (página 142)

### Verbos irregulares en el pretérito: *hacer, tener, estar, poder*

En el pretérito, las formas de *tener, estar* y *poder* siguen un patrón similar a las del verbo *hacer*. Al igual que ocurre con *hacer*, estos verbos no llevan acentos escritos en el pretérito.

**¿Recuerdas?**
El verbo *dar* también es irregular en pretérito: *di, diste, dio, dimos, disteis, dieron.*

**Gramática interactiva**

**Compara**
Compara la ortografía de cada verbo. ¿Cuál de los verbos tiene una variación en la ortografía?

Subraya la forma que varía.

| (yo) | hice<br>tuve<br>estuve<br>pude | (nosotros)<br>(nosotras) | hicimos<br>tuvimos<br>estuvimos<br>pudimos |
|---|---|---|---|
| (tú) | hiciste<br>tuviste<br>estuviste<br>pudiste | (vosotros)<br>(vosotras) | hicisteis<br>tuvisteis<br>estuvisteis<br>pudisteis |
| Ud.<br>(él)<br>(ella) | hizo<br>tuvo<br>estuvo<br>pudo | Uds.<br>(ellos)<br>(ellas) | hicieron<br>tuvieron<br>estuvieron<br>pudieron |

**Actividad 1**

Completa la carta de Laura a su amigo Carlos con el pretérito de los verbos indicados.

Querido Carlos:

El semestre pasado _____ *(tener)* mucho que hacer, por eso no _____ *(poder)* ir a verte. Pero como recordarás el invierno pasado _____ *(ir)* a visitarte muchas veces. También _____ *(ir)* Manuel y María. ¿Te acuerdas de que nosotros _____ *(ir)* a pasear juntos? (Nosotros) _____ *(estar)* de un lado para otro, incluso _____ *(poder)* visitar el mercado al aire libre, ¿recuerdas? Todos _____ *(hacer)* esfuerzos para encontrar la mejor ganga. Seguro que también recuerdas que _____ *(hacer)* frío y que las chicas _____ *(tener)* que abrigarse mucho. Este año me gustaría volver a ir al mercado. ¿Qué opinas? Escríbeme.

Un abrazo de tu amiga Laura.

Nombre _____ Fecha _____

Tu mamá dio una fiesta el lunes pasado para todos tus amigos, pero nadie pudo ir. Explícale a tu mamá lo que tuvieron que hacer tus amigos ese día para que sepa por qué no fueron a la fiesta.

> **Modelo**  *Roberto y Susana no fueron a la fiesta porque tuvieron un examen el martes.*

**1.** Manolo _____

**2.** Silvana y Carla _____

**3.** Alberto _____

**4.** Mis hermanos _____

¿Qué hiciste la última vez que fuiste a una boda o a un evento especial? Escribe un párrafo corto para contarlo. Incluye en tu párrafo lo siguiente.

- Lo que te pusiste, incluyendo ropa y zapatos, joyas, etc., y no olvides mencionar de qué estaba hecha cada cosa (de lana, de cuero, de algodón, etc.)
- Cómo fuiste hasta el lugar del evento, si usaste transporte público, si manejaste tú, si fuiste con tu familia o amigos...
- Qué pasó durante la celebración, qué hiciste allí, con quién hablaste, con quién bailaste, si te divertiste, etc.
- Concluye tu párrafo explicando qué fue lo que más te gustó.

_____

_____

_____

_____

_____

_____

_____

_____

_____

_____

# Lectura cultural (página 144)

En el *Fondo cultural* que aparece en la página 144 de tu libro de texto has leído sobre algunos barrios famosos de ciudades de España, como el Barrio de Santa Cruz en Sevilla, España, que fue un barrio judío.

Hoy en día la diversidad de la cultura y la población de España reflejan la influencia de muchos pueblos de diferentes orígenes étnicos que vivieron allí a lo largo de miles de años.

Piensa en tu propia ciudad y en las culturas y grupos étnicos que forman parte de ella y que influyeron en su pasado. Usa la tabla para organizar tus ideas. Después, escribe en una hoja de papel una pequeña reseña explicando qué crees que es lo más importante que aportó cada cultura o cada grupo étnico y por qué piensas esto. Comparte tu reseña con el resto de la clase.

| Grupo | Aportación |
|-------|------------|
|       |            |
|       |            |
|       |            |

## Ampliación del lenguaje

¿Sabes qué origen tienen las palabras *algodón* y *alcalde*? Puedes averiguarlo con un diccionario, pero primero, lee la siguiente entrada de *almohada*.

**almohada** s.f. **1** Pieza de tela rellena de un material blando y mullido, que sirve para apoyar la cabeza, esp. en la cama. *La camarera puso dos almohadas en la cabecera de la cama.* *ETIMOL. Del árabe *al-mujadda* (el lugar en que se apoya la mejilla).

Busca en un diccionario el origen de *algodón* y *alcalde* y explícalo aquí.

_____

_____

## Conexiones   La literatura (página 141)

En tu libro de texto leíste unos versos de amor del poeta chileno Pablo Neruda. Otro de los grandes poetas que escribió sobre el amor fue el español Gustavo Adolfo Bécquer (1836–1870). Otros sentimientos presentes en su obra son la esperanza, el dolor, el placer y el desengaño. Lee la Rima XXIII que trata sobre este tema. Responde en tu cuaderno.

*Por una mirada, un mundo,*
*por una sonrisa, un cielo,*
*por un beso..., yo no sé*
*que te diera por un beso.*

1. ¿En qué se parece o se diferencia el tema de estos versos del tema de los versos de Neruda? ¿Crees que en el caso de Bécquer el poeta está con su amor?

2. ¿Qué crees que el autor trató de transmitir?

### El español en la comunidad

(página **137**)

La salud y el idioma están fuertemente relacionados. Además de que es importante entender la información que contiene un medicamento, es imprescindible que el médico y su paciente puedan comunicarse de forma clara. En los Estados Unidos, cada vez más hospitales y centros de salud cuentan con el servicio de intérpretes para ayudar a personas que tienen dificultades para hablar inglés. En los centros en los que este servicio no existe, muchos pacientes tienen que recurrir a un familiar o amigo para que les ayude a comunicarse con médicos y enfermeros.

1. ¿Cuáles crees que son las cualidades más importantes para ser intérprete en un hospital? Explica tu respuesta.

2. ¿En qué otra(s) situación(es) es imprescindible comunicarse fluidamente? Menciona uno o dos casos y explica tu elección.

# ¡Adelante! (páginas 146–147)

## Lectura 1

Lee el artículo sobre "Ciudades Hermanas Internacionales". Si hay alguna palabra que no recuerdas, consulta las glosas del artículo en las páginas 118 y 119 de tu libro de texto.

### Estrategia

**Identificar detalles de apoyo**
Con frecuencia un párrafo consiste en una idea principal y, a continuación, detalles que amplían o explican la idea.

### Lectura interactiva

**Identifica detalles de apoyo**

En el segundo párrafo, la idea principal es el proceso para unirse al programa. Subraya las palabras clave (tres verbos) del proceso.

En el tercer párrafo, la idea principal es la cooperación económica y profesional entre las ciudades. Subraya dos hechos específicos que apoyan la idea.

## Ciudades Hermanas Internacionales

El programa de "Ciudades Hermanas Internacionales" fue creado por el presidente de los Estados Unidos, Dwight D. Eisenhower, en el año 1956. La misión de este programa es promover el intercambio y la cooperación entre los habitantes de ciudades en diferentes países. Hoy en día, más de 1,200 ciudades en los Estados Unidos tienen una ciudad hermana en casi 137 países. A través de la cooperación económica, cultural y educativa, el programa de Ciudades Hermanas construye puentes entre las personas y ayuda a la comprensión entre diferentes culturas.

Cualquier ciudad en los Estados Unidos puede tener una ciudad hermana. Primero es necesario encontrar otra ciudad extranjera. Esta ciudad puede tener alguna relación con la ciudad estadounidense, como tener el mismo nombre o celebrar un mismo festival. Para tener una relación oficial, hay que llenar un formulario en la comisión del programa para las Ciudades Hermanas. La organización tiene que aprobar la petición.

Entre otras cosas, el programa de Ciudades Hermanas ayuda a establecer una cooperación económica entre los países. Por ejemplo, varios productos de Toledo, España, se venden en la tienda La Salle en Toledo, Ohio. Las ciudades de Atlanta, Georgia, y de Salcedo, República Dominicana, también exploran varias posibilidades para intercambiar productos. El intercambio profesional y técnico es importante, como descubrieron los bomberos y policías de la ciudad de Phoenix, Arizona, cuando tomaron clases de español en Sonora, México.

**Actividad O**

Responde a las preguntas a continuación.

**1.** ¿Cuál es la misión de Ciudades Hermanas Internacionales?

_____

_____

**2.** Además de tener el mismo nombre y celebrar un mismo festival, ¿qué otras cosas pueden motivar a dos ciudades a cooperar en el programa de Ciudades Hermanas Internacionales?

_____

_____

**3.** ¿Cómo piensas que se beneficiaron los bomberos y policías de Phoenix, Arizona, cuando tomaron clases de español en Sonora, México?

_____

_____

**Actividad P**

Piensa en ciudades o pueblos hispanohablantes que conozcas. ¿Qué ciudad crees que puede ser una ciudad hermana de la ciudad en que vives? ¿Por qué? Escribe un párrafo corto para explicar qué cosas tienen en común las dos ciudades y cómo se pueden beneficiar ambas de esta relación.

_____

_____

_____

_____

_____

_____

_____

## Lectura 2

Haz la actividad interactiva de la derecha antes de leer la lectura.

### Lectura interactiva

**Anticipa el contenido**
Subraya la primera oración de los primeros tres párrafos. Apunta lo que piensas que va a tratar cada párrafo.

_____

_____

_____

_____

_____

La primera frase de los últimos tres párrafos nos dice el tema de cada párrafo. Subráyalas.

## Toledo y Toledo

La ciudad de Toledo en Ohio, tiene como hermana a la ciudad de Toledo en España. El hermanamiento entre la ciudad estadounidense de Toledo y la ciudad española del mismo nombre comenzó en el año 1931.

El primer punto en común que tienen estas dos ciudades es, evidentemente, el nombre. Pero también hay lazos históricos. Por ejemplo, en algunas iglesias antiguas de Toledo, Ohio, se pueden ver influencias españolas. En la década de 1980, se organizó una gran exposición de obras de El Greco en el Museo de Toledo de Ohio. El Greco fue un gran pintor español. Su verdadero nombre era Domenikos Theotokopoulos; El Greco era un apodo, o sobrenombre, que hacía referencia a su origen griego. En 1577 El Greco llegó a España y se instaló en la villa de Toledo. Allí vivió hasta su muerte, en 1614.

Toledo, Ohio, tiene otras ciudades hermanas además de la ciudad española. En 1992, varios líderes comunitarios de la región de Ohio fundaron TSCI (Toledo Sister Cities International) un proyecto de intercambio cultural, económico y educativo para el desarrollo y la cooperación entre la ciudad de Toledo (Ohio) y sus ciudades hermanas.

En la cultura, TSCI promueve visitas de grupos musicales y folklóricos entre las ciudades hermanas.

En la economía, la asociación fomenta las importaciones y exportaciones entre las ciudades hermanas.

En la educación, TSCI creó la Joven Academia Internacional, para jóvenes de 14 a 17 años. Cada verano, la Academia recibe a estudiantes de las ciudades hermanas, para que conozcan algo de la cultura y la lengua de la otra ciudad.

Actividad
**Q**

Responde a las preguntas siguientes usando oraciones completas.

**1.** ¿Cuándo comenzó el hermanamiento de la ciudad de Toledo en Ohio y la ciudad de Toledo en España?

_____

**2.** ¿Cuál es el nombre de un programa de TSCI dedicado a los jóvenes?

_____

**3.** ¿Cómo crees que se benefician los jóvenes estadounidenses que visitan Toledo, España, y los que jóvenes españoles que visitan Toledo, Ohio?

_____

_____

**4.** ¿Quién fue El Greco? ¿Por qué se le conocía con ese nombre? ¿Qué conexión tiene con Toledo, Ohio?

_____

_____

_____

Actividad
**R**

Imagina que tu ciudad o comunidad es una ciudad hermana de Toledo, España y quiere enviar un grupo de artistas (cantantes, músicos, pintores, actores, bailarines) a España para representar el talento de tu ciudad o comunidad. Recomienda por lo menos tres grupos.

| Modelo | *Recomiendo el coro de Johnson High porque cantan bien y siempre ganan premios en concursos de coros.* |

_____

_____

_____

_____

# La cultura en vivo (página 148)

¿Qué es lo primero que piensas cuando oyes o lees la palabra *mercado*? ¿Qué objetos esperas encontrar en un mercado? Ya sabes que en muchos pueblos y ciudades hispanohablantes los mercados al aire libre son una tradición. Lee el texto siguiente para saber más sobre uno de estos mercados. Luego, responde en tu cuaderno a las preguntas a continuación.

## El Rastro de Madrid, España

En Madrid, todos los domingos por la mañana, en el centro de la capital, se organiza un mercado al aire libre que tiene más de mil puestos. Los comerciantes madrugan para instalar sus puestos. Sobre las 9:30 empiezan a llegar los primeros compradores y curiosos. Para quiénes no les gustan las multitudes, ésta es una buena hora para empezar una visita al Rastro. Alrededor de mediodía, ya son miles las personas que recorren este mercado. Algunos van en busca de objetos únicos, muchos buscan alguna ganga, mientras que otros van allí simplemente para pasear o a encontrarse con amigos.

El Rastro se extiende por varias calles alrededor de la Ribera de Curtidores. En cada zona del Rastro se encuentran mercancías diferentes: En la calle Ribera de Curtidores hay artesanía, jeans y ropa nueva hecha a mano. En la calle Rodas puedes encontrar muebles y antigüedades. En la calle Carlos Arniches se pueden comprar discos, ropa de segunda mano y objetos raros. En otros lugares encontrarás herramientas, telas, pieles, revistas y artesanía de diferentes países. También se pueden ver músicos tocando en la calle.

El Rastro funciona hasta las 2:30 o 3:00 de la tarde. Si a esa hora, o antes, tienes hambre, puedes comer en uno de los muchos restaurantes que hay alrededor del Rastro.

1. ¿Qué tipo de objetos se pueden encontrar en este mercado?

2. Basándote en la información del texto, ¿qué tipo de personas crees que acude a este mercado? ¿Por qué?

3. Explica si te gustaría visitar este mercado y por qué.

4. Piensa en los mercados que hay cerca de donde tu vives y escribe un párrafo sobre uno de ellos en tu cuaderno. Ten en cuenta los puntos siguientes.

   - Tipo de mercado
   - Cosas que se venden allí (productos agrícolas, objetos usados y otras cosas)
   - Habla sobre una visita a ese mercado. ¿Compraste algo?, ¿Cómo son los precios? ¿Se puede regatear?
   - Describe el ambiente (gente, música —si la había—).
   - ¿Qué es lo que más te gusta de este tipo de mercados? ¿Y lo que menos te gusta?

# Presentación oral (página 149)

## Preparándose para un viaje

**1. Preparación**

Haz una lista de diez objetos que necesites para la semana de vacaciones en México. Piensa en objetos que realmente necesites para que no lleves tantas cosas. ¿Tienes esos objetos en la casa? ¿Necesitas comprarlos? ¿Adónde tienes que ir a comprarlos? ¿Crees que será mejor comprarlos antes de salir o comprarlos en México? ¿Por qué? Usa una tabla para organizar tus ideas.

**Tarea**

Vas a visitar a tu mejor amigo(a) en México por una semana, durante las vacaciones de verano. Tu amigo(a) vive en Mérida, México, donde el clima es muy caliente y húmedo durante el verano. Tu amigo(a) ya te ha contado algunos de sus planes: visitar las ruinas mayas cercanas, pasar algún tiempo con amigos e ir dos días a las playa de Cancún. ¿Estás preparado(a) para ir? Explica lo que has hecho para preparar el viaje.

**Estrategia**

**Usar tablas** Crea una tabla para ayudarte a pensar acerca de la información clave sobre la que quieres hablar. Esto te ayudará a hablar de una manera más eficaz.

| Cosas que necesito | ¿Ya lo / la compré? | ¿Dónde? |
| --- | --- | --- |
| sombrero para el sol | sí, lo compré | el almacén |

**2. Práctica**

Ensaya tu presentación varias veces. Puedes usar tus notas mientras practicas, pero no cuando hagas la presentación en público. Asegúrate de:

- hablar de todo lo que hiciste para prepararte para el viaje.
- usar oraciones completas.
- hablar con claridad.

**Modelo** *Para visitar a mi amigo en Mérida necesito un sombrero para el sol, pasta dental y un cepillo de dientes. No tuve que comprar la pasta dental ni el cepillo. Tengo que comprar un sombrero para el sol, pero voy a comprarlo en México porque quiero comprar algo típico de allí. También tuve que ir al banco para cobrar un cheque que mi mamá me dio.*

**3. Presentación**

Habla acerca de tu preparación para el viaje. Si quieres, puedes traer algunos de los objetos que llevarás para mostrar algunos de tus preparativos.

**4. Evaluación**

Quizá tu profesor(a) te dé los criterios de cómo va a ser evaluada tu presentación. Probablemente, tu presentación será evaluada teniendo en cuenta:

- lo completa que es tu presentación.
- la forma como has relatado la información sobre las cosas que necesitas para el viaje.
- lo fácil que resulta entenderte.

**Repaso del capítulo**

**Para preparar el examen, revisa si...**
- conoces el vocabulario nuevo y la gramática.
- puedes realizar las tareas de la página 109.

# Repaso del capítulo (página 152)

## Vocabulario y gramática

**para hablar acerca de lugares en la comunidad**

| | |
|---|---|
| el banco | bank |
| el centro | downtown |
| el consultorio | doctor's/dentist's office |
| la estación de servicio *pl.* las estaciones de servicio | service station |
| la farmacia | pharmacy |
| el supermercado | supermarket |

**para hablar acerca del correo**

| | |
|---|---|
| el buzón *pl.* los buzones | mailbox |
| la carta | letter |
| echar una carta | to mail a letter |
| el correo | post office |
| enviar *(i → i)* | to send |
| el sello | stamp |
| la tarjeta | card |

**para hablar acerca de los objetos de una tienda de equipo deportivo**

| | |
|---|---|
| el equipo deportivo | sports equipment |
| el palo de golf | golf club |
| los patines | skates |
| la pelota | ball |
| la raqueta de tenis | tennis racket |

**para hablar acerca de los productos de una farmacia**

| | |
|---|---|
| el cepillo de dientes | toothbrush |
| el champú | shampoo |
| el jabón | soap |
| la pasta dental | toothpaste |

**para poner excusas**

| | |
|---|---|
| se me olvidó | I forgot |

**para hablar acerca de hacer los mandados**

| | |
|---|---|
| cerrar *(e → ie)* | to close |
| cobrar un cheque | to cash a check |
| cuidar a | to take care of |
| el dentista, la dentista | dentist |
| devolver *(o → ue)* (un libro) | to return |
| la gasolina | gasoline |
| llenar (el tanque) | to fill (the tank) |
| el médico, la médica | doctor |

| | |
|---|---|
| sacar (un libro) | to take out, to check out (a book) |
| se abre | opens |
| se cierra | closes |

**otras palabras y expresiones útiles**

| | |
|---|---|
| caramba | good gracious |
| casi | almost |
| ¡Cómo no! | Of course! |
| en seguida | right away |
| hasta | until |
| por | for (how long) |
| pronto | soon |
| Hasta pronto. | See you soon. |
| quedarse | to stay |
| todavía | still |
| varios, -as | various, several |

**el pretérito de *ir* (to go) y *ser* (to be)**

| | |
|---|---|
| fui | fuimos |
| fuiste | fuisteis |
| fue | fueron |

**el pretérito de *tener, estar* y *poder***

| | |
|---|---|
| tuve estuve pude | tuvimos estuvimos pudimos |
| tuviste estuviste pudiste | tuvisteis estuvisteis pudisteis |
| tuvo estuvo pudo | tuvieron estuvieron pudieron |

**pronombres de objeto directo:**
*lo, la, los, las*

● **Más práctica**
Practice Workbook Puzzle 3A-8
Practice Workbook Organizer 3A-9

# Preparación para el examen (página 153)

| En el examen vas a... | Éstas son las tareas que te pueden ser útiles para el examen... | Si necesitas repasar... |
|---|---|---|

 **Escuchar** Escuchar y entender a unas personas que cuentan a dónde fueron y qué hicieron.

Como encargado del viaje de verano de la escuela a México, el profesor de español oyó muchas excusas de los estudiantes para explicar por qué no volvieron al autobús a tiempo, antes de salir para la próxima parada. Escucha las excusas para determinar a dónde fueron los estudiantes y por qué llegaron tarde.

**págs. 130–133**
*A primera vista*
**pág. 135** Actividad 6
**pág. 136** Actividad 8
**pág. 143** Actividad 21

 **Hablar** Preguntar y responder si se hicieron algunas cosas que se debían hacerse.

Para evitar retrasos en la excursión, la encargada del viaje de verano a la ciudad de México ha preguntado a cada estudiante si se ha preparado desde la noche anterior. Ella quiere que tú la ayudes la próxima vez. ¿Cómo preguntarías a los estudiantes si hicieron las siguientes cosas? (a) cobrar un cheque; (b) comprar sellos; (c) enviar tarjetas a los amigos (d) ir a la farmacia a comprar jabón y pasta dental. Practica las preguntas y respuestas con un(a) compañero(a).

**pág. 134** Actividad 5
**pág. 135** Actividad 7
**pág. 136** Actividad 8
**pág. 143** Actividad 20
**pág. 149**
*Presentación oral*

 **Leer** Leer y entender lo que dicen unas personas sobre regalos que recibieron en el pasado.

Estás ayudando a tu compañero(a) de clase a leer los resultados de una encuesta que está haciendo para su proyecto de español. La pregunta de la encuesta fue: *¿Cuál es el regalo más loco que recibiste este año?* Mira la primera respuesta. ¿Puedes identificar cuál fue el regalo y por qué la persona pensó que era loco?

Recibí un cupón (coupon) para llenar el tanque de mi coche, pero no tengo coche. Tuve que venderlo el año pasado.

**págs. 132–133**
*Videohistoria*
**págs. 146–147**
*Lectura*

 **Escribir** Responder por escrito a preguntas sobre cosas que se compraron en el pasado.

Has decidido responder a algunas de las preguntas de la encuesta de tu amigo. ¿Qué respuesta darás a la siguiente pregunta?: *¿Qué hiciste para ganar dinero el verano pasado y qué compraste con el dinero?*

**pág. 137** Actividad 11
**pág. 139** Actividad 14
**pág. 143** Actividad 22

 **Pensar** Demostrar un conocimiento de la popularidad de los mercados al aire libre en los países hispanohablantes.

Los vendedores y los compradores disfrutan de los mercados al aire libre, que son muy populares en los países hispanohablantes. ¿Cómo pasan el día en el mercado? ¿Qué pueden comprar y vender?

**pág. 148** *La cultura en vivo*

Web Code
jdd-0308
PHSchool.com

# A ver si recuerdas... (páginas 156–157)

Uno de los objetivos de este capítulo es aprender expresiones sobre cómo manejar y los buenos hábitos al manejar. Tanto si manejas como si no, debes saber las normas básicas de seguridad que un(a) conductor(a) debe seguir. Piensa en cuáles son las distracciones más comunes al manejar. Luego, piensa en algunos buenos hábitos que pueden ayudar a evitar accidentes. Escríbelos en la columna correspondiente de la siguiente tabla.

| Distracciones comunes al manejar | Cómo evitar accidentes al manejar |
|---|---|
| comer y beber mientras uno maneja | no comer mientras uno maneja |
|  |  |
|  |  |
|  |  |

**Fondo cultural** (página 156)

**Diego Rivera,** junto a David Alfaro Siquieros y José Clemente Orozco, es uno de los tres muralistas mexicanos más reconocidos en todo el mundo. En la década de 1930 Rivera visitó en varias ocasiones los Estados Unidos y realizó importantes obras. Una de ellas es el mural que se encuentra en el Instituto de Arte de San Francisco. Esta obra, pintada en 1931, muestra la construcción de una ciudad moderna e industrial.

1. Mira el cuadro de Rivera en la página 156 de tu libro de texto. ¿Qué es para Diego Rivera una ciudad moderna?

   _____

   _____

2. ¿Qué es para ti una ciudad moderna?

   _____

   _____

Nombre _____  Fecha _____

**Capítulo 3B**

# ¿Cómo se va...?

## Objetivos del capítulo

- Dar indicaciones para llegar a un lugar
- Dar instrucciones a un amigo para hacer una tarea
- Hablar sobre manejar y buenos hábitos para manejar
- Entender las perspectivas culturales con respecto a los vecindarios

## Conexión geográfica (página 157)

Mira el mapa que aparece abajo y responde a las siguientes preguntas, utilizando los puntos cardinales. Además, puedes usar estas palabras: *noroeste, noreste, suroeste, sureste*.

¿En qué dirección tendrías que viajar para ir de Argentina a México?

¿De Puerto Rico a México?

¿De Nueva York a México?

¿De Nueva York a España?

¿De España a Nueva York?

Web Code
jde-0002

# A primera vista (páginas 158–159)

**Actividad A**

∙∙∙∙∙∙∙∙∙∙∙∙∙∙∙∙∙∙∙∙∙∙∙∙∙∙∙∙∙∙∙∙∙∙∙∙∙∙∙∙∙∙∙∙∙∙∙∙∙∙∙∙∙∙∙∙∙∙∙∙

Piensa en las cosas y personas con que puedes encontrarte en el centro de una ciudad. Responde a las siguientes preguntas usando palabras del vocabulario del capítulo.

1. ¿Cómo se llama una persona que camina por la calle? _____

2. Tengo que ir al otro lado del río. ¿Qué debo buscar? _____

3. ¿En qué lugar se unen dos o más calles? _____

4. Lucía dirige el tráfico. ¿Qué es ella? _____

5. Es más ancha que una calle. ¿Qué es? _____

6. ¿Qué documento necesita un conductor? _____

7. ¿Qué hará el policía si manejas muy rápido? _____

8. Grupo de casas o edificios en un "mismo" terreno y rodeado por calles.

   _____

**Actividad B**

∙∙∙∙∙∙∙∙∙∙∙∙∙∙∙∙∙∙∙∙∙∙∙∙∙∙∙∙∙∙∙∙∙∙∙∙∙∙∙∙∙∙∙∙∙∙∙∙∙∙∙∙∙∙∙∙∙∙∙∙

Repasa las expresiones de esta sección. Después, escribe en tu cuaderno una expresión apropiada para cada una de estas situaciones.

**Modelo**   Antonio, no manejes tan rápido... no pongas la radio... no hables mientras manejas... no me estás haciendo caso... *¡Basta!*

1. Uy, cuánto tráfico, cuidado, un camión viene por la izquierda, uff, casi tenemos un accidente... qué peligro... cuidado que viene otro carro...

2. Creo que lo mejor es que tomes esa carretera y que gires a la izquierda cuando el semáforo esté en verde...

3. ¿Sabes si ésta es la plaza por donde tenemos que pasar? ¿No tienes ninguna duda? ¿Lo has mirado bien en el mapa?

4. Hay mucha agua en la carretera porque llueve mucho desde ayer. Además, como hizo frío anoche, también hay mucho hielo en las calles...

## Videohistoria   (páginas **160–161**)

Escribe un resumen de la *Videohistoria* usando las siguientes oraciones. Utiliza las palabras y expresiones de la *Videohistoria* para terminar las frases.

**1.** Teresa y Claudia deciden ir al Bazar San Ángel _____.

**2.** Ramón y Manolo van _____. Paran para _____
en un cajero automático.

**3.** Manolo _____ que el bazar está _____.

**4.** El camino es _____, y Ramón y Manolo _____.

**5.** Un señor en el camino _____.

**6.** Por fin _____.

Imagina que la historia no termina allí. Supón que cuando llegan los chicos al Bazar San Ángel no encuentran lo que necesitan. Tienen que decidir entre todos adónde pueden ir, cuál es el mejor medio de transporte para llegar al otro lugar y cuál es el mejor camino. Usa las siguientes tres frases como guía.

**1.** CLAUDIA: ¡Qué lástima! La ropa que tienen aquí es muy cara.

_____

_____

**2.** TERESA: Podemos ir al almacén Hermanos Rojas. Tienen ropa bonita a precios baratos.

_____

_____

**3.** RAMÓN: ¡Vamos en el metro! Es más rápido.

_____

_____

# Manos a la obra (páginas 162–165)

## Actividad E

Tú te has ofrecido voluntario(a) para dar una clase sobre el tráfico a un grupo de niños de tu barrio. Has decidido preparar unas adivinanzas para ellos. Aquí tienes las palabras que deben aprender los niños. Inventa una definición fácil para cada una. Después, dile las definiciones a tu compañero(a) para ver si acierta.

> **Modelo**   **el semáforo**
> Definición: Luz que da permiso y niega permiso para pasar.

1. **el camión**
   Definición: _____

2. **el peatón**
   Definición: _____

3. **el cruce**
   Definición: _____

4. **el metro**
   Definición: _____

5. **la señal de parada**
   Definición: _____

## Actividad F

Estás en el centro de una ciudad. Es la hora del almuerzo y hay mucha gente y mucho tráfico en la calle. Piensa en situaciones que pueden producirse y escribe en tu cuaderno seis frases sobre lo que ves y lo que ocurre. Incluye las palabras que se indican y otras.

1. tráfico / avenida / ancha

2. peatón / cruzar / peligrosa

3. camión / doblar / enfrente / peatón

4. policía / poner una multa / conductor / camión

5. conductor / seguir / despacio

6. peatón / cruzar / tranquilamente

Aunque el centro de una ciudad y el centro de un pueblo más pequeño tienen cosas en común, también tienen muchas diferencias. Escribe por lo menos cuatro diferencias en la tabla siguiente, usando las palabras del vocabulario cuando sea posible y añadiendo palabras nuevas relacionadas con el tema. Fíjate en el ejemplo.

| Ciudad | Pueblo |
|---|---|
| mucho tráfico | poco tráfico |
| | |
| | |
| | |
| | |

## También se dice...

la señal de parada = la señal de alto *(Argentina, Venezuela, México)*, la señal de stop *(España, Chile)*

el permiso de manejar = la licencia de manejar *(México y Venezuela)*, el carnet de conducir *(España)*

la cuadra = la calle *(España)*

doblar = dar vuelta *(México)*, girar *(España)*, virar *(Puerto Rico)*

manejar = conducir *(España)*

Tu amigo(a) va a venir a visitarte, pero no sabe cómo llegar hasta tu casa. Mira el mapa y escríbele una nota para decirle lo que tiene que hacer. Usa las formas impersonales para explicarle por dónde ir. Sigue el modelo.

**Modelo**   *Al salir de tu casa, hay que doblar a la izquierda...*

_____

_____

_____

## **Gramática • Repaso**

(página **166**)

**Pronombres de objeto directo:** *me, te, nos*

**Gramática** interactiva

**Analiza**
Haz un círculo alrededor de los pronombres que sólo se pueden referir a personas. Luego, subraya los pronombres que pueden referirse tanto a personas como a cosas.

Escribe el último ejemplo de otra manera.

_____

_____

Ya sabes que los pronombres de objeto directo reemplazan a los nombres que funcionan como objeto directo. Los pronombres de objeto directo *lo*, *la*, *los* y *las* pueden hacer referencia tanto a personas como a cosas. Los pronombres *me, te, nos* y *os* hacen referencia sólo a personas. Éstos son todos los pronombres de objeto directo.

| Singular | Plural |
|----------|--------|
| me | nos |
| te | os |
| lo la | los las |

Recuerda que el sujeto y la terminación del verbo indican quién hace la acción, y el pronombre de objeto directo indica quién recibe la acción.

¿**Me** ayud**as**, por favor?

Los pronombres de objeto directo, por lo general, van inmediatamente antes del verbo conjugado. Cuando el verbo conjugado va seguido de otro verbo en infinitivo, el pronombre de objeto directo puede ir delante del verbo conjugado o unido al infinitivo.

¡No **te** entiendo!

Quieren llevar**nos** al centro.

**Actividad 1**

Cambia las siguientes oraciones sustituyendo el pronombre de objeto directo al nombre.

**Modelo**   El señor llenó *el tanque de gasolina.*      El señor lo llenó.

**1.** No compré aquellos guantes. _____

**2.** El conductor obedece la señal de parada. _____

**3.** No conozco esa ciudad. _____

**4.** Los ladrones robaron el Banco Nacional. _____

**5.** ¡Perdí mi permiso de manejar! _____

**6.** La Avenida Juárez cruza la Avenida Allende. _____

Lee las siguientes oraciones y piensa cómo las puedes decir de otra manera.

> **Modelo**  *¿Me* puedes indicar bien el camino? *¿Puedes indicarme bien el camino?*

**1.** Quizás *te* debo escribir cómo llegar hasta la plaza.

_____

**2.** ¿No *nos* va a indicar por dónde pasan los peatones?

_____

**3.** No *les* voy a decir más veces que respeten las señales de parada.

_____

**4.** Quizás María *te* puede ayudar a encontrar un camino con menos tráfico.

_____

**5.** *Nos* queremos preparar para sacar el permiso de manejar.

_____

Ayer Lupe y su hermana fueron al centro de la ciudad con su tía. Completa la narración de Lupe escribiendo los pronombres de objeto directo que faltan. Si el pronombre va unido al infinitivo, subraya la palabra entera.

La tía Amelia llamó por teléfono para preguntar ____ a mi hermana y a mí si queríamos

acompañar ____. Mi hermana enseguida dijo que sí; tú ____ conoces, le encanta salir.

Bueno, yo también quería ir. Mi tía dijo que iba a pasar a buscar ____ en una hora. Yo

tenía el pelo horrible y no sabía qué hacer, afortunadamente mi hermana ____ ayudó a

peinarme; y yo ____ ayudé a maquillarse. Enseguida llegó la tía con la prima Inés. Yo ____

vi desde la ventana y le dije a mi hermana: "¡Date prisa!"

## Gramática · · · · · · · · · · · · · · · · · · · · · · · · · (página 168)

### Mandatos afirmativos irregulares con *tú*

**Gramática interactiva**

**Analiza**

En cada forma de *yo* de la primera tabla, haz un círculo alrededor de la parte que se convierte en mandato.

**Encuentra formas**

Usa la información de la tabla para deducir la forma yo y el mandato de los verbos de la segunda tabla. ¡Ojo, que no todos siguen el patrón!

## Ampliación del lenguaje

### Pronombres

Si se usa un pronombre de objeto directo con el mandato afirmativo, el pronombre se une al mandato; si ese mandato tiene dos o más sílabas, se necesita añadir un acento gráfico sobre la vocal que lleva el acento de intensidad.

Josefina, ¡**hazlo** ahora mismo!

Martín, **ayúdame**.

Algunos verbos tienen mandatos afirmativos irregulares con *tú*. Para formar muchos de estos mandatos, se toma la forma del presente de *yo* y se le quita la terminación *-go*.

| infinitivo | yo | mandato |
|---|---|---|
| poner | pongo | pon |
| tener | tengo | ten |
| decir | digo | di |
| salir | salgo | sal |
| venir | vengo | ven |

—¿Qué puedo hacer hoy?

—**Haz** la tarea.

| infinitivo | yo | mandato |
|---|---|---|
| componer | | |
| sostener | | |
| prevenir | | |

Los verbos *hacer*, *ser* e *ir* tienen formas irregulares para los mandatos con *tú*. Es necesario memorizarlas.

| | |
|---|---|
| hacer | **haz** |
| ser | **sé** |
| ir | **ve** |

**Actividad L**

Mario está aprendiendo a manejar y tiene un amigo que le da consejos. Escribe los mandatos apropiados. Luego escribe en tu cuaderno otros dos mandatos.

1. _____ *(salir)* temprano para que haya menos tráfico.

2. _____ *(venir)* directamente por la Avenida Maipú.

3. _____ *(tener)* cuidado cuando cruzas una calle sin semáforos.

4. _____ *(ir)* despacio, no te apures.

## Gramática

(página **171**):

### El presente progresivo: formas irregulares

### Gramática interactiva

**Identifica el radical**
Subraya el radical de cada gerundio de la parte superior de la caja.

**Busca formas**
Subraya la y en el gerundio de *creer, leer* y *traer.*

Escribe en la tabla el gerundio de los verbos con las líneas en blanco.

### ¿Recuerdas?

Para decir que una acción está pasando en este mismo momento, se usa el presente progresivo. Para formar el presente progresivo, se usa el presente de *estar* + gerundio (*-ando* o *-iendo*).

doblar → dobl**ando**
• Ella **está doblando** a la izquierda.

aprender → aprend**iendo**
• **Estamos aprendiendo** a manejar.

escribir → escrib**iendo**
• **Están escribiendo** una carta.

Algunos verbos tienen formas irregulares en el gerundio. Para formar el gerundio de los verbos en *-ir* con cambios en el radical, la *e* del infinitivo cambia a *i,* y la *o* cambia a *u*:

| | |
|---|---|
| decir: **diciendo** | servir: **sirviendo** |
| pedir: **pidiendo** | vestir: **vistiendo** |
| repetir: **repitiendo** | dormir: **durmiendo** |
| seguir: **siguiendo** | |

En los siguientes verbos en *-er,* la *i* de *-iendo* cambia a *y*.

creer: **creyendo**
leer: **leyendo**
traer: **trayendo**

| | |
|---|---|
| **caer** | _____ |
| **leer** | _____ |
| **poseer** | _____ |
| **proveer** | _____ |

Cuando uses pronombres con el presente progresivo, puedes ponerlos antes de la forma conjugada de *estar* o añadirlos a la forma presente.

Fíjate que al añadir un pronombre a la forma del presente, es necesario agregar una tilde.

—¿Están Uds. esperando el autobús?
—Sí, **lo** estamos esperando.
  o: Sí, estamos esperándo**lo**.

Observa este cuadro de Diego Rivera en la página 156 de tu libro de texto. Escribe seis frases en tu cuaderno para decir qué están haciendo algunas de las personas que ves en el cuadro.

# Lectura cultural (página 169)

Como ya sabes, el metro de la Ciudad de México es uno de los más grandes del mundo. Este medio de transporte une los puntos principales de la ciudad con los barrios de los alrededores y es rápido y económico. ¿Pero sabías que fue el primer metro en el mundo en usar un sistema de colores y pictogramas para identificar las líneas y las estaciones? Cada línea se distingue por con un color diferente, y cada estación tiene su propio pictograma que las representa. Muchos de estos pictogramas son símbolos aztecas.

En tu cuaderno, responde a las siguientes preguntas, teniendo en cuenta lo que acabas de leer.

1. ¿Alguna vez has ido a un lugar que usa un sistema de colores y/o pictogramas para identificar sus secciones, funciones o rutas? ¿Cómo era ese sistema?

2. ¿Alguna vez has tomado el metro? Describe tu experiencia. Si nunca has viajado en metro, ¿te gustaría hacerlo? ¿Por qué?

¿Qué otros medios de transporte se usan para ir de un lugar a otro en las grandes ciudades? ¿Cuál te parece el más eficaz? Explica tu respuesta.

_____

_____

_____

En tu ciudad o comunidad, ¿dónde hace falta una estación de tren o de metro, o una parada de autobús? Escoge un sitio y explica por qué debe haber una estación o parada allí.

> **Modelo** *Hace falta una parada de autobús en la Calle Mayor, enfrente de nuestra escuela. Los estudiantes tienen que caminar cinco cuadras y cruzar una avenida peligrosa para llegar a la escuela desde la parada más cercana.*

_____

_____

_____

## Conexiones  El arte (página 173)

FRIDA KAHLO sufrió un grave accidente de tráfico cuando era una jovencita de sólo 16 años. Durante su convalecencia comenzó a pintar. Muchos de sus cuadros están basados en su propia experiencia y sentimientos. La mayor parte de su vida transcurrió con grandes padecimientos físicos debido a las lesiones que sufrió en el accidente y de las que nunca llegó a recuperarse.

Frida fue un modelo de tenacidad y dedicación al arte. A pesar de todos sus problemas físicos, ella continuó siempre pintando. Frida expuso su obra por primera vez en Nueva York, en 1938; al año siguiente expuso en París, pero no fue hasta 1953 cuando expuso en la Galería de Arte Contemporáneo de la Ciudad de México.

Examina el cuadro *El camión* en la página 173 de tu libro de texto. Compáralo con el cuadro de Diego Rivera (esposo de Frida Kahlo) en la página 156 de tu libro. Escribe cinco oraciones.

> **Modelo**  *En el cuadro de Rivera, la gente está trabajando mientras que la gente en el cuadro de Kahlo está viajando en autobús.*

_____

_____

_____

## El español en el mundo del trabajo  (página 173)

Hoy en día la población hispana en Estados Unidos tiene mucho poder adquisitivo. Los comerciantes tratan de atraer a este sector de la población poniendo en los escaparates carteles como "Se habla español" y contratando personal bilingüe.

¿Qué tipos de negocios o servicios para la comunidad hay en tu ciudad en los que se hable español? ¿En cuáles hace falta servicio en español? Describe ambos casos en un párrafo breve.

_____

_____

_____

# ¡Adelante!    (páginas **174–175**)

## Lectura 1

Lee los siguientes consejos para manejar. Si hay alguna palabra que no recuerdas, consulta las glosas del artículo en las páginas 174 y 175 de tu libro de texto.

**Lectura interactiva**

Obtén pistas por el contexto
Subraya las palabras **colisiones, retrovisor** y *laterales.* Ahora lee las oraciones en las que aparecen esas palabras. ¿Qué palabras o frases cercanas aclaran su significado? Enciérralas en un círculo.

## ¿Qué es manejar a la defensiva?

Manejar a la defensiva quiere decir practicar buenos hábitos para no tener colisiones u otra clase de accidentes. También consiste en tener cuidado de todos los peligros. Se debe tener cuidado de:

- acciones peligrosas de otros conductores
- conductores que manejan muy rápido sin cuidado o sin luces por la noche
- malas condiciones del tiempo
- malas condiciones de la carretera

### Distracciones al manejar

Un buen conductor siempre maneja con atención y se concentra en la carretera, sin pensar en otras cosas que pueden ser distracciones. Algunas distracciones comunes son:

- pensar en problemas personales
- leer algo en el coche o en la calle
- escuchar la radio
- conversar con los amigos
- hablar por teléfono celular

Éstas son las reglas para estar atento:

- Cuando el vehículo se está moviendo, los ojos siempre deben estar en movimiento, pasando por los instrumentos, los espejos y especialmente la carretera.
- En la ciudad se debe mirar 100 metros adelante, y en la carretera, 300 metros adelante.
- Es necesario tener buena visibilidad de los coches que vienen detrás y a los lados. Para hacerlo, deben usarse el espejo retrovisor y los espejos laterales.

Nombre _____   Fecha _____

**Actividad S**

Responde a las preguntas a continuación.

1. ¿Cón qué se debe tener cuidado cuando se maneja?

   _____

   _____

2. ¿Por qué no se debe pensar en problemas personales mientras uno maneja?

   _____

   _____

3. ¿Por qué crees que se debe mirar más lejos en la carretera que en la ciudad?

   _____

   _____

**Actividad T**

¿Cómo definirías con tus propias palabras la expresión "manejar a la defensiva"?

_____

_____

_____

**Actividad U**

En general, ¿cómo crees que manejan los conductores en tu comunidad? ¿Crees que sería una buena idea tomar un curso de manejo a la defensiva o crees que no es necesario? Responde en un párrafo corto.

_____

_____

_____

_____

_____

## Lectura 2

**Actividad V**

La lectura siguiente es sobre la seguridad de los peatones. Lee la actividad interactiva de al lado.

### Lectura interactiva

**Usa conocimientos previos**

Mientras leas la lectura, subraya las palabras que no conoces y sigue leyendo.

**Verifica tu lectura**

Cuando termines, vuelve a las palabras que subrayaste y busca pistas en el contexto que te ayuden a comprenderlas. Encierra en un círculo las que comprendiste con la ayuda del contexto.

# Peatones y seguridad vial

Algunas normas importantes para los peatones son:

## Al caminar por la calle

- Siempre se debe caminar por las aceras y por la derecha.
- No molestar a los demás peatones, ni correr ni jugar en las aceras.
- No caminar junto al borde de la acera; es peligroso.
- Prestar mucha atención al pasar por delante de un garaje, un taller o cualquier otro lugar de donde puedan salir vehículos, ya que nos pueden sorprender.

## Al cruzar la calle

- Se debe ayudar a cruzar la calle a quienes lo necesiten (niños, ciegos, personas minus válidas).
- Al cruzar una calle con doble sentido de circulación se debe mirar primero a la izquierda y luego a la derecha, y luego otra vez a la izquierda. En las calles de un sólo sentido de circulación, se debe mirar primero hacia el lado por el que vienen los vehículos.
- Al cruzar, nunca deben hacerse movimientos extraños que puedan confundir a los conductores.
- Se debe cruzar rápidamente pero sin correr.
- Siempre se debe cruzar por los pasos de peatones. Estos pasos están señalizados con unas líneas anchas transversales de color blanco.
- En los cruces de calles con semáforo, no se debe cruzar hasta que todos los vehículos se hayan detenido. Deben respetarse siempre las indicaciones de los semáforos, aunque no se acerque ningún vehículo.
- En los cruces de calles con guardias de tráfico, las indicaciones de éstos prevalecen sobre cualquier otras.

## Al caminar por una calle sin acera

- En las calles que no tienen acera, siempre se debe caminar por la izquierda. Eso hace que se vean los vehículos que vienen de frente, así es más fácil evitar el peligro.

**Actividad W**

· · · · · · · · · · · · · · · · · · · · · · · · · · · · · · · · · · · · · · · · · · · · · · · · · · · · ·

Di una cosa que debes hacer en cada situación.

1. al caminar por la calle _____

_____

2. al cruzar la calle _____

_____

3. al caminar por una calle sin acera _____

_____

**Actividad X**

· · · · · · · · · · · · · · · · · · · · · · · · · · · · · · · · · · · · · · · · · · · · · · · · · · · · ·

Contesta y explica las siguientes preguntas.

1. ¿Crees que se puede pasar entre dos coches estacionados? ¿Por qué?

_____

_____

2. ¿Te parece aconsejable cruzar la calle corriendo cuando llueve para no mojarte? ¿Por qué?

_____

_____

3. ¿Caminas mucho a pie por tu pueblo o ciudad? ¿Te consideras un buen peatón? ¿Por qué?

_____

_____

_____

_____

# Perspectivas del mundo hispano (página 176)

Al igual que el barrio, la plaza es fundamental en los países hispanohablantes. Lee el texto siguiente para saber más sobre las plazas en estos países. Luego responde a las preguntas.

## Las plazas

Una plaza es un lugar despejado en medio de un pueblo o ciudad. Las plazas sirven de punto de encuentro para los vecinos. Los elementos que casi siempre podemos ver en una plaza son: bancos, árboles y jardines. La mayoría de las plazas tienen adornos como fuentes, estanques y estatuas artísticas o de personajes ilustres del pueblo o la nación. Muchas también tienen un área de juegos para los niños.

Por las tardes, los vecinos se reúnen en la plaza para conversar. Mientras los niños juegan, los padres y los abuelos conversan, otros leen, algunos abuelos juegan partidas de cartas o dominó y algunas abuelas tejen.

En las plazas, muchas veces se encuentran algunos de los edificios más importantes del pueblo o la ciudad. En las ciudades hay varias plazas, y cada una suele estar ubicada delante de algún edificio público importante, como puede ser el ayuntamiento o el juzgado.

En casi todos los pueblos el edificio más importante de la plaza es la iglesia. Debido a la tradición católica, hasta hace poco, la iglesia era el centro de la vida social del pueblo.

Las plazas son también el lugar donde se celebran las fiestas del pueblo.

Además de la función social, las plazas tienen una función económica; en ellas se celebran mercados y ferias.

1. ¿Qué podemos encontrar en una plaza típica de un pueblo hispanohablante?

_____

_____

2. ¿Qué eventos tienen lugar en las plazas de los pueblos?

_____

3. ¿Hay alguna plaza en tu comunidad? ¿Para qué se usa? ¿Qué lugar es el centro de tu comunidad? ¿Por qué es importante?

_____

_____

4. En general, ¿cuáles son las mayores diferencias entre las plazas de países hispanohablantes y lugares similares de los Estados Unidos? ¿Cuáles te parecen más interesantes? ¿Por qué? Escribe un párrafo en tu cuaderno para responder a estas preguntas.

# Presentación escrita (página 177)

**Maneja con cuidado**

**Tarea**

Tú y muchos de tus compañeros de clase han recibido recientemente —o muy pronto recibirán— sus permisos de manejar. Haz un cartel para exponerlo en la sala de clases que les recuerde a todos los hábitos para manejar con seguridad y las señales especiales de tránsito que necesitan reconocer.

**1. Antes de escribir**

Escribe qué debes conocer acerca de manejar en tu estado. Las respuestas a las siguientes preguntas te ayudarán a organizar tu información.

- ¿Qué señales son importantes y qué información dan? ¿Qué forma tienen (cuadrados, rectángulos, triángulos, círculos, octágonos o diamantes)? ¿De qué color son? Dibújalas.
- ¿Cuáles son algunas de las zonas especiales en tu comunidad? ¿Cuál es la velocidad máxima en estas zonas?
- ¿Cómo maneja un(a) buen(a) conductor(a)? ¿Qué debes recordar cuando manejas un coche?
- ¿Qué cosas debes tener en cuenta al manejar por zonas urbanas? ¿Y al manejar por carreteras y autopistas?

**Estrategia**

**Usar ilustraciones** Las fotografías, el diseño y los colores ayudan a captar lo más importante de la información.

**2. Borrador**

Lee con atención tus respuestas a las preguntas del paso 1. Decide qué información quieres resaltar en tu cartel. Usa esta información para elaborar un primer borrador de tu cartel.

**3. Revisión**

Repasa la información que incluiste en tu primer borrador. ¿Crees que está ordenada de manera clara y lógica? Revisa la ortografía, las formas verbales y las concordancias. Muéstrale tu cartel a un(a) compañero(a), para que revise lo siguiente:

- ¿El cartel presenta información importante y precisa?
- ¿La presentación visual es clara y fácil de entender?
- ¿Hay algo que tú debas añadir, cambiar o corregir?

**4. Publicación**

Prepara una copia final de tu cartel. Haz los cambios o adiciones necesarios. Añade diseños o ilustraciones para hacerlo atractivo y agradable a la vista. Exhibe tu cartel en la sala de clases, en la biblioteca de la escuela o añádelo a tu portafolios.

**5. Evaluación**

Quizá tu profesor(a) te dé los criterios de cómo va a ser evaluada tu presentación. Probablemente, tu presentación será evaluada teniendo en cuenta:

- lo completa que es la información y lo organizada que está.
- lo claros y atractivos que son los materiales visuales.
- lo fácil que es entender la información que presentas.

**Repaso del capítulo**

**Para preparar el examen, revisa si...**
- conoces el vocabulario nuevo y la gramática.
- puedes realizar las tareas de la página 129.

# Repaso del capítulo (página 180)

## Vocabulario y gramática

**para hablar acerca de manejar**

| | |
|---|---|
| la avenida | avenue |
| el camión | truck |
| *pl.* los camiones | |
| la carretera | highway |
| el conductor | driver |
| la conductora | |
| el cruce de calles | intersection |
| la cuadra | block |
| la esquina | corner |
| la estatua | statue |
| la fuente | fountain |
| el peatón | pedestrian |
| *pl.* los peatones | |
| el permiso de manejar | driver's license |
| la plaza | plaza |
| el policía, la policía | police officer |
| poner una multa | to give a ticket |
| el puente | bridge |
| el semáforo | stoplight |
| la señal de parada | stop sign |
| el tráfico | traffic |

**para dar y recibir opiniones sobre cómo manejar**

| | |
|---|---|
| ancho, -a | wide |
| ¡Basta! | Enough! |
| De acuerdo. | OK. Agreed. |
| Déjame en paz. | Leave me alone. |
| despacio | slowly |
| esperar | to wait |
| estar seguro, -a | to be sure |
| estrecho, -a | narrow |
| Me estás poniendo nervioso, -a. | You are making me nervous. |
| peligroso, -a | dangerous |
| quitar | to take away, to remove |
| tener cuidado | to be careful |
| ya | already |

**para pedir y dar indicaciones**

| | |
|---|---|
| aproximadamente | approximately |
| ¿Cómo se va...? | How do you go to...? |
| complicado, -a | complicated |
| cruzar | to cross |

| | |
|---|---|
| derecho | straight |
| desde | from, since |
| doblar | to turn |
| en medio de | in the middle of |
| hasta | as far as, up to |
| manejar | to drive |
| el metro | subway |
| parar | to stop |
| pasar | to pass, to go |
| por | for, by, around, along, through |
| quedar | to be located |
| seguir (e → i) | to follow, to continue |
| tener prisa | to be in a hurry |

**el presente progresivo: formas irregulares**

| | | | |
|---|---|---|---|
| decir: | diciendo | vestir: | vistiendo |
| pedir: | pidiendo | dormir: | durmiendo |
| repetir: | repitiendo | creer: | creyendo |
| seguir: | siguiendo | leer: | leyendo |
| servir: | sirviendo | traer: | trayendo |

**mandatos afirmativos irregulares con tú**

| | |
|---|---|
| hacer: | haz |
| ir: | ve |
| ser: | sé |

**pronombres de objeto directo**

| Singular | | Plural | |
|---|---|---|---|
| me | me | nos | us |
| te | you (fam.) | os | you (fam.) |
| lo, la | him, her, it you | los, las | them, you |

● **Más práctica**
Practice Workbook Puzzle 3B-8
Practice Workbook Organizer 3B-9

# Preparación para el examen (página **181**)

| En el examen vas a... | Éstas son las tareas que te pueden ser útiles para el examen... | Si necesitas repasar... |
|---|---|---|

 **1 Escuchar** Escuchar y entender consejos para manejar.

El papá de Gabriel le está enseñando a manejar. Escucha las advertencias que le da a Gabriel sobre lo que debe hacer. (a) ¿Crees que ellos están manejando en una carretera o en la ciudad? (b) Da por lo menos dos razones para explicar tu respuesta a la pregunta anterior.

**págs. 158–159**
*A primera vista*
**pág. 163** Actividades 7–8

 **2 Hablar** Explicar a alguien la forma de llegar a un lugar cercano desde la escuela.

Te has ofrecido para acompañar a un(a) estudiante de Costa Rica que desea conocer los lugares cercanos a tu escuela. ¿Puedes explicarle cómo llegar a diferentes lugares? Practica cómo dar indicaciones con tu compañero(a). Puedes empezar diciendo: Sal de la escuela y toma la Calle _____.

**págs. 158–159**
*A primera vista*
**pág. 165** Actividad 10
**pág. 169** Actividad 17
**pág. 173** Actividad 22

 **3 Leer** Leer y entender consejos para establecer buenos hábitos al manejar.

Da una ojeada a algunas reglas para manejar de un sitio Web de México.

1. Ve muy despacio en una zona escolar.
2. Sigue detrás de otro coche aproximadamente el largo (length) de dos coches.
3. Entra con precaución a un cruce de calles con un semáforo amarillo.

¿Cuál de las cosas siguientes no se mencionó?: (a) manejar pasando un semáforo en rojo; (b) manejar en una zona escolar; (c) manejar con precaución ante un semáforo en amarillo

**págs. 158–159**
*A primera vista*
**pág. 168** Actividad 16
**págs. 174–175**
*Lectura*

 **4 Escribir** Escribir sobre las cosas que pueden suceder mientras se maneja y que pueden hacer que un(a) conductor(a) se ponga nervioso(a).

De vez en cuando todos nos ponemos nerviosos por algo. ¿Qué te ha hecho ponerte nervioso(a) hoy? Escribe en tu diario por lo menos dos anotaciones. Puedes empezar escribiendo: _____ me está poniendo nervioso(a) porque siempre está _____ ...

**pág. 162** Actividad 5
**pág. 163** Actividad 8
**págs. 174–175**
*Lectura*

 **5 Pensar** Demostrar una comprensión de la importancia del barrio en las comunidades hispanohablantes.

Tu amigo(a) va a ir a la ciudad de México este verano para estudiar español y allí va a vivir con una familia mexicana. ¿Qué le puedes contar a tu amigo(a) de los barrios en los países hispanohablantes? ¿Qué diferencias puede encontrar tu amigo(a) respecto al barrio donde vive ahora? ¿Qué cosas serán similares?

**pág. 176** *Perspectivas del mundo hispano*

Web Code
jdd-0318

**PHSchool.com**

# A ver si recuerdas... (páginas 184–185)

Seguramente jugabas con juguetes cuando eras niño(a). Lee la lista de abajo, añade otros juguetes y marca los que tenías. Después encierra en un círculo tu juguete favorito.

_____ muñeca o muñeco       _____ triciclo

_____ oso de peluche       _____ carritos

_____ _____       _____ _____

_____ _____       _____ _____

_____ _____       _____ _____

## Fondo cultural ■◆■▽■◆■▽■◆ (página 184)

**Pablo Picasso** En 1943 este artista pintó un cuadro en el que representó a una mujer ayudando a una niña que está aprendiendo a caminar. En la obra, llama la atención que pintó a la niña muy grande en comparación al tamaño de la mujer que la está sosteniendo. Tal vez el pintor quiso representar que los padres cuidan de sus hijos durante mucho más tiempo que los primeros años.

1. ¿En qué año pintó Pablo Picasso *Primeros pasos*?

   _____

   _____

2. En el cuadro la mamá ayuda a la niña a caminar. ¿A qué te ayudaban tus padres cuando eras niño(a)?

   _____

   _____

# Cuando éramos niños

### Objetivos del capítulo

- Hablar sobre juguetes y juegos de la infancia
- Describir cómo eras de niño(a)
- Hablar sobre las actividades que hacías de niño(a)
- Hablar sobre a quién o para quién se hace algo
- Entender las perspectivas culturales con respecto a las canciones infantiles

## Conexión geográfica (página 185)

Examina los mapas de las páginas xvi a xxix del libro del estudiante y marca los países que comparten una frontera.

1. _____ Estados Unidos y México

2. _____ México y El Salvador

3. _____ Chile y Perú

4. _____ Bolivia y Colombia

5. _____ Colombia y Venezuela

6. _____ Panamá y Costa Rica

7. _____ Guatemala y Nicaragua

Web Code
jde-0002

# A primera vista (páginas 186–187)

Piensa un momento en cómo era tu vida hace unos años, cuando tú eras niño(a).
¿Cuál de las siguientes opciones te gustaba más? Súbrayala. Enseguida, escribe otras
cuatro cosas que te gustaba hacer de pequeño(a), usando el infinitivo.

1. Saltar a la cuerda      3. Montar en bicicleta
2. Jugar a las muñecas      4. Jugar con bloques

_____      _____

_____      _____

Tu hermano mayor está recordando cómo eran de pequeños los niños de la familia.
Reacciona a los comentarios de tu hermano usando adjetivos adecuados para cada niño o
niña. Usa los adjetivos del vocabulario y otros que conozcas.

1. Mónica siempre molestaba a todo el mundo.    Sí, ella era _____.

2. Eduardo siempre compartía sus cosas.    Sí, él era _____.

3. Ricardo y Lucho nunca hablaban con los vecinos.    Sí, ellos eran _____.

4. Yo no hacía lo que me decía mi mamá.    Sí, tú eras _____.

Clasifica el vocabulario del capítulo y si sabes otra(s) palabra(s), anótalas. Fíjate en los
modelos de las dos primeras secciones.

| Juguetes | Adjetivos para personas | Acciones (verbos en infinitivo) |
|---|---|---|
| *muñeca* | *travieso(a)* | |
| | **Lugares** | |

## Videohistoria (páginas 188–189)

**Actividad D**

Responde a estas preguntas sobre la *Videohistoria*.

**1.** ¿Quiénes son los personajes de este episodio? ¿Qué están haciendo?

_____

_____

**2.** ¿Cómo reaccionan los jóvenes cuando la mamá de Ana les propone ver el video?

_____

_____

**3.** Escribe las partes que faltan en este resumen de la *Videohistoria* usando el siguiente vocabulario:

| | | | |
|---|---|---|---|
| coleccionaba | podían | desobediente | tímida |
| mentía | de vez en cuando | portarse | era |
| bien | consentida | obediente | bien educado |

**1.** Ignacio le preguntó a Ana si ella era _____ cuando era niña. Ella le

respondió que era _____ y muy _____.

**2.** La mamá les dijo a los amigos de su hija que Ana obedecía _____.

**3.** Elena dijo que Ana tenía que _____ muy _____ mientras

veían el video de cuando era pequeña.

**4.** La mamá de Ana dijo que su hija siempre llegaba a tiempo. En broma, Ignacio dijo

que ahora llegaba tarde a clase. Enojada, Ana le dijo a Ignacio que él

_____, que no decía la verdad.

**5.** Ana dijo que su oso de peluche _____ su juguete favorito.

**6.** Ana dijo que también _____ animales de peluche.

**7.** Ignacio dijo que Ana era muy _____ por tener tantos juguetes.

También dijo que él era muy _____.

**8.** Ana dijo que no _____ seguir viendo el video.

# Manos a la obra (páginas 190–193)

Actividad
E

••••••••••••••••••••••••••••••••••••••••••••••••••••••••••••

Lee la descripción de cada uno de estos niños y después escribe la palabra de vocabulario
que mejor defina a ese niño.

**Modelo**    Sergio siempre se esconde cuando lo busca su mamá. Le gusta jugar y
sorprender a sus padres haciendo travesuras.

*Es muy travieso.*

1. Carlitos siempre se pone a llorar cuando no puede hacer lo que quiere. Sus padres lo
miman mucho.

   _____

2. Susanita siempre se pone roja cuando le hablan los chicos. Nunca habla con nadie
más que con su mamá y su papá.

   _____

3. Luis siempre tiene los mejores juguetes y le encanta compartirlos con todos.

   _____

4. María siempre se porta bien, esté donde esté. Además, siempre se acuerda de dar las
gracias a todo el mundo antes de irse.

   _____

5. Jorge no se porta tan bien como María. Nunca hace lo que le dicen los mayores.

   _____

Actividad
F

••••••••••••••••••••••••••••••••••••••••••••••••••••••••••••

Vas a trabajar en el refugio de animales de tu comunidad. ¿Qué consejos les darías a los
niños que adoptan un animal? Piensa en cuatro ideas y escribe una frase para cada una en
tu cuaderno. Puedes usar las palabras de la lista como ayuda.

permitir              portarse bien          molestar
por lo general        de vez en cuando       obedecer

**Modelo**    agua fresca

*Debes darles agua fresca con la comida.*

**Actividad G**

Imagina que vas a trabajar en un campamento de verano. Te han pedido que hagas un plan de tres días de actividades para los niños de seis a siete años. Las actividades pueden incluir las siguientes:

| caminar | jugar al béisbol | jugar en los columpios | nadar |
|---|---|---|---|
| saltar a la cuerda | cantar y bailar | patinar | correr |

| Horario | Lunes, miércoles y viernes | Martes, jueves y sábados |
|---|---|---|
| 8:00 a.m. | Desayuno | Desayuno |
| 9:00 a.m. | | |
| 10:00 a.m. | | |
| 11:00 a.m. | | |
| 12:00 a.m. | Almuerzo | Almuerzo |

También tienes que escribir tres reglas para el grupo que te van a asignar.

**Modelo**   *Los niños deben ser generosos con sus compañeros.*
*Los niños que jugaron con bloques deben regresarlos a su lugar.*

**1.** Regla sobre la conducta de los niños: _____

**2.** Regla sobre los juguetes: _____

**3.** Regla sobre los juegos en el patio: _____

## Ampliación del lenguaje

### Homófonos: la letra *h*

Los homófonos son palabras que suenan igual, pero se escriben de diferente manera. Por ejemplo: **hola** (saludo) y **ola** (onda en el mar).

¿Podrías decir a qué se refiere cada una de estas palabras? Si no recuerdas su significado, usa un diccionario.

habría _____   honda _____   hecho _____

abría _____   onda _____   echo _____

## Gramática

### Imperfecto: verbos regulares (página 194)

El imperfecto se usa para hablar de acciones que sucedieron repetidamente en el pasado.

Rafael **patinaba** y Mónica **corría**.

Estas son las formas del imperfecto de los verbos regulares terminados en *-ar*, *-er* e *-ir*. Fíjate en que el verbo *jugar* en la forma *nosotros* lleva un acento gráfico:

| (yo) | **jugaba** | (nosotros)<br>(nosotras) | **jugábamos** |
|------|------------|--------------------------|---------------|
| (tú) | **jugabas** | (vosotros)<br>(vosotras) | **jugabais** |
| Ud.<br>(él)<br>(ella) | **jugaba** | Uds.<br>(ellos)<br>(ellas) | **jugaban** |

Fíjate en que los verbos terminados en *-er* e *-ir*, como *hacer* y *vivir* tienen las mismas terminaciones:

| (yo) | **hacía**<br>**vivía** | (nosotros)<br>(nosotras) | **hacíamos**<br>**vivíamos** |
|------|------------------------|--------------------------|------------------------------|
| (tú) | **hacías**<br>**vivías** | (vosotros)<br>(vosotras) | **hacíais**<br>**vivíais** |
| Ud.<br>(él)<br>(ella) | **hacía**<br>**vivía** | Uds.<br>(ellos)<br>(ellas) | **hacían**<br>**vivían** |

Fíjate en el acento gráfico en cada terminación.

- Se puede omitir el sujeto de un verbo porque el sujeto queda claro por la terminación del verbo.

**Vivo** en Chicago. (El sujeto, *yo*, está implícito en la terminación del verbo.)

Como las formas *yo* y *Ud.* / *él* /*ella* son las mismas en el imperfecto de los verbos en *-ar*, *-er* e *-ir*, se usan los pronombres de sujeto para dar mayor claridad.

Patricia **tenía** un triciclo rojo pero **yo tenía** uno azul.

- Expresiones como *generalmente, por lo general, a menudo, a veces, muchas veces, de vez en cuando, todos los días* y *nunca* pueden indicar que se está usando el imperfecto, ya que estas expresiones implican que algo pasó repetidamente en el pasado.

### Gramática interactiva

**Identifica formas**
- En las dos tablas, subraya los radicales de las formas verbales.
- Ahora encierra en un círculo las vocales que tengan acento gráfico en todas las formas verbales.

### ¿Recuerdas?
Ya has aprendido a hoblar sobre acciones que terminaron en el pasado usando el pretérito.

- Ayer Rafael **patinó** y Mónica **corrió** en el parque.

**Actividad H**

· · · · · · · · · · · · · · · · · · · · · · · · · · · · · · · · · · · · · · · · · · · · · · · · · · · · · · · · · · · · · · · · · · · · ·

## Subraya los verbos en el imperfecto en este párrafo que escribió Ana.

Cuando éramos niños, mis hermanos y yo comíamos muchos dulces. Ahora ya no lo hacemos porque es muy malo para la salud. También nos levantábamos temprano para jugar en los columpios antes de ir a la escuela. Yo normalmente me peleaba con mis hermanos todas las mañanas, porque y siempre me hacían esperar para entrar al baño. Mis hermanos mentían mucho y no se portaban muy bien. Yo nunca hacía travesuras. Mis padres nos permitían ver la televisión solamente los fines de semana, pero mi hermano Carlitos siempre miraba la televisión cuando mis padres no estaban en casa. Mi hermano Arturo siempre me ofrecía su triciclo y su tren eléctrico por si quería jugar, e incluso me permitía darle de comer a su mascota, un pez precioso que se llamaba Aletas. Fue una infancia bastante normal y la verdad es que lo pasábamos muy bien.

**Actividad I**

· · · · · · · · · · · · · · · · · · · · · · · · · · · · · · · · · · · · · · · · · · · · · · · · · · · · · · · · · · · · · · · · · · · · ·

## Escribe oraciones completas usando las expresiones siguientes y utilizando el imperfecto. Comenta las cosas que hacías cuando eras niño(a).

| a menudo | de vez en cuando | frecuentemente |
| cada día | todos los días | siempre |

1. _____

2. _____

3. _____

4. _____

5. _____

6. _____

# Gramática

## El imperfecto: verbos irregulares (página 196)

En español solamente hay tres verbos irregulares en el imperfecto: *ir, ser* y *ver*. Éstas son sus formas.

**Gramática interactiva**

**Encuentra**

- Encierra en un círculo las vocales con acento gráfico en las formas verbales de las tres tablas.

| (yo) | iba | (nosotros) (nosotras) | íbamos |
|---|---|---|---|
| (tú) | ibas | (vosotros) (vosotras) | ibais |
| Ud. (él) (ella) | iba | Uds. (ellos) (ellas) | iban |

| (yo) | era | (nosotros) (nosotras) | éramos |
|---|---|---|---|
| (tú) | eras | (vosotros) (vosotras) | erais |
| Ud. (él) (ella) | era | Uds. (ellos) (ellas) | eran |

- Fíjate en el acento gráfico en la forma de *nosotros* en los verbos *ir* y *ser*.

| (yo) | veía | (nosotros) (nosotras) | veíamos |
|---|---|---|---|
| (tú) | veías | (vosotros) (vosotras) | veíais |
| Ud. (él) (ella) | veía | Uds. (ellos) (ellas) | veían |

- Fíjate en el acento gráfico en cada forma del verbo *ver*.

Aquí tienes un pequeño resumen de qué hicieron en la guardería infantil de tu hermanito el verano pasado. Complétalo usando las formas apropiadas del imperfecto.

"Todos los niños _____ *(ir)* de paseo por las mañanas. Después, los más pequeños

_____ *(pasar)* un rato en el patio de recreo o _____ *(jugar)* con los muñecos y los osos

de peluche. Otros niños _____ *(hacer)* travesuras. Cuando la profesora los _____

*(ver)*, ella _____ *(ir)* a la oficina y _____ *(llamar)* a los padres de los niños. Ella no

_____ *(ser)* una profesora muy simpática pero todos la _____ *(querer)* mucho."

¿Cómo pasaban el verano tu familia y tú cuando eras pequeño(a)? Escribe en tu cuaderno las siguientes frases usando el imperfecto de los verbos.

**1.** yo / ir _____     **3.** mis primos / ver _____

**2.** mi amigo / ser _____     **4.** mi vecino y yo / ir _____

## Gramática • Repaso

### Pronombres de objeto indirecto

El objeto indirecto señala a quién o para quién se desarrolla una acción. Los pronombres de objeto indirecto se usan para reemplazar o acompañar un nombre de objeto indirecto.

Nuestros profesores no **nos** permitían beber refrescos en clase.
Sus abuelos siempre **les** daban regalos **a los niños**.

| Singular | Plural |
|---|---|
| **me** (to / for) me | **nos** (to / for) us |
| **te** (to / for) you | **os** (to / for) you *(familiar)* |
| **le** (to / for) him, her, you *(formal)* | **les** (to / for) them, you *(formal)* |

• Para hacer más claro el significado de *le* o *les,* se usa un nombre o pronombre.
  Lolita siempre **les** decía la verdad a **sus padres**.
  Lolita siempre **les** decía la verdad **a ellos**.

• Los pronombres de objeto indirecto se ubican antes del verbo o se añaden al infinitivo.
  Siempre **le** quería comprar dulces a su hija.
  Siempre quería comprar**le** dulces a su hija.

# Lectura cultural (página 191)

**Las mascotas** Generalmente en los países hispanohablantes el papel de las mascotas es más que sólo ser "otro miembro de la familia". Por ejemplo, un perro protege la casa en la ciudad o ayuda en el campo. Por lo general, los conejillos de Indias o los ratoncitos no son mascotas comunes.

En los Estados Unidos hay muchos programas de entrenamiento para "mascotas que trabajan". Todo el mundo sabe que los perros vigilan las casas y que los gatos cazan ratoncitos. Sin embargo, los perros también guían a los ciegos y pueden recoger artículos de las casa. Los monos y otros animales ayudan a los minusválidos. Los monos pueden recoger y entregarles revistas, ropa, comida y otras cosas a sus amos.

**Actividad L**

Piensa en las mascotas que conoces y responde a las siguientes preguntas.

1. ¿En qué se parecen las mascotas del campo y de la ciudad en el lugar en donde vives? ¿En qué se diferencian?

   _____
   _____
   _____
   _____

2. Imagina que has tenido un accidente y no puedes caminar. Tienes un mono guía para ayudarte. ¿Qué puede hacer por ti?

   _____
   _____
   _____
   _____

3. Menciona uno o dos animales que te gustaría tener como mascota y explica el porqué de tu selección.

   _____
   _____
   _____
   _____

**Conexiones**    **Las ciencias** (página 197)

Actividad M

Dos conceptos muy importantes en esta sección sobre Isaac Newton son la gravedad y la velocidad. La gravedad es la fuerza de atracción que ejerce el centro de nuestro planeta sobre todo lo que está sobre la Tierra y aún sobre lo que gira a su alrededor, como los satélites. Nuestro peso es uno de los efectos de la gravedad.

Por otra parte, la velocidad es una forma de medir qué tan rápido se mueve algo. Así, la velocidad de un auto en las carreteras se mide tomando en cuenta la distancia que recorre (sesenta millas, por ejemplo) y el tiempo (una hora) que le toma recorrer esa distancia.

1. ¿Qué significa una velocidad de cuarenta millas por hora en un automóvil?

   _____

   _____

2. ¿Cuál(es) de las siguientes actividades son divertidas por la velocidad y/o la acción de la gravedad? Subráyala(s):

   1. montarse en la montaña rusa
   2. leer una historieta cómica
   3. patinar en una calle inclinada
   4. jugar al baloncesto
   5. escuchar la música de un disco compacto
   6. subir a la rueda de la fortuna
   7. hablar por teléfono con un amigo(a)
   8. ver una película en el cine
   9. saltar a la cuerda
   10. saltar en un paracaídas

**El español en la comunidad**

(página 201)

Lee esta sección sobre las guarderías. Usa un verbo en imperfecto para escribir en tu cuaderno cómo eran las guarderías cuando eras pequeño(a).

Actividad N

1. Las visitas al doctor: _____

2. Las vacaciones de verano: _____

3. Las visitas a la biblioteca: _____

4. Las fiestas con familiares o amigos: _____

# ¡Adelante! (páginas 202–203)

## Lectura 1

Antes de leer la fábula, haz la primera actividad del margen.

## Lectura interactiva

**Usa conocimientos previos**

- Escribe qué crees que puede pasar en este encuentro entre un grillo y un jaguar.

_____

_____

_____

_____

- Cuando termines la lectura, comprueba si tu predicción fue acertada.

**Reflexiona**

- Escribe la moraleja de esta fábula.

_____

_____

_____

## El grillo y el jaguar

Un día el jaguar salió de su casa rugiendo. El jaguar se sorprendió cuando no vio a nadie, pero oyó la canción de un grillo.

—¿Quién canta esa canción tan fea? —se preguntó el jaguar.

Cuando el jaguar vio al grillo, le rugió: —¡Qué mal educado eres, grillo! ¿Por qué no me saludas?

—¡Ay, don Jaguar! Lo siento. ¿Me perdona?

—Sólo si eres obediente —le contestó el jaguar.

—¿Y qué tengo que hacer, don Jaguar?

—Vamos a hacer una carrera hasta aquella roca enorme que está por donde empiezan las montañas. Si llegas primero, te perdono todo y puedes seguir cantando, pero si llego primero yo, te prohíbo cantar.

El grillo no contestó inmediatamente, pero por fin dijo:

—Bien. ¿Cuándo corremos?

—¡Ahora mismo! —respondió el jaguar.

Al oír "ahora mismo" el grillo saltó a la cola del jaguar y muy despacito iba saltando hasta llegar a su cabeza. Así llegaron los dos a la roca enorme. Pero en ese momento (y antes de que el jaguar lo viera), el grillo saltó de la cabeza del jaguar a la roca y dijo:

—¡Hola, don Jaguar! Estaba esperándolo.

El jaguar no sabía qué decir, pero perdonó al grillo, y el grillo empezó a cantar otra vez.

## Ampliación del lenguaje

### Las fábulas

Las fábulas son relatos cortos en los que los personajes son animales con cualidades o defectos humanos. Todas las culturas tienen sus fábulas y su origen es muy antiguo. Por lo general, la estructura de una fábula incluye: una introducción en la que se presenta un problema; una segunda parte en la que hay un intento de solucionar el problema; el resultado de ese intento, y por último, una moraleja o enseñanza que se puede deducir del relato.

En una historia, el (la) escritor(a) puede describir los rasgos de la personalidad de los personajes usando adjetivos y explicaciones. ¿Qué puedes deducir de la lectura de esta fábula?

**1.** ¿Cómo era el carácter del jaguar? Escribe una descripción corta usando al menos dos verbos en imperfecto y cuatro adjetivos que te parezcan adecuados.

_____

_____

**2.** ¿Cómo era el carácter del grillo? Escribe una descripción corta usando al menos dos verbos en imperfecto y cuatro adjetivos que te parezcan adecuados.

_____

_____

**3.** Los personajes de las fábulas suelen ser animales que representan los defectos y las cualidades de los seres humanos. ¿Qué defecto(s) o cualidad(es) crees que representaban cada personaje?

_____

_____

_____

## Lectura 2

**Actividad 0**

A continuación tienes una fábula de Esopo. Léela una primera vez para enterarte de la historia, y otra vez más para captar todos los detalles para completar las actividades del margen.

### Estrategia

**Identificar las partes de una fábula** Cuando lees un texto buscando información específica puedes necesitar leerlo más de una vez. Primero debes leer para captar la idea de conjunto y luego volver a leer para captar detalles adicionales o ideas que en la primera lectura no pudiste apreciar bien.

### Lectura interactiva

**Identifica las partes de una fábula**

- Vuelve a leer la explicación sobre las fábulas de la página 143.

- En esta fábula, el problema y el intento de solucionarlo están en el primer párrafo. Subraya el problema.

- Antes del diálogo entre el león y la zorra, ¿qué frases nos dan una pista de que la zorra no se va a dejar engañar? Haz un rectángulo alrededor de la frase.

## La zorra y el león anciano

Un anciano león, incapaz ya de obtener por su propia fuerza la comida, decidió hacerlo usando la astucia. Para ello se dirigió a una cueva y se tendió en el suelo, gimiendo y fingiendo que estaba enfermo. De este modo, cuando los otros animales pasaban para visitarlo, los atrapaba inmediatamente para su comida.

Habían llegado y perecido ya bastantes animales, cuando la zorra, adivinando cuál era su plan, se presentó también, y deteniéndose a prudente distancia de la caverna, preguntó al león cómo le iba con su salud.

—Mal —contestó el león, invitándole amablemente a entrar.

—Claro que hubiera entrado —le dijo la zorra— si no viera que todas las huellas entran, pero no hay ninguna que salga.

**Moraleja:** Siempre advierte a tiempo los indicios del peligro, y así evitarás que te dañe.

## Ampliación del lenguaje

### Esopo

Uno de los más grandes escritores de fábulas de todos los tiempos fue Esopo, un escritor griego que vivió en el siglo VI a. de C. Muchos lo consideran como el creador de este género literario. Recuerda que un género es una clase de obras escritas que tienen las mismas características. Por ejemplo: género informativo (noticia, reportaje), lírico (poesía), narrativo (cuento, novela, fantasía).

Recuerda todo lo que has aprendido sobre las fábulas en las páginas 142 a 144 y responde a las siguientes preguntas.

**1.** ¿Qué estructura tiene una fábula?

_____

_____

**2.** ¿Cuál es el objetivo de una fábula?

_____

_____

**3.** ¿Quién fue Esopo?

_____

_____

Ahora, escribe tu propia fábula en tu cuaderno. Trata de seguir estas recomendaciones y sigue los pasos que se presentan a continuación:

- Usa verbos en imperfecto.
- Fíjate que la historia sea breve.
- No olvides que las acciones de los protagonistas deben apoyar la moraleja final.

**1.** Escribe el tema central de tu fábula, que se relacione con la moraleja. (Puedes incluir algunos detalles, como el lugar donde se desarrolla).

**Modelo del tema central**    *Con paciencia se resuelven las dificultades.*

**2.** ¿Quiénes son tus personajes?

**3.** ¿Donde y cuándo ocurre la fábula?

# La cultura en vivo (página 204)

Lee esta otra canción. Al cantarla, los niños se toman de las manos y forman una cadena que tapa el camino o la calle. Los otros niños que en ese momento van a pasar por el camino no pueden hacerlo y tienen que salir del camino o esperar a que algunos de los niños de la cadena suelten sus manos y así pueden pasar por el espacio que queda entre ellos.

> **A tapar la calle**
>
> A tapar la calle,
> que no pase nadie.
> Que pase mi abuelo
> comiendo buñuelos.
> Que pase mi abuela
> comiendo ciruelas.
> Que pase mi tía
> comiendo sandía.
> Que pase mi hermana
> comiendo manzana.

Lee la canción en voz alta y fíjate en el ritmo de los versos y en el sonido de la última palabra de cada uno.

Busca las palabras que terminan con el mismo sonido. Escríbelas, agrupándolas por sonido.

_____

_____

En las canciones infantiles a veces el contenido no tiene mucho sentido. Lo que importa es que sean fáciles de recordar y que rimen. En español, la rima se basa en el final del verso desde la última vocal acentuada; cuando la terminación de dos versos es igual, se dice que riman. La rima puede ser:

- rima consonante: cuando todos los sonidos a partir de la última vocal acentuada son iguales: p**eso**, b**eso**, regr**eso**; t**ía**, sand**ía**; herm**ana**, manz**ana**

- rima asonante: cuando los sonidos de las vocales a partir de la última vocal acentuada son iguales: n**ada**, cl**ara**, mañ**ana**; ab**uelo**, buñ**uelos**; ab**uela**, cir**uelas**

1. Escribe palabras que rimen en consonante con:

   corazón _____

   mar _____

2. Escribe palabras que rimen en asonante con:

   valor _____

   llanto _____

# Presentación oral (página 205)

## ¿Cómo eras de niño(a)?

### Tarea

Tienes un trabajo de verano en una guardería infantil y algunos estudiantes hablan español. Ellos siempre te están preguntando qué hacías cuando tenías su edad. Prepara una serie de ilustraciones en las que muestres cuando eras pequeño(a).

### Estrategia

**Usar elementos visuales de apoyo**
Usar elementos visuales de apoyo durante tu presentación oral te ayudará a organizar tus ideas.

**1. Preparación**

Piensa acerca de cuando eras niño(a): ¿Cómo eras? ¿Qué cosas solías hacer? ¿Qué cosas no te permitían hacer? ¿A qué jugabas? ¿Con quiénes jugabas? ¿Dónde jugabas? Copia y completa la tabla en una hoja de papel. Proporciona en cada columna por lo menos dos puntos con información acerca de ti mismo(a).

| ¿Cómo era? | Jugaba con... | Jugaba en... | Me gustaba más... | Tenía que... | No me permitían... |
|---|---|---|---|---|---|
| tímido(a) | mi oso de peluche | el patio de la casa | jugar con mis amigos | hacer mi cama | pelearme con mis hermanos |

Haz una serie de dibujos que ilustren toda la información de tu tabla. También puedes traer fotos de ti mismo(a) para mostrar cuando eras niño(a). Puedes usar los elementos visuales de apoyo en tu presentación. Asegúrate de que sean fáciles de entender y representativos de cuando eras pequeño(a).

**2. Práctica**

Ensaya tu presentación varias veces. Puedes usar la tabla para practicar, pero no cuando hagas la presentación en público. Usa tus dibujos y fotografías cuando repases para ayudarte a recordar lo que quieres decir. Intenta:

- proveer la información que más puedas en cada punto.
- usar oraciones completas.
- hablar con claridad para que los demás te entiendan.

**3. Presentación**

Habla acerca de cómo eras de niño(a). Asegúrate de usar tus dibujos durante tu presentación.

**4. Evaluación**

Quizá tu profesor(a) te dé los criterios de cómo va a ser evaluada tu presentación. Probablemente, tu presentación será evaluada teniendo en cuenta:

- la cantidad de información que proporcionas.
- lo fácil que resulta entenderte.
- la calidad de los materiales visuales.

# Repaso del capítulo (página 208)

## Vocabulario y gramática

**Repaso del capítulo**

**Para preparar el examen, revisa si...**
- conoces el vocabulario nuevo y la gramática.
- puedes realizar las tareas de la página 149.

### para nombrar juguetes

| | |
|---|---|
| los bloques | blocks |
| la colección | collection |
| *pl.* las colecciones | |
| la cuerda | rope |
| el dinosaurio | dinosaur |
| la muñeca | doll |
| el muñeco | action figure |
| el oso de peluche | teddy bear |
| el tren eléctrico | pastel |
| el triciclo | tricycle |

### para nombrar animales

| | |
|---|---|
| el pez *pl.* los peces | fish |
| la tortuga | turtle |

### para hablar acerca de cosas que se hacían

| | |
|---|---|
| coleccionar | to collect |
| molestar | to bother |
| pelearse | to fight |
| saltar (a la cuerda) | to jump (rope) |

### para nombrar lugares

| | |
|---|---|
| la guardería infantil | daycare center |
| el patio de recreo | playground |

### para explicar las acciones propias

| | |
|---|---|
| de niño, -a | as a child |
| de pequeño, -a | as a child |
| de vez en cuando | once on a while |
| mentir (e → ie) | to lie |
| obedecer (c → zc) | to obey |
| ofrecer (c → zc) | to offer |
| permitir | to permit, to allow |
| por lo general | in general |
| portarse bien / mal | to behave well / badly |
| todo el mundo | everyone |
| el vecino, la vecina | neighbor |
| la verdad | truth |

### para describir cómo era alguien

| | |
|---|---|
| bien educado, -a | well-behaved |
| consentido, -a | spoiled |
| desobediente | disobedient |
| generoso, -a | generous |
| obediente | obedient |
| tímido, -a | timid |
| travieso, -a | naughty, mischievous |

### otras palabras útiles

| | |
|---|---|
| la moneda | coin |
| el mundo | world |

### imperfecto de *ir*

| | |
|---|---|
| iba | íbamos |
| ibas | ibais |
| iba | iban |

### imperfecto de *jugar*

| | |
|---|---|
| jugaba | jugábamos |
| jugabas | jugabais |
| jugaba | jugaban |

### imperfecto de *ser*

| | |
|---|---|
| era | éramos |
| eras | erais |
| era | eran |

### imperfecto de *tener*

| | |
|---|---|
| tenía | teníamos |
| tenías | teníais |
| tenía | tenían |

### pronombres de objeto indirecto

| | | | |
|---|---|---|---|
| **me** (to / for) me | | **nos** (to / for) us | |
| **te** (to / for) you | | **os** (to / for) you | |
| **le** (to / for) him, her, you *(formal)* | | **les** (to / for) them, you *(formal)* | |

● **Más práctica**
Practice Workbook Puzzle 4A-8
Practice Workbook Organizer 4A-9

# Preparación para el examen (página 263)

| **En el examen vas a...** | **Éstas son las tareas que te pueden ser útiles para el examen...** | **Si necesitas repasar...** |
|---|---|---|
|  **① Escuchar** Escuchar y entender a personas que describen su juguete favorito. | Trabajas como voluntario(a) en un centro para jóvenes después de la escuela. Para conocer mejor a los muchachos, les has preguntado sobre sus juguetes favoritos cuando eran niños. Intenta entender: (a) ¿Cuál era el juguete? (b) ¿Qué edad tenían cuando jugaban con él? (c) ¿Dónde jugaban? | **págs. 186–189** *A primera vista* **pág. 190** Actividad 6 |
|  **② Hablar** Hablar sobre cómo eras de niño(a). | El grupo del centro para jóvenes quiere saber cómo eras tú de niño(a). ¿Qué les puedes decir? Puedes empezar por contarles: (a) Lo que te gustaba hacer; (b) Hablar de tu juguete favorito; (c) Explicar cómo te comportabas. | **págs. 188–189** *Videohistoria* **pág. 190** Actividad 5 **pág. 191** Actividades 7–8 **pág. 192** Actividad 11 **pág. 195** Actividad 15 **pág. 200** Actividad 23 **pág. 205** *Presentación oral* |
|  **③ Leer** Leer sobre los recuerdos de alguien relacionados con sus experiencias en la escuela primaria. | Lee una anotación del diario de Armando sobre sus años en la escuela primaria. Mientras lees, intenta determinar: (a) Si le gustaba o no la escuela primaria, y (b) por qué le gustaba o no le gustaba.<br><br>De vez en cuando yo pienso en mis amigos de la escuela primaria. ¡Ay! Jorge siempre se peleaba conmigo y Carlos me molestaba. Yo era muy tímido, y no me levantaba a tiempo para la escuela porque no quería jugar con ellos. | **pág. 195** Actividad 14 **pág. 196** Actividad 16 **pág. 197** Actividad 17 |
|  **④ Escribir** Escribir sobre algunas experiencias personales en la escuela primaria. | Después de leer sobre los recuerdos de Armando, has comenzado a pensar en tus días en la escuela primaria. ¿Cuáles son algunas de las cosas que recuerdas? Escribe algunas oraciones describiendo cómo era tu mejor amigo(a) y lo que hacían juntos(as) durante el recreo. | **pág. 190** Actividad 4 **pág. 191** Actividad 8 **pág. 197** Actividad 18 **pág. 198** Actividades 19–20 |
|  **⑤ Pensar** Demostrar un conocimiento de las canciones infantiles favoritas en los países hispanohablantes. | A los niños de todo el mundo les gustan las canciones que son fáciles de recordar y divertidas de cantar. Piensa en las canciones de la página 204. ¿Cuál de estas canciones crees que le gustaría más a un(a) niño(a)? ¿Por qué? ¿Alguna de estas canciones te recuerda a las que cantabas de niño(a)? ¿Cuál de ellas? | **pág. 193** *Pronunciación* **pág. 204** *La cultura en vivo* |

Web Code jdd-0408

# A ver si recuerdas (páginas 210–211)

¿Cómo se saludan tú y tu familia y tus amigos(as)? Llena la gráfica que sigue con los grupos de gente que saludas (familiares, amigos íntimos, desconocidos) y las ocasiones en que se saludan y se despiden. Luego, escribe tres oraciones basadas en la gráfica.

**Modelo**   Abrazo a mis hermanos cuando nos despedimos.

|                        | ¿Quién? | ¿Cuándo? |
|------------------------|---------|----------|
| darse la mano          |         |          |
| abrazarse              |         |          |
| besarse en la mejilla  |         |          |

_____

_____

_____

**Fondo cultural** ■◆■◇■◆■◇■◆ (página 210)

**Antonio M. Ruíz** El 16 de septiembre se celebra el Día de la Independencia en México. Esta fiesta cívica comienza desde el día anterior por la noche, cuando la autoridad máxima de cada pueblo o ciudad toca la campana del palacio de gobierno para recordar el inicio de la lucha armada para alcanzar la independencia del poder español, tal como lo hizo Miguel Hidalgo y Costilla, el Padre de la Patria. Al día siguiente se realiza un desfile en el que participan carrozas adornadas con motivos patrióticos y niños vestidos con sus uniformes escolares.

1. ¿Qué fiestas se celebran en tu comunidad o en tu ciudad?

   _____

2. Elige una de las festividades de tu comunidad y escribe uno o dos detalles de lo que hacen tú y tu familia durante ese día.

   _____

# Celebrando los días festivos

**Objetivos del capítulo**

- Describir días festivos
- Hablar sobre tu familia y tus familiares
- Describir personas, lugares y situaciones en el pasado
- Hablar sobre cómo se relaciona la gente
- Entender las perspectivas culturales con respecto a los días feriados y eventos especiales

## Conexión geográfica (página 211)

Traza una línea para unir el país con su capital correspondiente.

1. Bolivia
2. Perú
3. Colombia
4. Uruguay
5. Ecuador

A. Montevideo
B. La Paz
C. Lima
D. Bogotá
E. Quito

Web Code
jde-0002

# A primera vista (páginas 212–213)

Escribe una palabra o expresión del vocabulario que signifique lo contrario de las palabras o expresiones siguientes.

1. llorar  _____

2. estar callado(a)  _____

3. casi nunca  _____

4. divorciarse  _____

5. morir  _____

6. aburrirse  _____

7. nuevo  _____

8. olvidarse  _____

**B**

Escribe lo que haces y dices en las situaciones siguientes.

1. Al encontrarme con un(a) amigo(a) a quien hace tiempo que no veo,

   lo que hago es _____

   y digo: _____

2. Cuando me presentan a alguien,

   lo que hago es _____

   y digo: _____

3. Al salir de un lugar donde hay gente reunida,

   lo que hago es _____

   y digo: _____

## Videohistoria    (páginas **214–215**)

**Actividad C**

• • • • • • • • • • • • • • • • • • • • • • • • • • • • • • • • • • • • • • • • • •

En la *Videohistoria* de este capítulo, Ignacio y Javier hablan sobre una fiesta tradicional de un pueblo español. Responde a las siguientes preguntas sobre las cosas que hacen que la fiesta de San Pedro sea especial. Usa frases completas.

**1.** ¿Cómo empieza la fiesta?

_____

**2.** ¿Qué tipo de música hay en la fiesta?

_____

**3.** ¿Qué comen las personas que participan en la fiesta?

_____

**4.** ¿Qué hace la gente después de comer? ¿Y los jóvenes?

_____

**5.** ¿Qué idioma, además de español, hablan muchas personas en Alsasua?

_____

**Actividad D**

• • • • • • • • • • • • • • • • • • • • • • • • • • • • • • • • • • • • • • • • • •

Basándote en tus respuestas a la actividad C, escribe un resumen breve explicando cómo es la fiesta de San Pedro. Luego di si quieres asistir a esa fiesta y por qué. Usa en tu resumen las palabras y expresiones que aparecen en tu libro de texto.

_____

_____

_____

_____

_____

# Manos a la obra (páginas 216–217)

**Actividad E**

Explica con tus propias palabras los términos siguientes.

1. charlar _____

2. contar chistes _____

3. costumbre _____

4. felicitar _____

5. fiesta de sorpresa _____

6. mayores _____

7. parientes _____

8. regalar _____

**Actividad F**

Describe brevemente las fiestas siguientes, diciendo una o dos cosas que se hacen en cada fiesta.

1. Una fiesta de cumpleaños

_____

_____

2. Una fiesta de aniversario

_____

_____

3. La fiesta de la independencia

_____

_____

_____

**Actividad G**

Lee las frases siguientes y escribe una *B* si reflejan un comportamiento cortés y buenos modales y una *M* si reflejan malos modales. Luego, en tu cuaderno, corrige las frases que reflejan malos modales para que muestren un comportamiento correcto y buenos modales.

| Modelo | Paquita siempre interrumpe a los adultos cuando hablan. |
| --- | --- |

M—Paquita nunca interrumpe a los adultos cuando hablan.

1. ___ Miguel se sienta a la mesa y empieza a comer, no se fija si hay alguien que todavía no se sentó.

2. ___ Cuando viene alguien a mi casa, le ofrecemos algo para beber o para comer.

3. ___ En las fiestas, siempre hablo en voz muy alta, así todos me oyen.

4. ___ Antes de marcharnos de una reunión, nos despedimos de todo el mundo.

**Actividad H**

En tu cuaderno, escribe un párrafo para explicar qué entiendes por buenos modales y por qué crees que son importantes.

## Ampliación del lenguaje

**Palabras de una sola sílaba: Dé más.**

Existen muchas palabras de una sola sílaba que se pronuncian de la misma manera, pero que tienen significados diferentes. Para indicar la diferencia de significado se usa el acento ortográfico o tilde.

| | | |
| --- | --- | --- |
| **de** | (preposición) | Es el cumpleaños **de** María. |
| **dé** | (verbo *dar*) | Por favor, **dé** la mano a doña Luisa. |
| **mas** | (formal, pero) | Quiere hacerlo, **mas** no puede. (Casi nunca se usa *mas*.) |
| **más** | (adverbio, +) | Por favor, déme **más** pastel, quiero **más**. |

**Actividad I**

Lee las siguientes frases y escribe la palabra que corresponda.

1. Es importante que _____ (*de* / *dé*) un abrazo _____ (*de* / *dé*) despedida a mi tío.

2. Ya sabes que dos _____ (*mas* / *más*) dos son cuatro; _____ (*mas* / *más*), ¿sabías que ocho y quince son 23?

## Gramática

**(página 219)**

## El imperfecto: describir situaciones

### Gramática interactiva

**Encuentra**

- Busca dos ejemplos en los que aparecen tanto el pretérito como el imperfecto en la misma frase. Subraya el verbo en el imperfecto. Haz un círculo alrededor del verbo en el pretérito. ¿Qué tiempo va primero? Cambia el orden de las cláusulas. ¿La oración tiene el mismo sentido?

### ¿Recuerdas?

Ya sabes usar el imperfecto para decir lo que hacía alguien.

- Siempre nos **reuníamos** para los días festivos.
- Mis primos y yo **jugábamos** mucho.

Además de decir lo que alguien hacía, el imperfecto se usa:

- Para describir personas, lugares y situaciones en el pasado.

La casa de mis abuelos **era** enorme. **Tenía** cinco dormitorios.

- Para hablar sobre una acción o situación pasada cuando no se especifica el principio ni el final.

**Había** mucha gente en la casa la fiesta.

- Para describir la situación o lo que pasaba cuando algo sucedió o interrumpió el curso de la acción. En estos casos, el imperfecto se usa para decir lo que alguien estaba haciendo cuando pasó otra cosa (pretérito).

Todos mis parientes bailaban cuando llegamos.

Es importante distinguir entre el pretérito y el imperfecto.

El pretérito indica:

- Un evento único en el pasado

Fui a España el año pasado.

- Uno o más eventos o acciones que comenzaron y terminaron en el pasado.

Visité unos museos.

- Un evento que ocurrió, interrumpiendo otra acción.

Llegaste cuando yo leía.

- Cambios en un estado físico o mental existente en un momento preciso o por una causa específica aislada.

Tuve miedo cuando vi al perro.

El *imperfecto* se usa para:

- Una acción habitual o repetida.

Iba a Perú cada año.

- Una acción continua sin un fin especificado.

Visitaba los museos.

- Descripción / información sobre antecedentes; establecer la escena diciendo cómo estaban las cosas o qué estaba sucediendo cuando hubo una interrupción.

Estaba en mi cuarto cuando escuché que se abría la puerta.

- Descripción general de estados físicos o mentales.

Tenía miedo de los perros.

- Para hablar de la edad o la hora.

Tenía doce años. Eran las cinco de la mañana.

**Actividad J**

A Mario le gustaban mucho los cumpleaños de su abuelo cuando era niño. Lee la historia del cumpleaños del abuelo de Mario y completa los espacios en blanco con la forma correcta del imperfecto del verbo entre paréntesis.

A mi abuelo le _____ *(encantar)* celebrar su cumpleaños. Era una gran ocasión.

_____ *(venir)* todos los parientes, desde mis tíos que _____ *(vivir)* en

otro estado, hasta su hermana que _____ *(vivir)* en México. Los mayores

_____ *(ocuparse)* de organizarlo todo. _____ *(haber)* música muy

alegre y se _____ *(bailar)* hasta la madrugada. Mi mamá y mis tías

_____ *(preparar)* muchos platillos diferentes y sabrosos.

**Actividad K**

Lee el siguiente párrafo y subraya con una línea cada verbo en el pretérito y encierra en un círculo cada verbo en el imperfecto.

Cuando tenía dieciocho años, quería ser arquitecto. Me gustaba mucho la obra de Antonio Gaudí y esperaba ser como él. Decidí estudiar en España y me preparé para entrar en las universidades, pero no me admitieron. Conocí a un pintor y comencé a estudiar con él. Al principio yo siempre estaba en su estudio, intentando aprender todo lo que podía, pero un día, él se fue a vivir a otra ciudad y yo, finalmente, inicié mi carrera de pintor en solitario.

## Ampliación del lenguaje

### Prefijos

Fíjate en los siguientes pares de palabras. ¿Qué tienen en común?

obediente → desobediente       formal → informal

posible → imposible            regular → irregular

Los prefijos sirven para modificar el significado de las palabras; en este caso, para crear una palabra con significado contrario.

## Gramática

### Acciones recíprocas

(página **224**)

Algunas veces los pronombres reflexivos *se* y *nos* se usan para expresar acciones mutuas, es decir, cuando lo que hace uno afecta al otro y viceversa. Estas acciones se llaman recíprocas.

Los novios se abrazaban y se besaban.

Por lo general nos saludábamos con un abrazo.

También nos dábamos la mano.

Ustedes se llevaban muy bien, ¿verdad?

**Gramática interactiva**

**Encuentra**
Subraya los pronombres reflexivos recíprocos en los ejemplos.

**Reflexiona**
Teniendo en cuenta que las acciones recíprocas requieren más de una persona, ¿qué pronombres reflexivos **no** se pueden usar para expresar acciones recíprocas?

**Actividad L**

¿Cómo te relacionas tú con tus amigos y tu familia? ¿Y tus amigos entre sí? En tu cuaderno, responde a las preguntas siguientes usando verbos en forma recíproca.

**Modelo**　¿Te llevas bien con tu hermano?
*Sí, nosotros nos llevamos muy bien y no nos peleamos nunca.*

1. ¿Tu mejor amigo(a) respeta siempre a sus compañeros?

2. ¿Ves a tu mejor amigo(a) con frecuencia?

3. ¿Tus amigos visitan a sus familiares a menudo?

4. ¿Tus padres te comprenden?

## Ampliación del lenguaje

**Palabras de una sola sílaba: ¡Sí sé!**

| | |
|---|---|
| **se** (pronombre) | **Se** dice que María **se** durmió tarde. |
| **sé** (verbo *saber*) | Lo que **sé** es que no **sé** nada. |
| **sé** (mandato del verbo *ser*) | **Sé** un buen estudiante y tendrás éxito. |
| **si** (conjunción) | **Si** eres un buen estudiante, tendrás éxito. |
| **sí** (afirmativo) | **Sí**, sí sé que estudio mucho. |
| **sí** (pronombre + preposición) | Siempre quiere todo para **sí** mismo. |

### Actividad M

Hace más del un año que Guadalupe se graduó de la escuela secundaria. Ésta es la nota que escribió en su diario recordando ese día especial. Completa la nota conjugando los verbos que se indican entre paréntesis en su forma recíproca; no te olvides de usar los pronombres correspondientes.

Recuerdo el día de la graduación. Cuando llegué al auditorio, Carolina y Rosa ya

estaban allí, con sus papás. Mientras nosotras _____ (besarse) y

_____ (abrazarse), nuestros papás _____ (saludarse). Mi mamá y

el papá de Rosa _____ (darse) la mano; la mamá de Rosa y la mamá de

Carolina _____ (abrazarse) y _____ (decirse) algo en voz baja que

yo no pude oír. Durante la ceremonia, vi que mi mamá y la mamá de Rosa

_____ (mirarse) y _____ (sonreírse), entonces pensé que ellas

planeaban algo. ¡Y así era! Habían organizado una fiesta sorpresa. Fue una fiesta

estupenda. Nuestros papás hablaban y _____ (contarse) chistes mientras

Carolina, Rosa y yo _____ (hacerse) fotos con mi cámara. Casi al final de la

fiesta, nosotras empezamos a ponernos tristes. Todas _____ (llevarse) muy

bien y _____ (quererse) mucho. Éramos las mejores amigas,

_____ (comprenderse) y _____ (respetarse) mucho, y siempre

_____ (ayudarse) con las tareas de la escuela y con nuestros problemas y

ahora íbamos a separarnos. Hoy seguimos siendo las mejores amigas.

### Actividad N

En tu cuaderno, escribe cinco frases explicando como te relacionabas tú con tu familia o con tus amigos(as) cuando eras pequeño(a). Usa los verbos siguientes.

| | | |
|---|---|---|
| abrazarse | escribirse | mirarse |
| besarse | hablarse | pelearse |
| enojarse | llevarse (bien/mal) | saludarse |

# Lectura cultural (página 216)

Como leíste en la página 216, España consta de varias regiones tales como el País Vasco. El País Vasco está situado al norte de España y comprende las provincias de Álava, Guipúzcoa y Vizcaya. Tiene una superficie de algo más de 7,000 km cuadrados y una población de unos 2,100,000 habitantes. Está delimitado al este por los Pirineos; al oeste por la Cordillera Cantábrica; al norte por el golfo de Vizcaya; y al sur por el valle del Ebro.

Los habitantes del País Vasco muestran un gran respeto por las tradiciones y mantienen un fuerte vínculo con sus medios naturales: la tierra y el mar. Ambos medios, tierra y mar, han determinado una forma de ser, una idiosincrasia que se proyecta como algo característico en las costumbres, la cultura y los deportes autóctonos de este pueblo.

Algunos de estos deportes se han hecho populares incluso fuera de Euskadi (que es el nombre del País Vasco en su lengua, el euskera) y de Europa, como es el caso del juego de la pelota vasca. Además del juego de pelota hay otros deportes muy populares que se practican casi exclusivamente en el País Vasco. Entre éstos se encuentran el arrastre y levantamiento de piedras, el corte de troncos y las regatas de traineras. La música, la danza y la gastronomía también son parte importante de la cultura y tradición del País Vasco.

Responde a las siguientes preguntas según lo que has aprendido sobre el País Vasco.

1. ¿En dónde está situado el País Vasco? ¿Cuántas provincias tiene y cuáles son sus nombres?

_____

_____

2. ¿Cuáles son algunas montañas que rodean al País Vasco?

_____

_____

3. ¿Cuáles son algunas de las actividades deportivas más populares del País Vasco?

_____

_____

4. En el texto se dice que los habitantes del País Vasco tienen gran respeto por las tradiciones culturales de su país y por el medio ambiente. ¿De qué forma demuestras tú respeto por las tradiciones culturales y por el medio ambiente de tu país?

_____

_____

# Conexiones    La historia (página 223)

**Actividad O**

Recuerda lo que sabes sobre la independencia de los Estados Unidos y luego haz la actividad a continuación.

En el siglo XVIII, las colonias inglesas en América empezaron a sentirse molestas por el control y los fuertes impuestos decretados por el rey Jorge III de Inglaterra. En 1773, los colonos se rebelaron ante una nueva subida de los impuestos sobre el té, asaltaron tres barcos cargados de té que estaban en Boston y arrojaron al mar la mercancía. Jorge III reaccionó estableciendo un mayor control sobre el comercio y la propiedad de las tierras. En 1775, los colonos de algunas regiones, cada vez más molestos por la situación, empezaron a manifestar sus deseos de tener un gobierno independiente de la corona británica. En 1776, el Congreso de Carolina del Norte declaró su independencia, otros estados lo siguieron. Finalmente, se reunió un comité encargado de redactar la declaración de la independencia de Norteamérica. Tomás Jefferson fue el principal encargado de la redacción de este documento. El cuatro de julio de 1776, se adoptó la Declaración de Independencia. Al año siguiente, en Filadelfia se celebró por primera vez el aniversario de esta fecha histórica con fogatas, repiques de campanas y 21 cañonazos desde los barcos que se encontraban en el puerto. A principios del siglo XIX, la celebración ya se había extendido a todo el territorio de los Estados Unidos.

En tu cuaderno, describe cómo celebras generalmente el 4 de julio y luego mira el cuadro que aparece en la página 210 de tu libro de texto que ilustra la celebración del Día de la Independencia en México. ¿En qué se parecen y qué se diferencian las dos celebraciones? Incluye algunas semejanzas y diferencias en tu descripción.

## El español en el mundo del trabajo

(página 227)

**Actividad P**

Investiga estos medios de comunicación en tu comunidad y elige una emisora o un periódico para escribir en tu cuaderno un informe. Incluye en tu informe los principales temas que trata o los diferentes tipos de programas y el público a quien se dirige.

Algunos artículos que usan los hispanohablantes, como las decoraciones para los días festivos, se usan también en los Estados Unidos. Piensa en tu comunidad. ¿Hay tiendas que tengan disponibles productos específicos para la cultura hispana? Además de supermercados, ¿qué otras tiendas se especializan en producir o vender cosas típicas para las celebraciones hispanas, como para el 5 de mayo?

# ¡Adelante! (páginas 228–229)

## Lectura 1

### Estrategia

**Usar conocimientos previos** Usar tu propia experiencia puede ayudarte a predecir los tipos de información que vas a encontrar en una lectura.

Para leer la siguiente información sobre los Reyes Magos y la carta de José Alejandro y Jorge Andrés, sigue las intrucciones de la caja que está al margen.

### Lectura interactiva

**Usa tus conocimientos**
Escribe una cosa que puedes encontrar en una carta a Santa Claus o a los Reyes Magos.

_____

_____

_____

_____

Al terminar la lectura, mira si tu predicción fue acertada. Subraya tu acierto en el texto y encierra en un círculo la información que no esperabas encontrar y encontraste.

### El seis de enero

Uno de los días más felices para los niños hispanos es el seis de enero, el Día de los Reyes Magos. Según la tradición de los Reyes Magos —Melchor, Gaspar y Baltasar— vienen montados en sus camellos durante la noche y les traen regalos a los niños. La noche del cinco, las familias van al centro de la ciudad para ver un desfile de carrozas con luces y flores y, por supuesto, a los Reyes Magos. Después, los niños reúnen hierba o paja para los camellos y la ponen en una caja cerca de sus zapatos. La mañana del seis, los niños se despiertan para ver qué les regalaron los Reyes Magos.

Antes del seis de enero, los niños les escriben cartas a los Reyes Magos pidiendo regalos. Antes era costumbre poner las cartas al lado de los zapatos, pero luego comenzaron a enviarlas por correo postal, y hoy en día las envían por correo electrónico.

Queridos Reyes Magos:

Me llamo José Alejandro y les escribo esta carta con mi mamá para decirles los regalos que quiero para mí y para mi hermanito, Jorge Andrés. Nos portamos bien. Yo saco muy buenas notas en la escuela y hago toda mi tarea. Yo quiero un carrito de control remoto y un videojuego de fútbol para mi computadora. Mi hermanito quiere un juguete o cualquier cosa que ustedes puedan. Gracias, y recuerden llevarles juguetes a los niños pobres y traernos paz y amor.

Les quieren,

José Alejandro y Jorge Andrés

Responde a las preguntas siguientes sobre esta celebración.

**1.** ¿Con qué evento(s) se celebra el seis de enero en los países hispanohablantes?
¿Sabías que desde hace unos años las comunidades hispanohablantes de ciudades
como Miami, Los Ángeles o Nueva York están intentado recuperar la tradición del
Día de Reyes organizando actos y eventos públicos? Haz una investigación sobre una
de estas celebraciones o de cualquier otra celebración del Día de Reyes que conozcas,
ya sea en los Estados Unidos o en otro país. Escribe una breve descripción de cómo es
esa celebración y compártela con el resto de la clase.

_____

_____

_____

_____

_____

**2.** ¿Piensas que es importante mantener la tradición del Día de los Reyes Magos?
Explica tu opinión.

_____

_____

_____

_____

¿Qué le pedirías tú a los Reyes Magos? Escribe en tu cuaderno una carta siguiendo el
modelo de la carta de José Alejandro y Jorge Andrés. Saluda a los Reyes y diles lo que
quieres que te traigan.

Recuerda que si pides cosas materiales como ropa, libros o videojuegos, tienes que
explicarle a los Reyes las razones por las cuales crees que te mereces esos regalos.

Termina tu carta con una despedida adecuada.

## Lectura 2

Antes de leer el texto sobre las celebraciones de la independencia en varios países hispanohablantes, lee la primera actividad al margen y sigue las instrucciones.

### Estrategia

**Usar conocimientos previos** Si antes de leer un texto piensas en los conocimientos que ya tienes sobre el tema, te será más fácil comprender el texto. Pero ¡ojo!, no te dejes influenciar demasiado por lo que ya sabes. Tu actitud debe permanecer abierta a nuevos datos y opiniones que pueden estar presentes en el texto.

### Lectura interactiva

**Usa conocimientos previos**
Señala los datos y las palabras a continuación que conoces.

1. el 15 de septiembre
2. el Grito de Dolores
3. Dolores, Querétaro
4. verbenas
5. desfiles
6. fuegos artificiales
7. antorcha
8. carrera de relevos

Busca los que no conoces y subráyalos en el texto. Averigua su significado en un diccionario, o pregúntale a alguien.

Ahora lee el texto. Será más fácil de entender.

## Septiembre, mes de la independencia

El 15 de septiembre celebran su independencia México y varios países centroamericanos.

En México, la celebración comienza con el "Grito de la Independencia" o "Grito de Dolores". A principios de la década de 1810, en el virreinato de Nueva España, ni ricos ni pobres deseaban seguir gobernados por España. La madrugada del 15 al 16 de septiembre, el párroco del pueblo de Dolores, Querétaro, animó al pueblo a levantarse contra los españoles con los gritos de "¡Mexicanos, viva México! ¡Viva la Virgen de Guadalupe! ¡Muera el mal gobierno!"

Este episodio se conoce como el "Grito de Dolores". Después de tantos años, éste es el mismo grito que da el Presidente de la República al comienzo de la fiesta del Día de la Independencia. Después del "Grito" comienzan las verbenas populares en las que se comen platillos típicos y se baila con la música de mariachis y bandas. También hay desfiles y actos patrióticos, fuegos artificiales y danzas folklóricas.

Costa Rica, El Salvador, Guatemala, Honduras y Nicaragua celebran su independencia en la misma fecha, por eso se organizan actos en los que participan todos ellos, como eventos deportivos entre los que está el recorrido de la Antorcha de la Libertad. Estudiantes de diferentes países se turnan en una carrera de relevos para llevar la Antorcha desde Guatemala hasta Costa Rica. Las calles y lugares por donde pasa la carrera se adornan con banderas y símbolos patrióticos. También hay desfiles y actos patrióticos, bailes con comidas típicas y fuegos artificiales.

**Actividad**
**U**

• • • • • • • • • • • • • • • • • • • • • • • • • • • • • • • • • • • • • • • • • • • • • • • • • • • •

En la lectura anterior hay varias palabras que se escriben con mayúscula inicial por diferentes razones. Busca las palabras y escríbelas aquí.

• nombres de países y lugares geográficos

_____

_____

• un artículo determinado escrito con mayúscula por formar parte del nombre de un país

_____

• el nombre de una festividad

_____

• el nombre de un cargo público, el nombre de un evento y el nombre de una cosa

_____

_____

**Actividad**
**V**

• • • • • • • • • • • • • • • • • • • • • • • • • • • • • • • • • • • • • • • • • • • • • • • • • • • •

Haz las siguientes actividades sobre la lectura.

1. Escribe en tu cuaderno los nombres de los países hispanoamericanos que celebran su independencia el 15 de septiembre. Luego escribe junto al nombre de cada país, el nombre de su capital.

_____

_____

2. ¿Qué tienen en común todas las celebraciones de estos países?

_____

_____

3. ¿Qué cosas especiales caracterizan a las celebraciones de México?

_____

_____

# Perspectivas del mundo hispano (página 230)

**Actividad W**

En tu libro de texto has leído sobre un dulce tradicional en los países hispanohablantes para una celebración determinada. En estos países la comida es una parte importante de todas las celebraciones, por eso existen comidas o platos típicos para celebraciones específicas. El texto siguiente trata de la comida tradicional del Día de los Muertos.

## UN PLATILLO ESPECIAL

El Día de los Muertos es motivo para disfrutar de una gran variedad de platillos tradicionales, cuyas recetas se transmiten de una generación a otra.

Algunos platillos son el mucbilpollo, el pibixpelón, el atole nuevo y el pan de muerto.

La preparación de los mucbilpollos es toda una tradición.

El platillo, a base de masa de maíz, empieza a prepararse la noche antes del Día de los Muertos. Primero se ponen a cocer las carnes (de puerco y de pollo). Cuando las carnes están blandas, se sacan del agua y se guarda el caldo. Se mezcla la masa de maíz con la manteca de puerco y un poco de caldo. Luego se coloca la masa en una hoja de plátano, encima se pone la carne con rebanadas de jitomate (tomate rojo), chiles, cebollas y otras verduras y aderezos (hierbas, condimentos). Después se le añade una masa de maíz cocida con manteca roja y achiote (colorante rojo que se obtiene de una planta). Para terminar, se pone otra capa de masa encima, se cierra con la misma hoja de plátano y se hornea. La forma tradicional de cocinar el mucbilpollo es haciendo un hueco en la tierra para enterrarlo. Encima se ponen piedras y leña y se prende fuego para que se cocine el mucbilpollo enterrado. Si no se puede preparar así, se puede llevar a una panadería para que lo horneen en el horno de leña. El último recurso es hornearlo en la estufa de la casa, pero según los expertos, el sabor no es el mismo.

La víspera del Día de los Muertos, hay puestos y mercados al aire libre en los que se venden dulces, flores para los altares de los muertos y todos los ingredientes necesarios para preparar el mucbilpollo. Estos puestos suelen trabajar durante toda la noche.

1. ¿Cuáles son algunas comidas tradicionales del Día de los Muertos?

   _____

2. ¿Cuáles son los ingredientes principales del mucbilpollo?

   _____

   _____

3. ¿Qué plato o postre tradicional de un país hispanohablante consume tu familia para celebrar alguna fiesta especial? En tu cuaderno, explica los ingredientes principales de ese plato y algún detalle de su preparación. Incluye tu opinión sobre el plato. Luego lee tu párrafo en voz alta en la clase.

# Presentación escrita (página 231)

Mi celebración favorita

**Tarea**

Tienes un(a) amigo(a) por correspondencia que quiere saber sobre tu celebración o día festivo favorito. Escribe un mensaje de correo electrónico describiendo un evento de tu niñez.

**Estrategia**

**Usar una tabla** Pensar por medio de categorías y anotar las palabras y expresiones clave te dará más ideas para escribir.

1. **Antes de escribir**

Piensa en un evento que solías celebrar. Copia la tabla que se muestra a continuación en una hoja de papel. Usa las preguntas de la parte superior de cada columna como guía. Usa palabras o expresiones relacionadas con tu tema. Añade dos o tres detalles de la última vez que celebraste el evento, usando el tiempo pretérito.

| ¿Qué hacían? | ¿Dónde se reunían? | ¿Cómo era? | ¿Quiénes estaban? | ¿Por qué te gustaba? |
|---|---|---|---|---|
|  |  |  |  |  |

2. **Borrador**

Usa las ideas de la tabla para escribir el primer borrador de tu correo electrónico. Da tantos detalles como puedas de la celebración.

3. **Revisión**

Lee tu mensaje de correo electrónico y revisa la ortografía y el vocabulario. Asegúrate de que usaste el imperfecto para describir eventos que han ocurrido o solían ocurrir. Muéstrale tu mensaje de correo electrónico a un(a) compañero(a), para que revise lo siguiente:

- ¿Es el mensaje fácil de leer y entender?
- ¿Proporciona una descripción interesante del evento?
- ¿Hay algo que debas añadir?
- ¿Hay errores?

4. **Publicación**

Vuelve a escribir tu mensaje de correo electrónico, haciendo las correcciones o cambios necesarios. Haz una copia para tu maestro o inclúyelo en tu portafolios.

5. **Evaluación**

Quizá tu profesor(a) te dé los criterios de cómo va a ser evaluado tu mensaje de correo electrónico. Probablemente, tu mensaje será evaluado teniendo en cuenta:

- la cantidad de información que proporcionas.
- la exactitud de la descripción de los eventos del pasado.
- la variedad del vocabulario.

# Repaso del capítulo (página 234)

## Vocabulario y gramática

**Para preparar el examen, revisa si...**
- conoces el vocabulario nuevo y la gramática.
- puedes realizar las tareas de la página 169.

**para hablar acerca de los modales y las costumbres**

| | |
|---|---|
| abrazar(se) | to hug |
| besar(se) | to kiss |
| dar(se) la mano | to shake hands |
| despedirse *(e → i)* (de) | to say good-bye (to) |
| los modales | manners |
| saludar(se) | to greet |
| sonreír *(e → i)* | to smile |

**para hablar acerca de las personas**

| | |
|---|---|
| el bebé, la bebé | baby |
| contar *(o → ue)* (chistes) | to tell (jokes) |
| llevarse bien / mal | to get along well / badly |
| llorar | to cry |
| los mayores | grown-ups |
| los parientes | relatives |
| reírse *(e → i)* | to laugh |
| reunirse *(u → ú)* | to meet |

**para hablar acerca de eventos especiales**

| | |
|---|---|
| alrededor de | around |
| el aniversario | anniversary |
| casarse (con) | to get married (to) |
| charlar | to chat |
| la costumbre | custom |
| cumplir años | to have a birthday |
| el desfile | parade |
| el día festivo | holiday |
| divertirse *(e → ie)* | to have fun |
| enorme | enormous |
| ¡Felicidades! | Congratulations! |
| felicitar | to congratulate |
| la fiesta de sorpresa | surprise party |
| los fuegos artificiales | fireworks |
| hacer un picnic | to have a picnic |
| nacer | to be born |
| regalar | to give (a gift) |
| la reunión *pl.* las reuniones | gathering |

**para hablar acerca del pasado**

| | |
|---|---|
| antiguo, -a | old, antique |
| frecuentemente | frequently |
| había | there was / there were |
| mientras (que) | while |
| recordar *(o → ue)* | to remember |

**usar el imperfecto para describir una situación**

La casa donde **vivía** el año pasado **estaba** al lado de un lago.

**Había** mucha gente en la fiesta de sorpresa.

Mis padres me **felicitaban** cuando llegó mi tía.

**acciones recíprocas**

Los estudiantes **se saludaban** todos los días.

**Nos veíamos** frecuentemente cuando éramos niños.

**Se escribían** por correo electrónico de vez en cuando.

● **Más práctica**
Practice Workbook Puzzle 4B-8
Practice Workbook Organizer 4B-9

## Preparación para el examen (página 235)

| En el examen vas a... | Éstas son las tareas que te pueden ser útiles para el examen... | Si necesitas repasar... |
|---|---|---|
|   **1 Escuchar** Escuchar y entender a las personas cuando hablan sobre sus recuerdos de la niñez y de las celebraciones familiares. | Para celebrar el Día de los abuelos, tu profesor(a) invitó a algunos hispanohablantes de la comunidad para que hablen sobre sus recuerdos favoritos de la infancia. Escucha a uno de ellos que describe una de sus celebraciones familiares favoritas. Intenta entender: (a) la razón de la reunión; (b) quiénes fueron; (c) qué hicieron las personas en la celebración. | págs. 212–215 *A primera vista* pág. 218 Actividad 8 pág. 222 Actividad 13 |
|   **2 Hablar** Hablar sobre la forma en que tu familia celebraba las fiestas cuando eras niño(a). | Te han invitado a una clase de español para hablarles a los niños sobre cómo celebrabas las fiestas cuando tú tenías su edad. ¿Qué les puedes contar? Intenta incluir: (a) dónde celebrabas la mayoría de las fiestas; (b) qué hacías; y (c) quiénes celebraban las fiestas contigo. | pág. 218 Actividad 8 pág. 222 Actividad 14 pág. 226 Actividad 19 |
|   **3 Leer** Leer y entender una descripción de las actividades de un evento especial. | Lee esta parte de las notas que Miguel escribió para el video que filmó en la recepción de la boda de su amigo Mauricio y de Luisa, la novia. Sin mirar el video, ¿puedes determinar quién lo estaba pasando bien y quién no?  Cuando Mauricio besó a Luisa, la madre de Luisa lloraba y el padre de ella sonreía. Los sobrinos pequeños se reían y jugaban con sus juguetes. | pág. 219 Actividad 10 pág. 227 Actividad 20 págs. 228–229 *Lectura* |
|   **4 Escribir** Escribir acerca de tu última celebración familiar. | Una estación local de radio que emite en español ha pedido a las personas que envíen correos electrónicos o faxes describiendo su mejor cumpleaños. Tú podrías empezar escribiendo: *Yo recuerdo bien mi cumpleaños de trece años…* Describe a las personas que fueron, el lugar donde se celebró y lo que pasó. | pág. 226 Actividad 19 pág. 231 *Presentación escrita* |
| **5 Pensar** Demostrar un conocimiento sobre la manera en que algunas familias hispanas celebran los días y las fiestas especiales. | Describe una fiesta que sea de especial interés para tí, como por ejemplo Las Fallas o Carnaval. ¿En qué se parece esta fiesta a alguna que celebres en tu comunidad? | pág. 210 *Fondo cultural* págs. 214–215 *Videohistoria* pág. 220 *Fondo cultural* pág. 226 *Fondo cultural* pág. 227 Actividad 20 pág. 230 *Perspectivas del mundo hispano* |

Web Code jdd-0417
PHSchool.com

# A ver si recuerdas... (páginas 238–239)

¿Alguna vez has presenciado un desastre? Escribe más nombres de los desastres que conozcas en los espacios que se proporcionan. Después encierra en un círculo los que has presenciado.

**Desastres naturales**

terremoto

_____

_____

_____

_____

**Desastres provocados por el ser humano**

incendio

_____

_____

_____

_____

**Fondo cultural** ■◆■▽■◆■▽■◆ (página 238)

**Zulia Gotay de Anderson**   Esta artista puertorriqueña creó un hermoso cuadro, llamado *La Tempestad,* en el que logró plasmar la furia de una tormenta que atrapó a un grupo de pescadores de vuelta a casa. Cada año, la temporada de huracanes afecta a varios países centroamericanos y caribeños. En 1998 el huracán Mitch dejó más de diez mil muertos y cientos de miles de damnificados. En estas situaciones de desastre la población da muestras de una gran solidaridad para ayudar a los afectados y se reciben muchas ayudas internacionales.

**1.** ¿Qué fenómenos climatológicos conoces que pueden ser peligrosos?

_____

_____

**2.** ¿Qué otro tipo de fenómenos pueden afectar a un país y a su población?

_____

_____

**3.** ¿Qué crees que debemos hacer si después de una catástrofe salimos ilesos y hay personas afectadas a nuestro alrededor?

_____

_____

# Un acto heroico

## Conexión geográfica (página 239)

Usa los mapas de las páginas xvi a xxix de tu libro de texto para ubicar las cordilleras principales en este mapa. Luego ubica los lugares dónde ocurrieron estos terremotos. ¿A qué conclusión puedes llegar?

| | |
|---|---|
| Ciudad de Guatemala, Guatemala | 1976 |
| Managua, Nicaragua | 1972 |
| Ciudad de México, México | 1985 |

# A primera vista (páginas 240–241)

**Actividad A**

Expresa las frases siguientes en una palabra o frase.

1. programa informativo de televisión o radio _____

2. tipo de construcción de varios pisos en la que vive la gente _____

3. persona que presenta los programas informativos de radio o televisión

   _____

4. periodista que informa desde el lugar de los hechos _____

5. desastre ocasionado por una cantidad excesiva de agua _____

6. desastre natural caracterizado por vientos muy fuertes _____

7. mujer con conocimientos de medicina que ayuda en emergencias _____

## Ampliación del lenguaje

### El género de los nombres

Las palabras **periodista** y **policía** terminan en -a tanto en masculino como en femenino. ¿Qué otros nombres de oficios conoces que terminen en -a aún cuando se refieran a hombres?

**Actividad B**

¿Qué otras palabras relacionadas con situaciones de emergencia conoces?

1. Escribe cinco palabras o frases que describan lo que se puede ver al llegar al lugar de un desastre.

   _____

   _____

2. Escribe cinco frases que dirías si estuvieras ayudando en un desastre.

   _____

   _____

## Videohistoria  (páginas **242–243**)

### Actividad C

⋯⋯⋯⋯⋯⋯⋯⋯⋯⋯⋯⋯⋯⋯⋯⋯⋯⋯⋯⋯⋯⋯⋯⋯⋯⋯⋯⋯⋯⋯

Vuelve a leer la *Videohistoria* que aparece en las páginas 242 y 243 de tu libro de texto. Luego, lee esta historia que escribió Tomás en un mensaje electrónico a un amigo. Completa las oraciones con una palabra aprendida en este capítulo.

Esta mañana estaba con mi amigo Raúl cuando _____ pasar unos camiones

de _____. Fuimos a _____. Los bomberos estaban apagando un

_____ que _____ en una casa. _____, todos se

escaparon. Vimos a seis personas _____ y a los _____ que los

trataban. Una _____ estaba allí entrevistando a un bombero. Estábamos

_____ al ver la casa completamente _____.

### Actividad D

⋯⋯⋯⋯⋯⋯⋯⋯⋯⋯⋯⋯⋯⋯⋯⋯⋯⋯⋯⋯⋯⋯⋯⋯⋯⋯⋯⋯⋯⋯

Hubo un incendio en un edificio de apartamentos. Lee las respuestas de estas personas en una entrevista y escribe quién dijo cada respuesta: un testigo (persona que vio lo que pasó), una víctima o un bombero. Luego, escribe las posibles preguntas.

> **Modelo**  Vi a diez personas heridas.  *Testigo. ¿Hubo heridos o muertos?*

**1.** Ocurrió a las diez de la noche. _____

**2.** Traté de escaparme por las escaleras, pero no podía ver nada por el humo.

_____

**3.** Vamos a investigar, pero creemos que alguien se olvidó de apagar la estufa.

_____

### Actividad E

⋯⋯⋯⋯⋯⋯⋯⋯⋯⋯⋯⋯⋯⋯⋯⋯⋯⋯⋯⋯⋯⋯⋯⋯⋯⋯⋯⋯⋯⋯

Piensa en un incendio que haya ocurrido en tu comunidad o en tu ciudad. En tu cuaderno, resume los hechos, basándote en las siguientes preguntas.

¿Qué fue lo que ocurrió? ¿Dónde y cuándo? ¿Quién llamó a los bomberos? ¿Hubo heridos o muertos? ¿Quién ayudó a los heridos? ¿Cuál fue la causa del incendio?

# Manos a la obra (páginas 244–247)

**Actividad F**

Tienes un vecino que siempre está listo para llamar al número de emergencia. Lee estas oraciones y subraya la palabra adecuada.

1. ¡Vengan rápido! Hay un (incendio, mueble) en la casa de enfrente y hay mucho (huracán, humo). ¡Que vengan los (bomberos, héroes)!

2. ¡Está lloviendo muchísimo! Va a haber una (reportera, inundación) con todas estas (tormentas, asustadas). ¡Tienen que (comenzar, salvarnos)!

3. ¿Ustedes sintieron el (terremoto, noticiero)? ¡Todo se está derrumbando! ¡Me voy a (quemar, morir)!

4. ¡Hubo una (explosión, paramédica) cerca de mi casa! Todas las ventanas están rotas. (Afortunadamente, Sin duda) hay muchas personas (heridas, vivas).

5. Oiga, ¡(grité, rescaté) a una señora hoy! (Subió, Nevó) mucho esta mañana y la señora se cayó delante de mi casa. Fui a ayudarla. ¡Soy todo un (herido, héroe)!

**Actividad G**

Lee los siguientes consejos de seguridad para personas que viven en zonas de terremotos. Luego, indica si son lógicos (L) o no lógicos (N).

1. _____ Asegure los electrodomésticos y los muebles para que no se muevan.

2. _____ Instale barreras en los bordes de los estantes.

3. _____ Coloque los artículos pesados en estantes más altos.

4. _____ Deje las computadoras y los electrodomésticos pequeños sueltos.

5. _____ Asegure las luces del techo a la estructura permanente de su casa.

6. _____ Asegure los calentadores de agua a las ventanas próximas.

7. _____ Cierre las puertas de los escritorios y armarios.

**Actividad H**

Escribe una definición breve de cada una de estas palabras y luego escribe una oración con esa palabra.

**1.** héroe o heroína _____

_____

**2.** huracán _____

_____

**3.** investigar _____

_____

**4.** valiente _____

_____

**5.** gritar _____

_____

**Actividad I**

¿Hay alguien en tu comunidad o en tu grupo de conocidos a quien tú consideras un héroe o una heroína? Escribe una descripción breve de él o ella, basándote en las preguntas siguientes.

¿Quién es? _____

¿Cómo es? _____

_____

¿Qué hizo esta persona? _____

_____

_____

¿Por qué consideras que sus acciones son heroicas? _____

_____

_____

## Gramática

### El imperfecto: otros usos    (página **248**)

El imperfecto también se usa:

Para decir qué hora era o qué tiempo hacía cuando algo sucedió.

> Eran las cinco de la mañana y llovía mucho cuando el accidente ocurrió.

> Hacía mucho viento cuando oí la explosión.

Para describir el estado físico, mental y emocional de una persona o cosa cuando algo pasó.

> Me sentía muy mal y me dolía todo.

> Muchas personas querían ayudar, pero no sabían qué hacer.

Los siguientes verbos se usan en general en el imperfecto para describir estados:

> estar (triste, contento, cansado)
> parecer (cansado, mal)
> pensar
> querer
> sentirse (bien, enfermo)
> tener (calor, frío, hambre, sed, sueño)

*Había* y *hubo* son formas del verbo *haber* y las dos significan *"there was, there were"*.

La forma *había* se usa para describir una situación que existía en el pasado, mientras que *hubo* se usa para decir que un evento ocurrió.

> **Había** mucho humo en el apartamento.

> **Hubo** un terremoto ayer a las seis de la mañana.

---

### ¿Recuerdas?

Has aprendido a usar el imperfecto junto con el pretérito para describir una situación que ya existía cuando pasó algo más.

- Nadie **estaba** en la casa cuando los bomberos **entraron**.

---

### Gramática interactiva

**Identifica formas**
Encierrra en un círculo los verbos en el imperfecto que ves en los ejemplos.

**Reflexiona**
Observa la lista de verbos. Subraya el radical de cada verbo. Luego, escoge dos verbos de la lista y conjúgalos.

---

## Ampliación del lenguaje

**Ortografía** Fíjate en el imperfecto de los verbos *llover, hacer, doler* y *querer*: llovía, hacía, dolía y quería. Recuerda que se debe escribir un acento sobre la *i* para deshacer el diptongo *(ia → í-a)*.

Lee las oraciones a continuación y subraya la forma verbal que esté en el imperfecto.

1. Estela y Aída juegan / jugaban / jugarán cuando empezó a llover.

2. Mis hermanos y yo íbamos / fuimos / iremos a ayudar a las víctimas de la inundación.

3. Verónica y Mónica comían / comieron / comen mientras veían el noticiero.

4. Los bomberos trabajaron / trabajaban / trabajarán en el edificio de apartamentos.

5. La escalera de incendios estuvo / estaba / estará destruida después de la explosión.

**Actividad K**

Teniendo en cuenta lo que has aprendido sobre el imperfecto, completa el siguiente párrafo con las formas verbales correctas para saber cómo era la vida de esta persona de niño.

Cuando yo _____ *(ser)* niño, yo _____ *(vivir)* con mi familia. En nuestra casa no _____ *(haber)* un patio. Yo _____ *(tener)* una amiga que _____ *(llamarse)* Amelia. La familia de Amelia _____ *(vivir)* cerca de nosotros. Ella _____ *(asistir)* a la misma escuela que yo, así que nosotros _____ *(verse)* todos los días. Nosotros _____ *(pasar)* mucho tiempo juntos. A veces, mis hermanos _____ *(jugar)* con nosotros. Pero nosotros _____ *(preferir)* estar solos. Extraño a Amelia.

**Actividad L**

El Pico de Orizaba, con 5,675 metros de altura, es la montaña más alta de México. Lee el texto siguiente sobre una excursión a esta montaña. Subraya los verbos en imperfecto.

Aquélla iba a ser una excursión inolvidable. Paco alquiló una casita en el pueblo de Tlalchichuca. Desde la ventana de la sala se veía el Pico de Orizaba. Todo era perfecto. Eran las diez de la mañana y acabábamos de llegar a Tlalchichuca. Esperábamos un fin de semana soleado, pero el cielo estaba nublado y hacía viento. Nuestro plan era subir hasta el albergue de Piedra Grande a mediodía. Pero ahora, no sabíamos qué hacer. Todos pensábamos que era peligroso subir a la montaña con mal tiempo. Algunos de nosotros queríamos subir hasta el albergue, pero otros preferían esperar. Discutimos durante más de una hora. No lográbamos ponernos de acuerdo. Por la tarde empezó a nevar, nevaba cada vez más. Nosotros estábamos en la casa, mirábamos la nieve caer y nos sentíamos desanimados. La chimenea estaba encendida, pero aún así teníamos frío. Eran sólo las cuatro de la tarde, pero todo estaba oscuro. La nevada ya era una verdadera tormenta de nieve...

## Gramática

### El pretérito de los verbos *oír, leer, creer* y *destruir*   (página 250)

En el pretérito del verbo *oír*, la *i* cambia a *y* en las formas de *Ud.* / *él* / *ella* y *Uds.* / *ellos* / *ellas*. También hay un acento ortográfico sobre la vocal *i* en todas las formas.

Éstas son las formas del presente y del pretérito para el verbo *oír*.

| Presente | | Pretérito | |
|---|---|---|---|
| oigo | oímos | oí | oímos |
| oyes | oís | oíste | oísteis |
| oye | oyen | oyó | oyeron |

Los verbos *creer* y *leer* siguen el mismo patrón en el pretérito.

| creer | | leer | |
|---|---|---|---|
| creí | creímos | leí | leímos |
| creíste | creísteis | leíste | leísteis |
| creyó | creyeron | leyó | leyeron |

—¿**Leíste** el artículo sobre el incendio en el periódico?
—No, **oí** el noticiero en la televisión.

- El verbo *destruir* se conjuga en el pretérito como los verbos *oír, creer* y *leer*, pero con este verbo las formas de *tú, nosotros* y *vosotros* no llevan acento gráfico.

¿**Destruiste** la carta que mandó Raúl?
El incendio **destruyó** todos los muebles de la casa.

### Gramática interactiva

**Identifica formas**
Encierra en un círculo los cambios de *i* a *y* en los verbos de las tablas.

**Reflexiona**
Observa la nota al final de la explicación y conjuga el verbo *destruir* en el pretérito.

_____

_____

_____

_____

_____

### ¿Recuerdas?

Ya debes conocer la expresión *¡Oye!* que se usa para llamar la atención de alguien. *Oye* es la forma del mandato afirmativo *tú* del verbo *oír.* Éste se forma en el presente del verbo *oír,* en las formas de *Ud.* / *él* / *ella.*

**Actividad M**

Completa este párrafo con la opción correcta del verbo *oír* o *leer* en el pretérito.

Raúl dice que anoche él _____ en el noticiero que hubo un incendio en el

edificio de apartamentos de uno de sus amigos. El reportero _____ una lista de

las víctimas, pero ni Raúl ni sus hermanos _____ el nombre de su amigo. Al

día siguiente, yo _____ por la radio que el amigo de Raúl estaba en el hospital.

Entonces, llamé por teléfono a Raúl y le dije: "Raúl, ¿ya _____ lo que dijeron

en la radio? ¿_____ el periódico?" Raúl me dijo: "Sí, mis hermanos y yo

_____ el artículo sobre el incendio esta mañana. Menos mal que a nuestro

amigo no le pasó nada grave".

**Actividad N**

Contesta estas preguntas con oraciones completas según tu experiencia personal.

1. ¿Cuál fue el último desastre natural sobre el que leíste algo? ¿Dónde ocurrió?

   _____

   _____

2. ¿Cuándo fue la última vez que tú y tus amigos oyeron hablar de terremotos en el noticiero? ¿Qué destruyó el terremoto sobre el que oyeron hablar?

   _____

   _____

3. ¿Qué es lo más interesante que oíste la última vez que escuchaste las noticias?

   _____

   _____

4. ¿Hubo algún desastre natural recientemente en un país que tú conoces? ¿Qué pasó?

   _____

   _____

# Lectura cultural (página 245)

Actividad
Ñ

Basándote en lo que has leído sobre los bomberos voluntarios en la página 245 de tu libro de texto y la información que sigue, responde a las preguntas de abajo.

---

## Requisitos para ser bombero voluntario

El departamento de voluntarios representa una preparación excelente para los futuros bomberos. Es una oportunidad única para familiarizarse con el servicio de bomberos y obtener una valiosa experiencia. Además de ofrecerse como voluntario para llegar a ser bombero en su comunidad, recuerde que también puede ser voluntario en su lugar de trabajo. Para ser bombero voluntario se deben cumplir lo siguiente:

- Cumplir los requisitos necesarios para ser miembro activo;
- Pasar los cursos de formación (entrenamiento) y el período de pruebas necesarios;
- Estar dispuesto a cumplir el entrenamiento continuo y a obedecer las reglas y normas del cuerpo de bomberos.

Visite su centro local de bomberos para obtener información en su comunidad.

---

1. ¿Por qué es bueno pertenecer al departamento de voluntarios?

   _____

   _____

2. Según la lectura, ¿en qué lugares puede servir de bombero voluntario una persona?

   _____

3. De los requisitos enumerados, ¿cuál crees que es más importante? Explica por qué.

   _____

   _____

4. ¿Qué cualidades crees que debe tener un bombero voluntario?

   _____

   _____

## Conexiones    La geografía (página 254)

¿Sabías que el término *huracán* tiene su origen en el nombre que los caribes daban al dios
de las tormentas? Hay muchas otras palabras indígenas que usamos en el lenguaje común.
Piensa en por lo menos una palabra para cada uno de los siguientes temas: comida, ropa y
animales.

## El español en la comunidad

(página 255)

Muchas veces cuando ocurren desastres naturales en los países hispanohablantes, la
población hispana de Estados Unidos se une para enviar ayuda, en forma de dinero, ropa,
medicamentos y comida.

¿Alguna vez los alumnos de tu escuela han organizado algo para ayudar a personas
después de un desastre natural? En caso de una respuesta afirmativa explica cómo fue.
Si nunca ha ocurrido, ¿te gustaría ayudar a las personas de otros países en caso de una
situación de emergencia? ¿Qué tipo de ayuda piensas que podrían brindar los alumnos
de tu escuela? Organiza tus ideas en la gráfica. Luego escribe en tu cuaderno un párrafo
para explicar brevemente tus ideas.

# ¡Adelante! (páginas 256–257)

## Lectura 1

Lee la siguiente noticia sobre un desastre en Chile. Si hay alguna palabra que no recuerdas, consulta las glosas del artículo en las páginas 256 y 257 de tu libro de texto.

### Lectura interactiva

**Usa conocimientos previos**
Observa el título y el subtítulo. Predice tres consecuencias de los terremotos.

**Verifica la lectura**
Después de leer, subraya las frases que indican las consecuencias. ¿Tus predicciones fueron acertadas?

## Ampliación del lenguaje

**Sinónimos**

En la lectura aparecen las palabras *terremoto* y *sismo*. Estas palabras son sinónimos. ¿Conoces otro sinónimo de estas palabras? Está relacionado con la palabra *temblar*.

### Desastre en Valdivia, Chile

Tres desastres: Dos terremotos y después un tsunami

VALDIVIA, Chile — A las seis y dos minutos de la mañana, el 21 de mayo de 1960, una gran parte del país sintió el primer terremoto. El próximo día, el 22 de mayo a las tres y diez de la tarde, otro terremoto más intenso, con epicentro cerca de la ciudad de Valdivia, ocurrió. El segundo y más famoso de los terremotos registró un récord de 9.5 en la Escala Richter. Simplemente fue el terremoto de más intensidad jamás registrado.

- Aproximadamente 2,000 personas murieron (de 4,000 a 5,000 en toda la región); 3,000 resultaron heridas y 2,000,000 perdieron sus hogares.
- Los ríos cambiaron su curso. Nuevos lagos nacieron. Las montañas se movieron. La geografía cambió visiblemente.

Unos minutos después del desastroso terremoto, llegó un tsunami que destruyó lo poco que quedaba en la ciudad y en las pequeñas comunidades. La gran ola de agua se levantó destruyendo a su paso casas, animales, puentes, botes y, por supuesto, muchas vidas humanas. Algunos barcos fueron a quedar a kilómetros del mar, río arriba. Como consecuencia del sismo, se originaron tsunamis que llegaron a las costas de Japón, Hawai, las Islas Filipinas y la costa oeste de los Estados Unidos.

Un tsunami es una ola o serie de olas de agua producida después de ser empujada violentamente. Los terremotos pueden causar tsunamis. Estos tsunamis ocurren de 10 a 20 minutos después del terremoto. Los terremotos locales producen los tsunamis más devastadores porque no hay tiempo suficiente para evacuar la zona.

Capítulo
5A

Nombre _____ Fecha _____

## Actividad Q

En el artículo has leído que en Valdivia se produjeron dos desastres naturales, uno a continuación del otro. ¿Cómo definirías con tus propias palabras en qué consisten estos dos tipos de desastre?

**1.** Un terremoto es _____

_____

**2.** Un tsunami es _____

_____

## Actividad R

Piensa en las consecuencias del desastre de Valdivia que se mencionan en el texto y en cuáles serían las necesidades más inmediatas de los habitantes de la ciudad después del desastre. ¿Cuáles podrían ser las tareas principales de los siguientes grupos de personas?

**1.** médicos y paramédicos _____

_____

**2.** bomberos _____

_____

**3.** policías _____

_____

**4.** los grupos de voluntarios _____

_____

## Actividad S

¿Ha ocurrido alguna vez un desastre natural en tu comunidad? Si no tienes esta experiencia, usa tu imaginación y todo lo que sabes sobre estos fenómenos para escribir en tu cuaderno un pequeño artículo periodístico sobre ello.

Puedes usar como modelo el artículo sobre el terremoto en Chile. Recuerda indicar claramente el lugar y la hora, así como algunas de las consecuencias. Procura que tu información sea clara y precisa.

## Lectura 2

**Actividad T**

Además de saber qué hacer durante un terremoto, también es importante saber qué hacer antes y después. Antes de leer el texto siguiente, dale una ojeada rápida y anota en tu cuaderno los cognados que encuentres y su significado. Si tienes dudas, puedes consultar un diccionario. Luego, lee el texto.

### Lectura interactiva

**Identifica raíces de cognados**

La palabra *seguro* es cognado de *secure* en inglés. La raíz *segur-* se utiliza para formar varias palabras. Encierra en un círculo las palabras que tienen esa raíz en la lectura.

**Identifica mayúsculas**

Busca en esta lectura las siguientes palabras: *Tierra*, *Falla de San Andrés*, *California, Preparar*. Explica en las líneas siguientes por qué empiezan cada una con mayúscula.

Tierra

_____

Falla de San Andrés

_____

California

_____

Preparar

_____

## Vivir en zonas de terremotos

Un terremoto es una sacudida de la superficie de la Tierra provocada por fuerzas que actúan en su interior. Los terremotos suelen producirse en los bordes de las placas tectónicas. Éstas son pedazos enormes de la capa exterior de la Tierra que se desplazan sobre la masa de piedras y minerales que hay en su interior. El lugar donde se unen dos placas tectónicas se llama *falla*. Una de las fallas principales es la Falla de San Andrés, que atraviesa California. Los habitantes de esta región deben estar siempre preparados para enfrentarse a situaciones de emergencia causadas por terremotos.

### ¿Qué debes hacer antes de un terremoto?

1. Preparar suministros de emergencia.

2. Estudiar la casa y saber qué lugares son seguros y cuáles peligrosos.

3. Verificar la estabilidad de los cimientos, paredes y techos.

4. Saber cómo desconectar el gas, el agua y la electricidad.

5. Asegurar a la pared los electrodomésticos y muebles altos y pesados.

6. Guardar los objetos frágiles y pesados en armarios asegurados a la pared o en estantes inferiores.

7. Preparar un plan de emergencia familiar que incluya cómo evacuar (salir de) la casa si es necesario y decidir dónde encontrarse si están separados cuando se produce el terremoto.

**Actividad U**

Di si las afirmaciones siguientes son verdaderas o falsas escribiendo *V* o *F* junto a ellas.

1. Los terremotos se producen con más frecuencia en unas zonas que en otras. _____

2. Al no poder predecir un terremoto, no podemos prepararnos para él. _____

3. En caso de terremoto, debemos saber cómo desconectar el agua, el gas y la electricidad. _____

## Ampliación del lenguaje

**El prefijo *des-*** Fíjate en la palabra *desconectar*. Significa lo contrario de *conectar*. El prefijo *des-* quiere decir "no". Forma el contrario de las siguiente palabras.

hacer _____    obedecer _____    ayunar _____

**Actividad V**

Escribe en tu cuaderno uno de los consejos para prepararse para un terremoto que pueda ser útil en otro tipo de desastre y otro que sólo sea útil para hacer frente a un terremoto. Explica por qué son o no son útiles.

**Actividad W**

¿Cómo te prepararías tú para una situación de emergencia? Para organizar tus ideas sobre esto, haz las actividades siguientes.

1. ¿Qué entiendes por *plan de emergencia familiar*?

   _____

   _____

2. Averigua qué tipo de desastre es más posible que ocurra en donde tú vives. Habla con un miembro de tu familia y juntos preparen un plan de emergencia familiar.

   • Entérense de cómo se dan las señales en alarma en su comunidad.
   • Decidan qué hacer en caso de una evacuación y elijan un lugar de reunión.
   • Sepan dónde está el refugio más cercano a su casa, escuela y lugar de trabajo.
   • Conozcan su vivienda, los lugares seguros y peligrosos y las vías de salida.
   • Aprendan cómo desconectar la electricidad, el gas y el agua.

   Escribe en tu cuaderno un párrafo para describir tu plan y léelo ante la clase.

# La cultura en vivo (página 258)

En este capítulo se explica cómo el ser humano creó leyendas para dar explicaciones a diferentes aspectos de la naturaleza. En la página 258, también has leído una explicación de la leyenda de los dos volcanes chilenos Parinacota y Pemerape. En México existe una leyenda similar muy popular, la leyenda sobre Popocatépetl e Iztaccíhuatl. Aquí te presentamos esta leyenda, léela y después responde a las preguntas a continuación.

## Leyenda de Popocatépetl e Iztaccíhuatl

Dice la leyenda que un día empezó una guerra muy cruel entre los aztecas y tlaxcaltecas. Los pueblos eran obligados, no sólo a pagar impuestos, sino también a ofrecer a sus hombres y sus riquezas al supremo emperador azteca. Algunos pueblos del valle de México y de otros lugares vecinos, entre estos los tlaxcaltecas, estaban cansados de esta situación. Por esta razón el cacique de Tlaxcala decidió liberar a su pueblo de las manos del opresor.

Dentro de esta historia de guerra, también surgió una increíble historia de amor. Un valiente guerrero llamado Popocatépetl estaba enamorado de Iztaccíhuatl, una hermosa joven, hija del cacique de Tlaxcala. Antes de salir a la batalla, Popocatépetl pidió la mano de la princesa a su padre. El cacique le prometió a su hija, si a su regreso traía la victoria para su pueblo. Pasado un tiempo, Popocatépetl regresó triunfante y feliz con la idea de casarse con Iztaccíhuatl.

Toda la alegría de Popocatépetl se convirtió en una profunda tristeza cuando se enteró de que la bella Iztaccíhuatl había muerto durante su ausencia. Entonces, tomó a su amada entre sus brazos y la llevó hasta lo alto de una montaña, que casi tocaba el cielo. Allí se arrodilló a su lado y lloró largamente.

Se dice que la nieve empezó a caer sobre sus cuerpos, cubriéndolos hasta formar los dos gigantescos volcanes que hoy conocemos como Popocatépetl e Iztaccíhuatl y que se encuentran en el valle de México.

Compara esta leyenda con la de Parinacota y Pomerape que aparece en la página 258 de tu libro de texto. Explica en tu cuaderno la principal diferencia entre estas dos leyendas. Usa frases completas.

Las culturas hispanohablantes tienen una riqueza abundante de leyendas que generalmente se transmiten de manera oral, de una generación a otra. Escribe en tu cuaderno una leyenda que hayan te hayan contado tus familiares. Escribe la leyenda en tres párrafos, siguiendo la estructura de un texto: introducción, desarrollo y desenlace. Usa verbos que estén en imperfecto y pretérito.

# Presentación oral (página 259)

## Y ahora, un reportaje especial...

**Tarea**

Eres el (la) locutor(a) de un noticiero de una estación de televisión local y estás preparando un reportaje especial acerca de un incendio que ha ocurrido en la ciudad. Tu compañero(a) es un reportero(a) que está en la zona del desastre. Tú lo (la) vas a entrevistar para saber qué pasó.

1. **Preparación**

   Con un(a) compañero(a) vas a representar la conversación. Prepárate para los dos papeles. Puedes prepararte así:

   **Locutor(a):** Haz una lista de preguntas para el (la) reportero(a). Piensa en preguntas como "quién", "qué", "cuándo", "dónde" y "por qué". También puedes preguntar cuántas personas resultaron heridas o muertas; cuál fue la actuación de los servicios de emergencia; y los cuidados médicos que necesitaron las personas heridas o afectadas por el incendio. Puedes preguntar si el incendio ya ha sido controlado y no va a afectar a otras áreas.

   **Reportero(a):** Prepárate para dar la información desde el lugar del incendio. Piensa en la información que vas a dar,

   **Estrategia**

   **Usar notas para hablar** Cuando se está haciendo una entrevista o informando desde el lugar de la noticia, es importante tener organizadas las ideas por medio de preguntas importantes o tener notas para proporcionar respuestas precisas.

   basándote en las preguntas del (de la) locutor(a) del noticiero. Ten en cuenta que esta va a ser una transmisión en directo y que tienes poco tiempo para dar tu información, por lo cual ésta debe ser muy precisa y clara.

2. **Práctica**

   Trabajen en grupos de cuatro donde haya dos reporteros(as) y dos locutores(as). Trabajen juntos para practicar diferentes preguntas y diferentes respuestas. Así es cómo deben comenzar el reportaje:

   **Locutor(a):** *Buenos días, Juan. ¿Qué pasó?*

   **Reportero(a):** *Hubo un incendio muy grande en un edificio de apartamentos. Cinco personas se murieron y había más de diez heridos.*

   Continúa la conversación haciendo uso de tus notas. Asegúrate de hablar claro y de hacer que tu entrevista sea lo más natural posible.

3. **Presentación**

   Tu profesor(a) formará las parejas y asignará los papeles. El (la) presentador(a) del noticiero noticias empieza la conversación. Escucha las preguntas o respuestas de tu compañero(a) y sigue adelante con tu reporte.

4. **Evaluación**

   Quizá tu profesor(a) te dé los criterios de cómo va a ser evaluada tu presentación. Probablemente, tu presentación será evaluada teniendo en cuenta:

   - lo completa que es tu presentación.
   - lo bien que te entendieron.
   - la habilidad con que manejas la conversación.

# Repaso del capítulo (página 262)

## Vocabulario y gramática

**Para preparar el examen, revisa si...**
- conoces el vocabulario nuevo y la gramática.
- puedes realizar las tareas de la página 189.

### para hablar acerca de desastres naturales y condiciones atmosféricas extremas

| | |
|---|---|
| el huracán | hurricane |
| *pl.* los huracanes | |
| la inundación | flood |
| *pl.* las inundaciones | |
| llover (o ⟶ ue) | to rain |
| la lluvia | rain |
| nevar (e ⟶ ie) | to snow |
| el terremoto | earthquake |
| la tormenta | storm |

### para hablar acerca de las noticias

| | |
|---|---|
| el artículo | article |
| investigar | to investigate |
| el locutor, la locutora | announcer |
| el noticiero | newscast |
| ocurrir | to occur |
| el reportero, la reportera | reporter |
| tratar de | to try to |

### para hablar acerca de incendios

| | |
|---|---|
| apagar | to put out (fire) |
| bajar | to go down |
| el bombero, la bombera | firefighter |
| comenzar (e ⟶ ie) | to start |
| destruir (i ⟶ y) | to destroy |
| dormido, -a | asleep |
| el edificio de apartamentos | apartment building |
| la escalera | ladder |
| escaparse | to escape |
| esconder(se) | to hide (oneself) |
| la explosión | explosion |
| *pl.* las explosiones | |
| el humo | smoke |
| el incendio | fire |
| los muebles | furniture |
| muerto, -a | dead |
| el paramédico, la paramédica | paramedic |
| quemar(se) | to burn (oneself), to burn up |
| se murieron | they died |
| subir | to go up |

### para hablar acerca de rescates

| | |
|---|---|
| herido, -a | injured |
| el herido, la herida | injured person |
| el héroe | hero |
| la heroína | heroine |
| rescatar | to rescue |
| salvar | to save |
| valiente | brave |
| la vida | life |
| vivo, -a | living, alive |

### para contar una historia

| | |
|---|---|
| a causa de | because of |
| afortunadamente | fortunately |
| asustado, -a | frightened |
| la causa | cause |
| de prisa | in a hurry |
| de repente | suddenly |
| gritar | to scream |
| hubo | there was |
| llamar (por teléfono) | to call (on the phone) |
| oír | to hear |
| sin duda | without a doubt |
| ¡Socorro! | Help! |

### presente de oír

| | |
|---|---|
| oigo | oímos |
| oyes | oís |
| oye | oyen |

### pretérito de *leer*

| | |
|---|---|
| leí | leímos |
| leíste | leísteis |
| leyó | leyeron |

### pretérito de *oír*

| | |
|---|---|
| oí | oímos |
| oíste | oísteis |
| oyó | oyeron |

### pretérito de *destruir*

| | |
|---|---|
| destruí | destruimos |
| destruiste | destruisteis |
| destruyó | destruyeron |

### pretérito de *creer*

| | |
|---|---|
| creí | creímos |
| creíste | creísteis |
| creyó | creyeron |

### ● Más práctica

Practice Workbook
Puzzle 5A-8
Practice Workbook
Organizer 5A-9

# Preparación para el examen (página 263)

| En el examen vas a... | Éstas son las tareas que te pueden ser útiles para el examen... | Si necesitas repasar... |
|---|---|---|

 **1 Escuchar** Escuchar y entender a alguien que habla de su experiencia durante un evento trágico.

Escucha a un presentador de un programa de entrevistas mientras habla con una mujer que recientemente escapó de una situación peligrosa. Intenta entender: (a) lo que pasó; (b) la hora a la que pasó; (c) lo que estaba haciendo ella a esa hora; (d) a quién consideró la mujer como el héroe del día.

**págs. 240–243** *A primera vista*
**pág. 244** Actividad 5
**pág. 250** Actividad 15

---

 **2 Hablar** Hablar y describir cómo eran las cosas en momentos determinados del día.

Como parte del proyecto de servicio comunitario de tu escuela, visitas a un anciano que vive en una residencia con asistencia. El señor es de México y habla poco inglés, pero disfruta al escucharte hablar sobre lo que haces durante el día. Cuéntale qué tiempo hacía cuando te despertaste, cómo te sentiste y a qué hora te fuiste para la escuela.

**pág. 248** Actividad 12
**pág. 249** Actividades 13–14

---

 **3 Leer** Leer y entender los titulares del periódico.

Aunque no puedas entender todo un artículo del periódico en español, te puedes hacer una idea de sobre qué trata al leer los titulares. Lee el siguiente titular e intenta determinar si se refiere a: (a) un incendio, (b) una inundación o (c) una explosión.

Los bomberos salvaron a 200 personas anoche; más de 100 casas dañadas por el agua.

**pág. 241** *A primera vista*
**pág. 244** Actividad 4
**pág. 245** Actividad 6
**pág. 252** Actividad 18
**págs. 256–257** *Lectura*

---

 **4 Escribir** Escribir sobre una "película sobre una catástrofe".

Escribe varias oraciones sobre la "película sobre una catástrofe" que más te gustó o sobre la que menos te gustó. Menciona el tipo de catástrofe, el lugar donde ocurrió, lo que las personas estaban haciendo antes de que ocurriera esta catástrofe y otros detalles que ayuden a tus compañeros a adivinar de qué película estás hablando.

**pág. 246** Actividad 9
**pág. 247** Actividad 11
**pág. 250** Actividad 15
**pág. 253** Actividad 21

---

   **5 Pensar** Demostrar un conocimiento sobre los nombres de los volcanes y sobre las leyendas relacionadas con ellos.

Una amiga tuya va a ir a Chile a hacer turismo. Mientras está allá quiere visitar los volcanes Parinacota y Pomerape. ¿Qué le puedes contar sobre la leyenda de estos volcanes? ¿Conoces alguna leyenda sobre algún lugar de tu comunidad?

**pág. 258** *La cultura en vivo*

Web Code
jdd-0508

# A ver si recuerdas... (páginas 264–265)

Todo el mundo sufre accidentes. Piensa en los que tú o tus familiares o amigos(as) han sufrido que requirieron una visita a la sala de emergencia de un hospital. Escribe una breve descripción de un accidente usando las palabras de la lista y otras que sabes.

| | | |
|---|---|---|
| caerse | el brazo | las puntadas |
| cortarse | las muletas | la radiografía |
| quemarse | la muñeca | la receta |
| romperse | la pierna | la venda |
| | la rodilla | el yeso |

_____

_____

_____

_____

_____

**Fondo cultural** ■◆■◇■◆■◇■◆ (página 264)

**Diego Rivera** es uno de los mejores pintores mexicanos del siglo XX. Nació en Guanajuato, una ciudad del centro de México, y siendo niño se mudó con su familia a la Ciudad de México. Después viajó a España y a París, en donde recibió la influencia de grandes maestros de la pintura de ese tiempo. Tanto en México como en otros países, como los Estados Unidos, Rivera pintó muchos murales de temas sociales. Entre ellos está el mural titulado *La medicina antigua y la moderna,* en donde llaman la atención los rostros de la gente que está por recibir atención médica.

1. ¿Alguna vez has tenido que ir a un hospital a recibir servicios de emergencia? ¿Qué pasó?

   _____

   _____

2. ¿Tuviste que esperar para ser atendido? Si es así, ¿cómo te sentías mientras esperabas?

   _____

   _____

# Un accidente

## Conexión geográfica

Estos países tienen una conexión con el tema de este capítulo. Identifica las capitales que faltan y ubícalas en el mapa. Verifica tus respuestas en los mapas de las páginas xxiii y xxv de tu libro de texto.

| | |
|---|---|
| Argentina | Buenos Aires |
| Bolivia | _____ |
| Chile | Santiago |
| Colombia | _____ |
| Ecuador | _____ |

Web Code
jde-0002

# A primera vista (páginas 266–267)

**Actividad A**

Fíjate en la tabla siguiente. Complétala con por lo menos cinco palabras y expresiones aprendidas en este capítulo y luego completa las tres frases que siguen.

| Partes del cuerpo que me pueden doler | Cosas que puede hacer el doctor |
|---|---|
| el cuello | examinar |
|  |  |

A veces me duele _____.

Cuando me corto el dedo, mi mamá o mi papá _____.

La última vez que fui a ver al doctor, él (ella) _____.

**Actividad B**

Observa los dibujos y contesta las siguientes preguntas en tu cuaderno.

1. ¿Qué se rompió Carlos? ¿Qué le puso la doctora? ¿Dónde está él ahora? ¿Qué necesita para poder caminar?

2. ¿Qué le duele a Estefanía? ¿A dónde crees que van a llevarla? ¿Qué medio de transporte van a usar? ¿Qué es lo primero que van a hacerle? ¿Para qué?

3. ¿Dónde está Sofía? ¿Qué se lastimó Sofía? ¿Qué crees que le pasó? ¿Por qué? ¿Qué crees que va a hacerle el médico?

## Videohistoria    (páginas **268–269**)

**Actividad C**

Completa las frases para obtener un resumen de la *Videohistoria*. Luego, ordena los eventos de la *Videohistoria* poniéndole el número correcto a cada cuadro.

_____ En la sala de emergencia, le _____ una silla de ruedas, le dieron puntadas

y le dijeron que no tenía el brazo _____.

_____ Raúl tropezó con algo y _____ el tobillo. _____ al suelo.

_____ A la vez, él _____ con la mesa y _____ el brazo.

_____ Su mamá y su papá le _____ una venda y lo _____ al hospital.

**Actividad D**

La mamá de Raúl está contándole a una amiga lo que pasó. Completa estas frases desde el punto de vista de la mamá.

¿Sabes lo que nos _____ anoche? Eran un poco después de las tres de la mañana cuando

me despertó un ruido. Me levanté, abrí la puerta y allí estaba Raúl, con sangre en la

_____ y caminando despacito. Parece que _____ el brazo y también se _____

el tobillo. Yo le _____ una _____ en la muñeca y lo llevamos al hospital. Le dieron

cinco _____ pero afortunadamente él no tenía _____ el brazo. Pobrecito, ¿no?

---

## Ampliación del lenguaje

### Diminutivos

La terminación *-ito(s), -ita(s)* se emplea para formar un diminutivo, es decir, una palabra que se refiere a algo pequeño: carro ⟶ carrito. A veces, los diminutivos se usan con un significado de cariño, en estos casos, no se refieren al tamaño. Un ejemplo de este uso es la palabra *pobrecito* del título de la *Videohistoria*.

Escribe los diminutivos de las siguientes palabras. Luego, haz una *X* al lado de aquellas que tengan un significado de cariño.

casa _____        pastillas _____

cielo _____        puntada _____

# Manos a la obra (páginas 270–273)

Mira los grupos de palabras a continuación. Después, incluye por lo menos dos palabras más para cada categoría.

**1.** El cuerpo: el codo, la muñeca, el brazo, _____, _____,

_____

**2.** Acciones: tropezar, caerse, romperse, _____, _____,

_____

**3.** Lugares y personas relacionadas con los accidentes: la ambulancia, el hospital, los

paramédicos, _____, _____, _____

**4.** Tratamientos: radiografía, yeso, inyección, _____, _____,

_____

Imagina que te sientes mal y vas a ver al médico. Completa este ejemplo de un cuestionario médico.

---

**CLÍNICA SUÁREZ**

Nombre y apellido _____

Dirección _____ Teléfono _____

¿Es su primera visita a esta clínica? _____

Razón por la visita _____

¿Cuántas veces a la semana hace ejercicio? _____ ¿Cuántas horas duerme en general? _____

¿Toma vitaminas o medicinas? _____ ¿Cuáles? _____

Enfermedades que ha tenido _____

Alergias (si las tiene) _____

Marque con una X si ha tenido cualquiera de los siguientes:

Dolor de cabeza ____          Gripe o fiebre ____          Otros problemas de la salud

Dolor de estómago ____          Problemas con la vista ____

Dolor de espalda ____          Problemas con el oído ____          _____

Hueso roto ____          Mareo o desmayo ____

---

Imagina que estás trabajando como enfermero(a) en la enfermería de tu escuela. Aquí tienes algunas quejas de varios estudiantes. Escribe lo que dices a cada uno. Puedes utilizar el vocabulario adicional.

> **ARTURO:** Me corté la mano. Mire cómo sangra. ¿Qué hago?
>
> **SERGIO:** Tengo la cabeza muy caliente pero no tengo calor. No sé qué me pasa…. Uy, ahora de repente tengo un poco de frío…
>
> **LUMI:** Estaba trabajando en el laboratorio y me torcí el tobillo. ¡Qué dolor!

> ### Más vocabulario
>
> **escalofríos**  *temblar y sentir frío y calor al mismo tiempo*
>
> **fiebre**  *tener el cuerpo más caliente de lo normal*
>
> **tomar la temperatura**  *medir el calor del cuerpo*
>
> **mareado(a)**  *sentir que todo se mueve a nuestro alrededor*
>
> **herida**  *una parte del cuerpo lastimada*

**LE DICES:**

**1.** A Arturo: _____

**2.** A Sergio: _____

**3.** A Lumi: _____

Lee esta nota del diario de Ana. Después, completa la historia. Incluye por lo menos cuatro oraciones más y utiliza el vocabulario de este capítulo siempre que puedas. Explica qué les pasó al final a Ana, a Pucho y a Lucinda. ¡Usa tu imaginación!

> Ayer fue un día terrible. Después de pasar todo el día en clase, aburridísima, regresé a casa y encontré a mi gata, Lucinda, gritando de dolor. Intenté calmarla, pero cuando la tocaba, gritaba más. Me puse nerviosísima, no sabía qué hacer, así que llamé a la veterinaria. Ella me dijo: "Ana, pon a Lucinda en una caja con mucho cuidado y tráela a mi consultorio inmediatamente." Cuando iba a poner a Lucinda en la caja, tropecé con Pucho, mi perro, y me caí de espaldas, con tan mala suerte que di con la cabeza en una mesa y empecé a sangrar. Menos mal que entonces…

_____

_____

_____

_____

_____

## Gramática

### Pretéritos irregulares: *venir, poner, decir* y *traer*    (página **274**)

**Gramática interactiva**

**Identifica formas**
Observa la conjugación del verbo *poner* en la tabla. Encierra en un círculo el cambio en el radical de *o* a *u*. Luego subraya las terminaciones.

**Reflexiona**
Basándote en los modelos de la tabla, escribe la forma de *él / ella* en el pretérito.

retener    *retuvo*

componer    _____

convenir    _____

maldecir    _____

contraer    _____

detener    _____

Los verbos *venir, poner, decir* y *traer* siguen un patrón similar al de *estar, poder* y *tener* en el pretérito. Todos estos verbos tienen radicales irregulares y requieren las mismas terminaciones sin acentuación.

| Infinitivo | Radical |
|---|---|
| decir | dij- |
| estar | estuv- |
| poder | pud- |
| poner | pus- |
| tener | tuv- |
| traer | traj- |
| venir | vin- |

| Terminaciones de los pretéritos irregulares | |
|---|---|
| -e | -imos |
| -iste | -isteis |
| -o | -ieron / -eron |

| puse | pusimos |
|---|---|
| pusiste | pusisteis |
| puso | pusieron |

Observa que los verbos como *decir* y *traer*, cuyo radical irregular termina en *j*, pierden la *i* en la tercera persona del plural *(Uds. / ellos / ellas)* y se les añade simplemente *-eron*.

Me **trajeron** una silla de ruedas y me **dijeron** que no debía caminar.

**Actividad 1**

Completa las oraciones siguientes conjugando los verbos en la forma del pretérito correspondiente.

**1.** Yo _____ *(poner)* una venda.

**2.** Él _____ *(decir)* que le dolía la rodilla.

**3.** Elsa _____ *(contradecir)* al médico.

**4.** Nosotros _____ *(traer)* las medicinas.

**5.** Tú _____ *(reponer)* las pastillas.

**6.** Vosotros _____ *(tener)* fiebre.

**7.** Mis amigos _____ *(estar)* enfermos.

**Actividad J**

El médico del Hospital de la Cruz le ha dejado una nota a su enfermera, pero faltan algunos verbos en el pretérito. Completa la nota para que la enfermera pueda leerla.

Enfermera Rodríguez:

Ayer, el doctor Ramos y yo _____ *(estar)* en una conferencia para cirujanos.

Después, nosotros _____ *(traer)* algunos documentos al hospital, pero

_____ *(olvidar)* nuestras tarjetas de identidad en el salón de conferencias.

Cuando yo _____ *(llamar)* por teléfono al salón, uno de los organizadores me

_____ *(decir)*: "No se preocupe, doctor. Sus tarjetas están aquí. Yo las

_____ *(poner)* en la recepción". Cuando el Dr. Ramos _____ *(ir)*

a recoger las tarjetas, ¡la recepcionista no _____ *(poder)* encontrarlas!

Ella _____ *(tener)* que hacer unas llamadas. Resulta que unos señores

_____ *(venir)* al hospital y _____ *(dejar)* un sobre para mí.

Por favor, busque el sobre y comuníquese conmigo lo antes posible.

Muchas gracias por su ayuda,

Dr. Malvo

**Actividad K**

Aquí tienes las notas del día de Paco y Mario, unos paramédicos de El Paso, Texas. Ayúdales a escribir de forma adecuada lo que hicieron antes de entregarle el informe a su jefe.

*Hoy Paco y Mario vinieron…* _____

_____

_____

_____

_____

_____

> **Notas del día**   2 de julio, 2004
> — Venir al hospital a las 7 a.m.
> — Poner las camillas en la ambulancia
> — Conducir la ambulancia al lugar del accidente
> — Traer a los pacientes al hospital
> — Decirle a la enfermera la información sobre las víctimas
> — Poner el informe diario sobre el escritorio del jefe

# Gramática

(página 277)

## El imperfecto progresivo y el pretérito

El imperfecto progresivo o continuo se usa para describir algo que ocurría en el pasado. Para formarlo se usa el imperfecto del verbo *estar* + gerundio.

Estaba durmiendo cuando escuché la sirena de la ambulancia.

Tanto el presente como el imperfecto progresivo se forman usando el gerundio. Recuerda que para formar el gerundio de los verbos terminados en *-ir*, con cambio en el radical, debes cambiar la e por una *i*, y la o por una *u*.

| e → i | |
|---|---|
| decir: diciendo | seguir: siguiendo |
| pedir: pidiendo | servir: sirviendo |
| repetir: repitiendo | vestir: vistiendo |

| e → i |
|---|
| dormir: durmiendo |

| Para los verbos que terminan en *-er*, la *i* de *-iendo* cambia a *y*: |
|---|
| i → y |
| creer: creyendo |
| leer: leyendo |
| traer: trayendo |

Cuando se usa un pronombre de objeto con el imperfecto progresivo, el pronombre puede ir antes del verbo *estar* o unido al gerundio.

—¿Qué estabas haciendo cuando te caíste?

—Me estaba riendo de mi gata. *o* Estaba riéndome de mi gata.

El imperfecto progresivo describe lo que estaba ocurriendo; el pretérito describe un evento pasado en particular o interrumpe la acción establecida por el imperfecto.

Ella estaba riéndose cuando se cayó.

---

### Gramática interactiva

**Identifica formas**
Señala los siguientes elementos:

- En las tablas, encierra en un círculo el cambio en el radical de e a i, o a u e i a y.

- En los ejemplos, encierra en un rectángulo las formas del imperfecto progresivo y subraya las formas del pretérito.

### ¿Recuerdas?
Para decir que una acción ocurre en este momento, se usa el presente progresivo. El presente progresivo se forma con el presente de *estar* y el gerundio.

- **Estoy poniendo** una inyección.

## Ampliación del lenguaje

**Palabras esdrújulas y sobresdrújulas** Las palabras esdrújulas llevan el acento sobre la antepenúltima sílaba; las sobresdrújulas llevan el acento sobre cualquier sílaba anterior a la antepenúltima. Muchos verbos se convierten en palabras esdrújulas o sobresdrújulas al añadirles un pronombre. Estas palabras **siempre** requieren acento gráfico.

- riendo → riéndome
- trayendo → trayéndonos

Imagínate que al salir de la escuela ayer viste un accidente de tráfico. Una camioneta pasaba cuando un coche llegó al cruce y no paró. El coche, en el que viajaban un hombre y una mujer, chocó con la camioneta. Como viste todo lo que pasó, una periodista te hace algunas preguntas. En tu cuaderno, responde a sus preguntas con tus propias ideas. Emplea la forma adecuada del imperfecto progresivo. Usa los verbos siguientes tantas veces como puedas.

| creer   decir   dormir   leer   pedir   reír   repetir   seguir   servir   traer |
| --- |

**1.** ¿Qué estabas haciendo tú en el momento en que se produjo el choque?

**2.** ¿Qué estaba haciendo el conductor del coche cuando chocó con la camioneta? Y la pasajera, ¿qué estaba haciendo?

**3.** ¿Qué estaban haciendo los dos conductores cuando llegó la policía?

**4.** ¿Qué estaba haciendo el conductor del camión cuando llegó la ambulancia?

Ayer hubo una reunión de padres, profesores y alumnos en tu escuela para hablar sobre la salud y el ejercicio. El periódico de tu escuela te ha pedido que escribas un informe sobre la reunión. Escríbelo en tu cuaderno. Aquí tienes algunos datos para ayudarte en tu descripción.

**Modelo** *Estaba hablando con el profesor Díaz cuando llegó el director de la escuela.*

**Información de fondo**

**Lugar:** *Sala de reuniones*

**Hora:** *18:30*

**Asistentes:** *100 padres, 20 alumnos y 32 profesores*

**Ambiente:** *Mucho ruido y confusión al principio. Después, calma durante la sesión de preguntas y respuestas.*

**Comida:** *Sándwiches y refrescos para todos*

**Eventos**

—*Bienvenida a los asistentes.*

—*Presentación de profesores.*

—*Distribución de información sobre salud y ejercicio.*

—*Sesión de preguntas y respuestas.*

—*Finalización de la charla y merienda.*

# Lectura cultural (página 280)

Lee la información sobre el jai alai en la página 280 de tu libro de texto. Aquí tienes más información sobre el deporte.

---

El jai alai se juega en una cancha grande. Para jugar se usa una cesta punta y una pelota dura con un peso de unos 120 gramos. Los cuatro elementos principales para jugar al jai alai son:

- **La cancha:** Tiene tres paredes y mide unos 60 metros de largo y unos 15 metros de alto aproximadamente.

- **La pelota:** Está hecha de látex y nailon por dentro, recubierta de piel por fuera. La piel se puede cambiar cuando se desgasta por el uso.

- **El casco:** Sirve para proteger la cabeza del jugador, ya que la pelota es dura y se mueve con tanta velocidad, que podría causar daños serios a los jugadores.

- **La cesta:** Hecha con un aro y madera. Es curvada e incluye un guante para la mano. Una cinta sujeta la cesta a la mano para que no se mueva al lanzar y recibir la pelota.

---

Tu amigo Luis estuvo en una competencia de jai alai el fin de semana pasado. Aquí tienes una nota con sus comentarios. La verdad es que Luis se equivocó en algunas cosas. Lee las oraciones y determina si son ciertas (*C*) o falsas (*F*).

1. ___ Al principio del juego, todos los jugadores llevaban casco.

2. ___ La pelota se movía muy lentamente cuando la lanzaban los jugadores.

3. ___ La cancha en la que jugaban tenía cuatro paredes y un techo.

4. ___ El elemento más importante del juego es la raqueta.

5. ___ Los jugadores tenían una mano dentro de un guante.

6. ___ Los jugadores no podían cambiar la piel de la pelota.

Piensa en un juego que tú practicas o practicabas en tu barrio cuando eras pequeño(a). Después, escribe en tu cuaderno una breve descripción de los elementos del juego tomando como modelo la descripción del jai alai.

## Conexiones    La salud (página 279)

Lee los datos siguientes sobre lesiones deportivas y luego responde en tu cuaderno las preguntas a continuación.

- Cada año se producen más de 10 millones de lesiones deportivas.
- Un 95% de estas lesiones afectan a los músculos, ligamentos o tendones.
- Una de las lesiones más frecuentes son los esguinces, o torceduras. Los tobillos, las muñecas y las rodillas son los lugares más frecuentes en los que ocurren los esguinces.

1. ¿Cuáles son las lesiones deportivas más frecuentes?

2. ¿Tú y tus amigos toman algún tipo de precaución para evitar este tipo de lesiones cuando practican algún deporte? Explica.

## El español en el mundo del trabajo

(página 276)

Además de los hospitales, hay muchos otros organismos y centros comunitarios que requieren servicios de personas que hablan varios idiomas. Aquí tienes cuatro profesiones en las que puede ser útil saber otro idioma. Para cada profesión, indica por qué es importante esta habilidad.

Modelo    Médico(a)    *Para saber qué problemas de salud tienen los pacientes y tratarlos correctamente.*

PROFESIÓN                    RAZÓN

1. Paramédico(a) _____

   _____

2. Bombero(a) _____

   _____

3. Policía _____

   _____

4. Reportero(a) _____

   _____

# ¡Adelante! (páginas 282–283)

## Lectura 1

### Actividad 0

Lee el mensaje de interés público sobre la Organización Panamericana de la Salud.

### Lectura interactiva

**Identifica cognados**

Los sufijos -*ción* y -*dad* aparecen en varias palabras de la lectura. Subraya las siguientes palabras en la lectura y escribe en tu cuaderno otras similares que conozcas:

organización _____

institución _____

promoción _____

enfermedades _____

personalidades _____

## Organización Panamericana de la Salud

La Organización Panamericana de la Salud (OPS) es una organización internacional de salud pública con más de 100 años de experiencia. La sede de la organización se encuentra en Washington D.C., y la institución representa 27 países. Los objetivos fundamentales de la OPS son la promoción entre los países de las Américas para:

- combatir las enfermedades
- prolongar la vida
- estimular el bienestar físico y mental de sus habitantes

### Voces para la salud

Para lograr sus objetivos la OPS produjo una serie de mensajes de interés público sobre la salud, hechos por personalidades famosas del hemisferio. Estos artistas, atletas y actores informan a los pueblos de las Américas sobre importantes temas de salud.

## Ampliación del lenguaje

### El género de los sustantivos

Los sustantivos que terminan en -*dad* y en -*ción:* siempre son femeninos. Con estas palabras siempre debes emplear artículos y adjetivos en femenino.

**La** enfermedad contagiosa.     **Una** institu**ción** seria.

¿Conoces otras palabras que terminen en -*dad* o en -*ción*? Úsalas en dos frases.

_____

_____

**Actividad P**

Responde a las siguientes preguntas sobre la lectura anterior.

1. ¿Qué significa OPS?

_____

2. ¿Dónde se encuentra la sede de la organización?

_____

3. ¿Cuáles son los tres objetivos de la OPS?

_____

_____

4. ¿Cuál es el papel de los personajes famosos en la organización?

_____

_____

5. Fíjate en las páginas 282 y 283 de tu libro de texto. ¿Cuáles son algunos personajes famosos que ayudan a la OPS o a otras organizaciones que se preocupan pon la salud den las Américas?

_____

_____

**Actividad Q**

Escribe otro mensaje de interés público de tu parte. Comienza con tu nombre en la oración del título (_____ *habla sobre* _____.). Escoge uno de los temas siguientes u otro que te guste. Recuerda organizar la información e incluir datos de interés general.

- la importancia de desayunar bien
- los beneficios del ejercicio físico
- la importancia de cuidar la salud
- la importancia de cuidar a las personas mayores

_____

_____

_____

## Lectura 2

### Lectura interactiva

**Lee títulos y subtítulos**
Antes de leer el artículo, fíjate en el título y los subtítulos. Encierra en un círculo el título y subraya los subtítulos. Luego predice de qué trata el artículo.

_____

_____

_____

_____

_____

_____

_____

Después de leer, verifica si acertaste los temas de los párrafos.

### Ampliación del lenguaje

**Los plurales**
El plural de un nombre, generalmente se forma añadiendo -s o -es:

• el médico ➞ los médicos

• la enfermedad ➞ las enfermedades

Si el nombre no se acentúa en la última sílaba y termina en -s, no varía en plural. El plural se muestra con el artículo:

• *el análisis* ➞ *los* análisis

Escribe en tu cuaderno el plural de *gris, crisis, mes* y *pared.*

# Medicina científica y medicina tradicional

Las culturas diferentes tienen conceptos distintos acerca de las enfermedades y cómo hacerles frente. En México, junto a la medicina científica o moderna que se practica en la ciudades, existe una medicina tradicional de origen indígena.

## Instrumentos

El médico científico utiliza instrumentos y equipos para diagnosticar, como los rayos X, el escáner o los análisis de laboratorio. El médico tradicional utiliza métodos basados en el conocimiento de los síntomas, la experiencia y la intuición.

## Lugar de trabajo

El médico científico trabaja en un consultorio o un hospital y cuenta con quirófanos, material estéril, suministro de oxígeno, personal de apoyo y medicinas elaboradas por los farmacéuticos. El médico tradicional trabaja en su domicilio o en el de sus pacientes. Usa técnicas como masajes y limpias. Utiliza recursos modestos y fáciles de obtener del medio ambiente del lugar donde vive, como hierbas y plantas.

## El médico y la sociedad

El médico científico vive de su profesión, por lo que cobra por sus servicios. El médico tradicional generalmente vive como sus vecinos, trabajando en la siembra, la cría de animales o el comercio. No cobra por sus servicios, pero goza del reconocimiento social.

Estos dos modelos de atención son diferentes pero ambos son necesarios. En una sociedad intercultural, se debe potenciar lo común entre ambos sistemas.

¿Cuál es la idea fundamental del texto? Señálala con una *X*.

1. La medicina moderna es superior a la medicina tradicional. _____

2. Los médicos tradicionales no pueden hacer diagnósticos acertados. _____

3. La medicina moderna y la tradicional deben complementarse. _____

Responde a las preguntas siguientes basándote en el texto.

1. ¿Cuáles son dos de las diferencias del médico científico y del médico tradicional en cuánto a los instrumentos que usan y el lugar del trabajo?

_____

_____

2. ¿Cuál es una razón por la que las personas pueden preferir los servicios del médico tradicional?

_____

_____

En un párrafo corto, explica a un amigo qué es un médico tradicional y qué hace. Si has ido alguna vez a la consulta de un(a) médico(a) tradicional o conoces a alguien que lo haya hecho, puedes incluir esa información.

_____

_____

_____

_____

_____

_____

_____

# Perspectivas del mundo hispano (página 284)

En los Estados Unidos existen clínicas y hospitales comunitarios que ofrecen cuidados de salud a personas de bajos recursos. Una de ellas es la Clínica del Pueblo, de Washington D.C. Lee la información sobre la clínica y después responde en tu cuaderno a las preguntas.

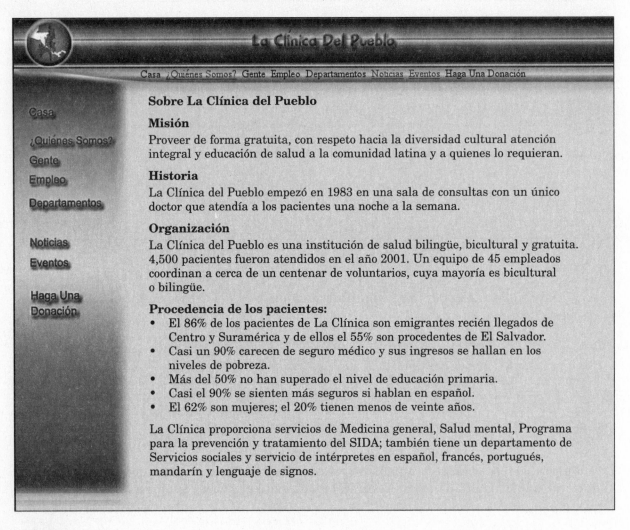

La Clínica Del Pueblo

Casa  ¿Quiénes Somos?  Gente  Empleo  Departamentos  Noticias  Eventos  Haga Una Donación

Casa

¿Quiénes Somos?

Gente

Empleo

Departamentos

Noticias

Eventos

Haga Una
Donación

### Sobre La Clínica del Pueblo

**Misión**

Proveer de forma gratuita, con respeto hacia la diversidad cultural atención integral y educación de salud a la comunidad latina y a quienes lo requieran.

**Historia**

La Clínica del Pueblo empezó en 1983 en una sala de consultas con un único doctor que atendía a los pacientes una noche a la semana.

**Organización**

La Clínica del Pueblo es una institución de salud bilingüe, bicultural y gratuita. 4,500 pacientes fueron atendidos en el año 2001. Un equipo de 45 empleados coordinan a cerca de un centenar de voluntarios, cuya mayoría es bicultural o bilingüe.

**Procedencia de los pacientes:**

- El 86% de los pacientes de La Clínica son emigrantes recién llegados de Centro y Suramérica y de ellos el 55% son procedentes de El Salvador.
- Casi un 90% carecen de seguro médico y sus ingresos se hallan en los niveles de pobreza.
- Más del 50% no han superado el nivel de educación primaria.
- Casi el 90% se sienten más seguros si hablan en español.
- El 62% son mujeres; el 20% tienen menos de veinte años.

La Clínica proporciona servicios de Medicina general, Salud mental, Programa para la prevención y tratamiento del SIDA; también tiene un departamento de Servicios sociales y servicio de intérpretes en español, francés, portugués, mandarín y lenguaje de signos.

Actividad
U

1. ¿En qué año comenzó a funcionar la Clínica del Pueblo? ¿Qué tipo de servicios tenía cuando comenzó? ¿Qué servicios tiene en la actualidad?

2. Fíjate las cifras y porcentajes sobre los pacientes y describe las características del paciente típico de esta clínica.

# Presentación escrita (página 285)

## Documentar el accidente

### 1. Antes de escribir

Piensa en la información que tu escuela podría necesitar para conocer detalles del accidente.

Anota la información teniendo en cuenta los siguientes puntos. Escribe alguna información adicional que pueda ayudar a clarificar lo que realmente sucedió.

- Nombre(s)
- Descripción del accidente
- Tipo de ayuda ofrecida
- Otros testigos
- ¿Cuándo y dónde ocurrió?
- Descripción de los heridos
- Ayuda que ofreciste tú
- Otra información

### 2. Borrador

Usa la información anterior para preparar un reporte para tu escuela. Decide cuál información es importante y en qué orden debe presentarse.

> ### Tarea
>
> Estás caminando junto al edificio de la escuela cuando ves que sucede un accidente. Vas a la oficina de la escuela a reportar lo que has visto. La secretaria te pide que escribas un resumen que sirva como documentación para la escuela. Tu testimonio puede ayudar posteriormente a las autoridades a clarificar las causas del accidente.

> ### Estrategia
>
> **Tomar notas** Cuando estás haciendo la recapitulación de la información para un reporte, es de gran ayuda tomar notas con los detalles clave que se van a incluir en ese reporte. Cuando escribes el reporte, vas construyendo la narración alrededor de la recapitulación de los hechos.

### 3. Revisión

Lee tu reporte detenidamente y revisa si la ortografía, el uso de los verbos y el vocabulario son correctos. Muéstrale tu reporte a un(a) compañero(a), para que revise lo siguiente:

- ¿Es un reporte fácil de entender?
- ¿La información sobre el accidente es clara y sigue un orden lógico?
- ¿Hay algo más que puedas añadir para dar más información o algo que cambiar para que el reporte sea más claro?
- ¿Hay errores?

### 4. Publicación

Vuelve a escribir tu reporte haciendo los correcciones o cambios necesarios. Entrega una copia a tu profesor(a) o inclúyela en tu portafolios.

### 5. Evaluación

Quizá tu profesor(a) te dé los criterios de cómo va a ser evaluado tu reporte. Probablemente, tu reporte será evaluado teniendo en cuenta:

- la cantidad de información presentada.
- la claridad y el orden secuencial de la información sobre el accidente.
- el correcto uso del pasado para recapitular de la información.

## Repaso del capítulo

Para preparar el examen, revisa si...
- conoces el vocabulario nuevo y la gramática.
- puedes realizar las tareas de la página 209.

# Repaso del capítulo (página 288)

## Vocabulario y gramática

**para hablar acerca de tratamientos médicos**

| | |
|---|---|
| doler *(o → ue)* | to hurt |
| el dolor | pain |
| el enfermero, la enfermera | nurse |
| examinar | to examine, to check |
| la inyección *pl.* las inyecciones | injection, shot |
| poner una inyección | to give an injection |
| la medicina | medicine |
| las muletas | crutches |
| las pastillas | pills |
| las puntadas | stitches |
| dar puntadas | to stitch *(surgically)* |
| la radiografía | X-ray |
| sacar una radiografía | to take an X-ray |
| la receta | prescription |
| recetar | to prescribe |
| roto, -a | broken |
| la sala de emergencia | emergency room |
| la sangre | blood |
| la silla de ruedas | wheelchair |
| la venda | bandage |
| el yeso | cast |

**para explicar cómo ocurrió un accidente**

| | |
|---|---|
| el accidente | accident |
| la ambulancia | ambulance |
| caerse | to fall |
| me caigo | I fall |
| te caes | you fall |
| se cayó | he/she fell |
| se cayeron | they/you fell |
| chocar con | to crash into, to collide with |
| cortarse | to cut oneself |
| lastimarse | to hurt oneself |
| ¿Qué te pasó? | What happened to you? |
| romperse | to break, to tear |
| torcerse *(o → ue)* | to twist, to sprain |
| tropezar *(o → ie)* (con) | to trip (over) |

**para nombrar partes del cuerpo**

| | |
|---|---|
| el codo | elbow |
| el cuello | neck |
| la espalda | back |
| el hombro | shoulder |
| el hueso | bone |
| la muñeca | wrist |
| el músculo | muscle |
| la rodilla | knee |
| el tobillo | ankle |

**otras palabras y expresiones útiles**

| | |
|---|---|
| moverse *(o → ue)* | to move |
| pobrecito, -a | poor thing |
| ¡Qué lástima! | What a shame! |
| sentirse *(e → ie)* | to feel |

**pretérito de *venir***

| | |
|---|---|
| vine | vinimos |
| viniste | vinisteis |
| vino | vinieron |

**pretérito de *decir* y *traer***

| | | | |
|---|---|---|---|
| dije | traje | dijimos | trajimos |
| dijiste | trajiste | dijisteis | trajisteis |
| dijo | trajo | dijeron | trajeron |

**pretérito de *poner***

| | |
|---|---|
| puse | pusimos |
| pusiste | pusisteis |
| puso | pusieron |

**imperfecto progresivo**

Las formas del imperfecto de *estar* se usan con el gerundio para expresar que algo tenía lugar durante un periodo de tiempo en el pasado.

**Gerundios**

| | |
|---|---|
| *-ar* radical + *-ando* → caminando |
| *-er* radical + *-iendo* → corriendo |
| *-ir* radical + *-iendo* → escribiendo |

● **Más práctica**

Practice Workbook Puzzle 5B-8
Practice Workbook Organizer 5B-9

# Preparación para el examen (página 289)

| En el examen vas a... | Éstas son las tareas que te pueden ser útiles para el examen... | Si necesitas repasar... |
|---|---|---|

 **1 Escuchar** Escuchar y entender a alguien que cuenta lo que pasó en un accidente.

Escucha a un operador del servicio 911 mientras responde a una llamada de alguien que está en la escena de un accidente. Intenta entender: (a) qué estaba haciendo la víctima antes del accidente; (b) cuál fue la causa del accidente; y (c) qué le pasó a la víctima.

págs. 266–269
*A primera vista*
pág. 270 Actividad 5
pág. 274 Actividad 12

 **2 Hablar** Hacer preguntas y dar respuestas sobre la forma en la que alguien se lastimó.

Te gustaría recibir entrenamiento sobre las técnicas que se usan en las salas de emergencias para hacer preguntas. Con un compañero(a) practica lo que has aprendido representando una situación en la que una persona pregunta: (a) cuándo llegó el paciente a la sala de emergencias y cómo llegó; (b) cuál fue la causa de la herida; y (c) qué estaba haciendo la persona cuando se lastimó. Después, cambien de papeles.

pág. 270 Actividad 6
pág. 271 Actividad 8
pág. 272 Actividad 9
pág. 273 Actividad 10
pág. 275 Actividad 15
pág. 278 Actividad 20
pág. 281 Actividad 26

 **3 Leer** Leer y entender el relato de un accidente.

En el periódico lees los detalles de un accidente. Intenta entender lo que pasó, y qué tipo de atención médica recibieron las víctimas.

Ayer dos niños chocaron cuando estaban montando en bicicleta en la Calle Suárez. La ambulancia llegó rápidamente para llevarlos a la sala de emergencia. Los paramédicos dijeron que uno de los niños tenía la muñeca rota y el otro necesitaba diez puntadas en la rodilla.

págs. 266–269
*A primera vista*
pág. 270 Actividad 4
pág. 275 Actividad 13
pág. 279 Actividad 21
pág. 280 Actividad 23
págs. 282–283
*Lectura*

 **4 Escribir** Escribir un informe sobre la atención médica que recibieron los heridos.

Estabas supervisando a varios niños, cuando se lastimaron en el patio de recreo y tuviste que llevarlos a la sala de emergencias. Escribe un resumen en español, indicando el tipo de atención médica que recibió cada niño.

pág. 270 Actividad 4
pág. 274 Actividad 12
pág. 275 Actividades 13 y 15
pág. 285
*Presentación escrita*

 **5 Pensar** Demostrar un conocimiento de los servicios médicos de emergencia en diferentes países.

Imagina que te has lastimado. ¿A dónde irías? ¿Cómo llegarías? ¿Qué clase de servicios de emergencia médica hay en tu comunidad? ¿En qué se parecen o se diferencian los servicios de emergencia de tu comunidad a los de los países hispanohablantes?

pág. 271 *Fondo cultural*
pág. 278 *Fondo cultural*
págs. 282–283
*Lectura*
pág. 284 *Perspectivas del mundo hispano*

# A ver si recuerdas... (páginas 290–291)

¿Hay estaciones de televisión hispanohablantes en la región donde vives? Investiga qué programas presentan estas estaciones. Escribe en la gráfica organizadora los títulos de los programas en el espacio que corresponde al tipo de programas que son. Si no ves televisión en español, analiza los programas que se presentan en inglés.

| musicales | de noticias | deportivos | de concursos |
|---|---|---|---|
|  |  |  |  |
| educativos | de dibujos animados | telenovelas | de entrevistas |
|  |  |  |  |

**Fondo cultural** (página 292)

**Salvador Dalí** es sin duda uno de los pintores más importantes y originales que ha dado España. Nació en 1904 y falleció en 1989, dejando un gran legado artístico que impresionó al mundo. Dalí estudió en Madrid, y más tarde se mudó a París donde conoció a sus compatriotas Pablo Picasso y Juan Miró. Después de la Guerra Civil de España vivió en los Estados Unidos por unos años. En 1973 pintó una obra titulada *El futbolista*.

1. ¿En qué se parecen y en qué se diferencian el fútbol americano del fútbol "soccer"?

   _____

   _____

2. ¿Alguna vez has visto un partido de cualquier de estos deportes en la televisión? Si es así, ¿qué fue la cosa más interesante del partido?

   _____

   _____

3. ¿Qué te parece mejor: ver un partido por la televisión o en vivo en el estadio? ¿Por qué?

   _____

   _____

# ¿Viste el partido en la televisión?

## Objetivos del capítulo

- Hablar sobre lo que has visto en la televisión
- Explicar qué piensas sobre ver la televisión
- Comprender las perspectivas culturales de los programas de televisión en los países hispanohablantes

## Conexión geográfica (página 293)

Las telenovelas se producen, por lo general, en México y Venezuela. Identifica con una *X* estos países en el mapa. ¿De dónde son las telenovelas que se ven en tu comunidad?

_____

_____

Web Code
jde-0002
**PHSchool.com**

# A primera vista (páginas 294–295)

## Ampliación del lenguaje

Fíjate en el uso de las comillas, los dos puntos y las exclamaciones. Las **comillas** (" ") se usan para encerrar lo que dice alguien. Los **dos puntos** (:) señalan el comienzo de una cita. Las **exclamaciones** (¡!) inician y finalizan las oraciones que expresan emociones como la sorpresa o la alegría.

Escribe en tu cuaderno dos expresiones de sorpresa que usen exclamaciones.

Lee los siguientes artículos que aparecieron en el periódico de una escuela. Luego, di si las afirmaciones siguientes son ciertas (C) o falsas (F). En una hoja de papel, vuelve a escribir las afirmaciones falsas para que reflejen la información del texto.

1. El equipo Secundaria Miraflores ganó el partido. Los atletas de la Secundaria Lorca jugaron sin emoción. El público se aburrió y, al final, los aficionados de la Secundaria Lorca se pusieron furiosos. "Nos enojamos porque nuestros jugadores no metieron ningún gol", dijo un aficionado. El entrenador de la Secundaria Lorca estaba muy agitado. Él nos dijo que en los entrenamientos el equipo jugó bien, pero que en el partido parece que los jugadores se durmieron.

   a. _____ El partido resultó en un empate.

   b. _____ El público se enojó con el equipo de la Secundaria Lorca.

   c. _____ Los atletas de la Secundaria Lorca sólo metieron un gol.

2. Ayer, en el Auditorio nacional, tuvo lugar la gran final del segundo concurso de belleza regional. Al final, ganó la simpática Mónica Lezama. Cuando la presentadora anunció el nombre de la ganadora, el público se volvió loco de alegría y se paró para aplaudir. Mónica es muy popular y muy querida en el barrio. Al final, cuando Mónica recibió su premio, dijo: "¡Gracias a todos por su apoyo!"

   a. _____ Mónica es una reina de belleza.

   b. _____ Es la tercera vez que se celebra el concurso de belleza regional.

   c. _____ El director del auditorio anunció el nombre de la ganadora.

   d. _____ Mónica recibió un premio al principio de la competencia.

¿Qué otros tipos de espectáculos o eventos conoces? ¿En qué otros lugares se celebran eventos y espectáculos? Escribe en tu cuaderno tres frases sobre otros eventos y lugares a los que has asistido o a los que te gustaría asistir.

## Videohistoria  (páginas **296–297**)

**Actividad C**

Escribe un resumen de la *Videohistoria* usando las palabras en la caja y las frases incompletas a continuación.

| | | |
|---|---|---|
| entrevista | fenomenal | se mueren |
| entrevistar | metió el gol | último |

Ramón y Manolo estaban viendo en la televisión...

_____

_____

Luis Campos dijo...

_____

_____

Claudia interrumpió...

_____

_____

Ramón y Manolo empiezan a gritar...

_____

_____

**Actividad D**

Los personajes de la *Videohistoria* han ido a ver un partido de fútbol muy interesante. ¿Qué crees que pasó durante el partido? Imagina la situación y termina en tu cuaderno este diálogo en el que los chicos comentan algo que ocurrió durante el partido.

**MANOLO:**  ¿Vieron el gol que metieron los Lobos en los últimos segundos del partido?

# Manos a la obra (páginas 298–301)

## Ampliación del lenguaje

**Adjetivos calificativos**   Recuerda que los adjetivos calificativos son las palabras que describen a personas, lugares, cosas y conceptos. Normalmente, se colocan detrás del sustantivo. Las palabras que se presentan en la caja de la Actividad F son adjetivos calificativos.

Escribe dos adjetivos más que conozcas. Luego, úsalos en una frase.

_____

_____

¿Qué cualidades personales tienes tú que te harían ser un(a) bueno(a) reportero(a) de deportes? ¿Qué partes de tu personalidad te harían difícil el trabajo? Usa las siguientes palabras y otras que conozcas para decir por qué. Escríbelas en tu cuaderno.

| | | | |
|---|---|---|---|
| serio | atrevido | inteligente | deportista |
| ordenado | reservado | paciente | sociable |

Relaciona las emociones de la Columna A con los motivos que pueden provocarlas de la Columna B.

_____ **1.** Los aficionados se enojaron porque

_____ **2.** El público aplaudió porque

_____ **3.** Los atletas se aburrieron porque

_____ **4.** La presentadora estaba muy contenta porque

_____ **5.** La ganadora del concurso de belleza se volvió loca de alegría porque

a. el partido era muy lento.

b. le entregaron un cheque por un millón de pesos.

c. su equipo ganó.

d. la entrevista estuvo fenomenal.

e. su equipo perdió.

¿Cuáles son tus programas favoritos de televisión? ¿Por qué te gustan? En tu cuaderno, escribe el nombre de tus dos programas favoritos y explica lo que más te gusta de esos programas.

Modelo  *Noticiero Univisión—Lo que más me gusta de este programa es que da noticias de toda Latinoamérica.*

Imagina que una cadena de televisión te ofrece la oportunidad de diseñar un programa a tu gusto. ¿Cómo será? ¿Qué elementos tendría? Completa la información. Puedes usar en tus respuestas algunas de las palabras que se presentan en *Más vocabulario*.

> **Más vocabulario**
>
> **estudio**   *edificio que se utiliza para la realización de programas de televisión*
>
> **programa en directo**   *es un programa que se transmite al mismo tiempo que está ocurriendo*
>
> **programa diferido** o **grabado** *programa que se graba y luego se edita antes de transmitirlo*
>
> **televidente**   *persona que ve la televisión*
>
> **transmitir**   *pasar un programa*

1. ¿Cómo se llamaría el programa?

   _____

2. ¿Cuál sería su tema central? ¿Habría un presentador fijo o cambiaría cada vez?

   _____

   _____

3. ¿A qué público iría dirigido el programa? ¿Cuál sería su objetivo principal, entretener, informar, divertir, educar?

   _____

   _____

   _____

4. ¿Qué duración tendría el programa? ¿Cuántas veces por semana se pasaría? ¿Habría participación del público? ¿Sería en directo o grabado? ¿Se haría en un estudio? ¿Al aire libre? ¿A qué hora te gustaría que fuera el programa?

   _____

   _____

   _____

## Gramática

(página **302**)

# El pretérito de los verbos en *-ir* con cambio en el radical

En el pretérito, los verbos que terminan en *-ir*, como *preferir*, *pedir* y *dormir*, también tienen un cambio en el radical, pero sólo en la forma *Ud. / él / ella* y en la forma *Uds. / ellos / ellas*. En estas formas, la *e* cambia a *i* y la *o* cambia a *u*.

Mi mamá **se aburrió** y **se durmió** durante la película.
Mis padres **prefirieron** ver el concurso de belleza.
En la liga **compitieron** los mejores equipos de México.

### preferir (e → i)

| preferí | preferimos |
|---|---|
| preferiste | preferisteis |
| prefirió | prefirieron |

### pedir (e → i)

| pedí | pedimos |
|---|---|
| pediste | pedisteis |
| pidió | pidieron |

### dormir (o → u)

| dormí | dormimos |
|---|---|
| dormiste | dormisteis |
| durmió | durmieron |

- Observa la ortografía de las formas del pretérito de *reír*: *reí, reíste, rió, reímos, reísteis, rieron.*

Otros verbos en *-ir* con cambios en el pretérito son los siguientes:

- Verbos como *preferir*: *divertirse, mentir, sentirse*
- Verbos como *pedir*: *competir, despedirse, repetir, seguir, servir, vestirse*
- Verbos como *dormir*: *morir*
- Verbos como *reír*: *sonreír*

### Gramática interactiva

**Identifica formas**

- Subraya la terminación de los verbos en el pretérito.

- Haz un círculo alrededor de las terminaciones que lleven acento. ¿Hay algo en común entre estos tres verbos en relación con los acentos? Explica cuál es.

_____

_____

_____

_____

_____

_____

### ¿Recuerdas?

Ya sabes que el cambio de radical en el tiempo presente ocurre en todas las formas menos en la de *nosotros(as)* y *vosotros(as)*.

**preferir** *(e → ie)*
- **Prefiero** ver programas deportivos.

**pedir** *(e → i)*
- **Pedimos** los espaguetis.

**dormir** *(o → ue)*
- Ellos **duermen** tarde.

### Actividad J

Usa las reglas que ya conoces sobre el pretérito de los verbos con cambios irregulares para completar las listas siguientes.

| Verbo | yo | él/ella | nosotros |
|-------|------|---------|----------|
| divertir | _____ | _____ | _____ |
| sentir | _____ | _____ | _____ |
| competir | _____ | _____ | _____ |
| despedir | _____ | _____ | _____ |
| seguir | _____ | _____ | _____ |
| morir | _____ | _____ | _____ |
| sonreír | _____ | _____ | _____ |

### Actividad K

Amalia le está hablando a su amiga sobre lo que hicieron ayer ella y sus hermanos. Completa su relato con la forma adecuada de uno de los verbos de la lista. Debes usar todos los verbos y no repetir ninguno.

| competir   divertir   morir   seguir   despedir   dormir   preferir   sonreír |
|---|

Ayer, Carlos fue al cine, pero Francisca y yo _____ ver la televisión. Vimos

un concurso y nos _____ mucho. Los participantes _____

con entusiasmo para conseguir el premio. Las pruebas eran muy divertidas. Yo me

_____ de risa cuando vi a los chicos que se cayeron al agua, pero Francisca

ni _____. A ella le gustó más cuando se asustaron con los animales,

entonces empezó a reírse y _____ riéndose hasta que terminó el programa

y los presentadores se _____ hasta la próxima semana. Cuando Carlos

llegó y le preguntamos sobre la película, nos dijo que fue una película tan aburrida que él se

_____. La próxima semana él va a ver el concurso con nosotras.

## Gramática

### Otros verbos reflexivos          (página 305)

Otros verbos reflexivos se usan con pronombres reflexivos y formas verbales, pero no tienen el significado de una persona que realiza una acción sobre sí mismo(a). Estos verbos reflexivos describen un cambio de estado mental, emocional o físico.

Ejemplos de estos verbos son:

|                              | presente | pretérito |
| ---------------------------- | -------- | --------- |
| **aburrirse**                |          |           |
| **casarse**                  |          |           |
| **divertirse**               |          |           |
| **dormirse**                 |          |           |
| **enojarse**                 |          |           |
| **ponerse (furioso, -a...)** |          |           |
| **volverse loco, -a**        |          |           |

**Se durmieron** durante la película.

**Se puso alegre** después de ganar.

### Gramática interactiva

**Reflexiona**

- Encierra en un círculo el radical de los verbos de la tabla.

- Haz una *X* junto a los verbos que tienen cambio de radical en el presente.

- Marca con un asterisco (*) los verbos que tienen cambio de radical en el pretérito.

- Escribe en la tabla un ejemplo de los cambios de raíz que indicaste.

### ¿Recuerdas?

Ya sabes que los verbos reflexivos se usan para expresar acciones de una persona sobre sí misma.

- Felipe **se afeitaba** mientras yo **me cepillaba** los dientes.

¿Cómo reaccionan tú y tus amigos? Responde en tu cuaderno. Usa con frases completas.

1. ¿Te aburres o te diviertes viendo programas de concursos? ¿Por qué?

2. ¿Tú y tus amigos se enojan cuando su equipo pierde? ¿Cómo reaccionan?

3. ¿Se vuelven ustedes locos de alegría cuando su equipo gana? ¿Cómo lo celebran?

4. ¿Cómo se pone tu mejor amigo(a) cuando llegas tarde a una cita?

5. ¿Cómo te pones cuando tus amigos te dicen que no tienes razón?

Completa este párrafo con el pretérito del verbo apropiado de la caja.

| aburrirse   divertirse   enojarse   volverse   casarse   dormirse   ponerse |
| --- |

El otro día mis amigos y yo fuimos a un partido. Jugaban el equipo de fútbol de nuestra

escuela contra el de la escuela de mi hermana. Al principio, nosotros _____

mucho porque nuestro equipo iba ganando 1 a 0. Sin embargo, el juego empezó a ser muy

lento y todos _____ tanto que casi _____. Casi al final del partido,

el equipo de mi hermana metió dos goles y… nos ganaron. Todos mis compañeros

_____ porque el entrenador no había hecho los cambios necesarios.

Yo _____ muy contento por mi hermana.

## Ampliación del lenguaje

### Pronunciación: Variaciones regionales de la *ll* / *y* y la *c* / *z*

La mayoría de los hispanohablantes pronuncian la *ll* y la *y* de la misma manera:

rodilla   joyas   cepillo   rayas   llamar   sellos

Sin embargo, existen algunas variaciones regionales. En Argentina y Uruguay, la *ll* y la *y* se pronuncian con un sonido parecido a la "ch". En otros países, la *ll* se pronuncia más como *li*.

## Latinoamericanos en el béisbol

Los latinoamericanos, y en particular, los países del Caribe, sienten tal pasión por el béisbol, que han logrado contribuir con algunos de los mejores jugadores a las ligas de todo el mundo. Aquí tienes información sobre algunos de los más famosos y sus equipos.

- **Alex Rodríguez** (EE.UU.): Empezó a jugar en 1993, cuando tenía solamente 18 años, y ha jugado para los Marineros de Seattle, los Rangers de Texas y los Yanquis. Fue el MVP de la Liga Americana de 2003.

- **Manny Ramírez** (República Dominicana): Empezó a jugar en 1993 para los Indios de Cleveland y desde 2001 juega para los Medias Rojas de Boston.

- **Miguel Tejada** (República Dominicana): Empezó a jugar en 1997 para los Atléticos de Oakland y este año empezó a jugar para los Orioles de Baltimore. Fue el MVP de la Liga Americana de 2002.

- **Magglio Ordóñez** (Venezuela): Empezó a jugar para los Medias Blancas de Chicago en 1997. Fue seleccionado cuatro veces para participar en el Juego de las Estrellas de la Liga Americana en las últimas cinco temporadas.

- **Carlos Delgado** (Puerto Rico): Lleva doce años jugando para los Azulejos de Toronto. En 1993 fue uno de los jugadores más jóvenes de las Grandes Ligas.

**Actividad N**

•••••••••••••••••••••••••••••••••••••••••••••••••••••••••••••••••••

¿A quién más incluirías en esta lista de estrellas latinoamericanas del béisbol? Nombra otro jugador y descríbelo siguiendo el modelo anterior.

_____

_____

_____

**Actividad Ñ**

•••••••••••••••••••••••••••••••••••••••••••••••••••••••••••••••••••

¿En qué otros deportes destacan atletas hispanohablantes? ¿Qué figuras famosas conoces en esos deportes? Escribe en tu cuaderno un párrafo corto para responder a estas preguntas.

## Conexiones Las ciencias sociales (página 304)

**Actividad O**

Los distintos medios de comunicación nos informan sobre noticias de todo el mundo. La forma en que presentan estas noticias varía de un medio a otro. Unos son más rápidos en informar, otros informan con más detalle; unos se centran más en noticias internacionales, otros se enfocan más en noticias locales. ¿Qué ventajas e inconvenientes tiene la información sobre noticias en los siguientes medios de comunicación? Completa la tabla siguiente escribiendo una ventaja y una desventaja para cada medio.

| | ventajas | desventajas |
|---|---|---|
| **periódico** | Se puede leer a cualquier hora. | Nos da las noticias del día anterior. |
| **televisión** | | |
| **radio** | | |
| **Internet** | | |

## El español en la comunidad

(página **307**)

**Actividad P**

Investiga los medios de comunicación en tu comunidad y elige una emisora o un periódico para escribir en tu cuaderno un informe. Incluye en tu informe los principales temas que trata o los diferentes tipos de programas y el público a quien se dirige.

Si donde vives no hay radio ni periódicos en español, puedes hacer una búsqueda en Internet y leer alguno de los diarios que se publican en Internet como *La Nueva Opinión*, de San Antonio, TX, *Prensa Hispana*, de Phoenix, AZ; *La Opinión*, de Escondido, CA; *Periódico La Unión*, de Reno, NV; *El Compás de New York*, de Nueva York, NY; *El Nuevo Herald*, de Miami, FL; *La Raza*, de Chicago, IL; u otros.

# ¡Adelante! (páginas 310–311)

## Lectura 1

**Actividad Q**

Haz la primera actividad de la caja que está al margen y luego lee el artículo.

**Lectura interactiva**

**Usa conocimientos previos**

¿Qué información puedes esperar encontrar en esta lectura sobre los Juegos Panamericanos? Mira los títulos y subtítulos. Escribe tres aspectos en tu cuaderno. Después de leer comprueba si encontraste la información que esperabas y subraya la idea principal de cada párrafo.

**Desarrolla tu vocabulario**

En la lectura, encierra en un círculo un sinónimo de cada una de las palabras o expresiones siguientes. Escribe al margen el número correspondiente.

1. recordar

2. leyenda

3. que tienen un mismo centro

4. incluye

### Los Juegos Panamericanos

Los Juegos Panamericanos se establecieron para promover la comprensión entre las naciones del continente americano. Los primeros Juegos se inauguraron el 25 de febrero de 1951 en Buenos Aires, con 2,513 atletas de 22 países. El lema de los juegos — "América, Espirito, Sport, Fraternité"— incorpora cuatro de los idiomas más importantes de las Américas: el español, el portugués, el inglés y el francés. Todos los países de las Américas pueden mandar atletas a competir. El 80 por ciento de los deportes de los Juegos Panamericanos se juegan en las Olimpiadas. Los Juegos Panamericanos se celebran cada cuatro años durante el verano previo a los Juegos Olímpicos.

#### El emblema

El emblema de los Juegos es una antorcha sobre cinco círculos concéntricos con los colores amarillo, verde, blanco, rojo y azul. Aparece por lo menos uno de estos colores en la bandera de cada uno de los países de las Américas.

#### La mascota

Para conmemorar los Juegos Panamericanos, cada cuatro años el país anfitrión crea una mascota que representa algo histórico o cultural del país.

**Actividad R**

¿Qué idiomas además del español hay en el lema de los Juegos? ¿En qué países americanos se hablan esos idiomas? Responde en tu cuaderno. Usa frases completas.

Escribe un resumen de la lectura, para alguien que no sabe nada de los Juegos Panamericanos. Explica en qué consisten, cuándo se dónde y, celebran, cuál es su objetivo y qué países y atletas pueden participar. Usa las palabras que encerraste en un círculo en la actividad *Desarrolla tu vocabulario*.

_____

_____

_____

_____

Éstos son algunos eventos de los Juegos Panamericanos que se celebraron en Santo Domingo, República Dominicana, en el año 2003. Lee los titulares y usa la información para preparar un reportaje, contando con tus propias palabras lo que pasó. Ten cuidado al conjugar los verbos en tiempo pasado y presta atención a los cambios ortográficos de los verbos con cambios en el radical.

## Titulares de los Juegos Panamericanos del 2003

- **1 de agosto.** La inauguración de los Juegos se interrumpe porque la policía tiene que dispersar a un grupo que protesta contra estos juegos, cuando el país está en crisis.

- **2 de agosto.** La cubana Eglys Cruz Farfán gana la primera medalla de oro de los juegos.

- **3 de agosto.** Cuba gana las siete medallas de oro en lucha. En fútbol, Argentina derrota a Paraguay y Brasil vence a Colombia.

- **5 de agosto.** El ecuatoriano Jefferson Pérez gana la medalla de oro en la caminata de 20 kilómetros.

- **7 de agosto.** El venezolano Néstor Nieves gana la carrera de obstáculos en los 3000 metros. Marcelo Ríos, tenista chileno, derrota a Jaime Cuéllar de El Salvador.

- **9 de agosto.** Brasil recibe nueve medallas de oro. El chileno Marcelo Ríos y el brasileño Fernando Meligeni consiguen el oro en las finales de tenis.

_____

_____

_____

## Lectura 2

Otra competencia deportiva internacional es la Universiada. En el texto siguiente encontrarás información sobre esta competencia. Para leer el texto, sigue las instrucciones y haz las actividades de la caja que está al margen.

### Estrategia

**Leer varias veces** Para comprender bien un texto en el que se incluye información específica, puedes necesitar leerlo dos veces: la primera para captar las ideas generales, y la segunda para recordar los detalles como cifras y fechas.

### Lectura interactiva

**Lee varias veces**

- Lee el texto rápidamente para comprender la idea principal. Subraya esta idea con dos líneas.

- Vuelve a leer el texto y subraya con una línea tres detalles que apoyen la idea principal.

**Encuentra**

Encierra en un círculo tres palabras que terminan en -al (ojo,una de ellas está en plural). ¿Qué tipo de palabras son?

## Universiada

La Universiada es una competencia deportiva internacional para estudiantes universitarios. En esta competencia participan países de todo el mundo. Está supervisada por la FISU (Federación Internacional del Deporte Universitario) y tiene lugar cada dos años (en los años impares).

La primera Universiada se realizó en el año 1959 en Turín, Italia. En ella participaron asociaciones deportivas universitarias de 46 países con unos 1,400 participantes. Fue en esa ocasión cuando se inventó el término de Universiada y se crearon la bandera y el logo. En 1979 se celebra la Universiada Mundial en México, en la que participaron 94 países y 2,000 deportistas. En 2001 en la Universiada celebrada en Beijing, China, participaron 165 países y un total de 6,675 atletas.

La Universiada se parece mucho a los Juegos Olímpicos: hay Universiada de verano y de invierno, Villa Olímpica, mascota de los juegos, conferencias sobre deporte y festivales culturales que tienen lugar durante el tiempo que dura la Universiada. Por último, los dos eventos comienzan con una ceremonia de apertura y terminan con una ceremonia de clausura.

La Universiada se desarrolla a lo largo de diez días y el país organizador puede proponer al Comité Ejecutivo hasta tres deportes opcionales para ser incluidos en el programa.

En la Universiada de 2003 celebrada en Corea del Sur a finales de agosto, España ganó una medalla de oro, cuatro de plata y ocho de bronce. México logró tres medallas de plata y dos de bronce.

## Ampliación del lenguaje

El sufijo -al sirve para formar adjetivos con idea de relación o pertenencia. Convierte los siguientes nombres a adjetivos añadiéndoles el sufijo -al. Fíjate que el acento cae en la última sílaba.

fenómeno        _____        orquesta        _____

fin                    _____        socio            _____

monumento      _____        teatro           _____

música            _____

Responde a las siguientes preguntas sobre la lectura.

**1.** ¿Qué es la Universiada?

_____

**2.** Escribe una semejanza y una diferencia entre la Universiada y los Juegos Olímpicos.

_____

_____

_____

_____

**3.** Escribe una semejanza y una diferencia entre la Universiada y los Juegos Panamericanos.

_____

_____

_____

**4.** ¿Cuántas medallas obtuvo España en la Universiada de 2003? ¿Y México?

_____

# La cultura en vivo (página 312)

**Actividad X**

En toda América Latina y en los Estados Unidos, las telenovelas son los programas de televisión en español que ve un mayor número de personas. Lee el siguiente texto sobre este género televisivo, y luego responde en tu cuaderno a las preguntas sobre la lectura.

## Telenovelas

Algunos críticos las desprecian y en algunos ambientes cultos no son bien consideradas, pero las telenovelas son el género televisivo que más éxitos logra entre el público. Sus actores son muy populares. Muchos de sus temas musicales alcanzan gran éxito y los primeros lugares de las listas de ventas.

La telenovela tradicional se basa en una historia de amor en la cual los hechos se suceden más o menos así: el chico y la chica protagonistas se conocen y se enamoran. Surgen problemas por sus diferencias sociales y los intereses, las envidias, los celos y la cólera de los "villanos" (malos) que no quieren que los enamorados estén juntos. Al final, la pareja, tras vencer muchos obstáculos, se casa (normalmente con una gran ceremonia en la iglesia).

Como las historias de las telenovelas son tan simples, los personajes son o completamente buenos o completamente malos. Durante años, las telenovelas han seguido este modelo tradicional. Últimamente, algunos directores y escritores de telenovelas han comenzado a introducir cambios en sus producciones, incluyendo temas de actualidad y personajes más reales. Algunas de estas nuevas telenovelas han tenido gran éxito.

Las telenovelas son tan populares que se pueden considerar como el principal medio de comunicación cultural hispano, superando a la literatura y el cine, ya que su público es mayor y más diverso. Muchas telenovelas son más conocidas que las obras literarias de los principales escritores de Latinoamérica. Su nivel de difusión es mayor.

1. ¿Cómo son los personajes típicos de las telenovelas? ¿Qué adjetivos crees que serían adecuados para describir a un(a) villano(a)? ¿Y al héroe o la heroína?

2. ¿Cuál es el tema tradicional?

3. ¿Qué cambios se están observando últimamente en las telenovelas respecto al modelo tradicional?

# Presentación oral (página 313)

**Tarea**

Elige tu programa favorito de televisión y prepara un análisis para presentarlo a la clase.

## Un programa de televisión

### 1. Preparación

En una guía de televisión, busca un programa que te guste ver y que pueda gustarle a otras personas. ¿Qué datos importantes necesita conocer una audiencia para decidir qué programa de televisión quieren ver? Haz una lista y luego complétala con los datos del programa que has escogido. Puedes incluir los siguientes puntos:

- nombre del programa
- descripción
- día, hora y canal
- para quién (niños, adolescentes, mayores o todos)
- actores / presentadores
- lo que ocurrió en un episodio reciente
- un adjetivo que describe el programa
- cómo te sentiste cuando viste el programa
- por qué te gustó o no te gustó
- qué opinan los críticos sobre el programa
- por qué lo recomendarías o no lo recomendarías a un(a) compañero(a)

**Estrategia**

**Toma de notas** La toma de notas puede ayudarte a preparar una presentación oral o escrita. Al mismo tiempo que miras el programa, analízalo y toma notas para ayudarte a recordar detalles. ¿Qué es lo que te gusta del programa? ¿Qué es lo que sucede en un episodio en particular?

### 2. Práctica

Repasa tu presentación varias veces. Puedes usar tus notas para practicar, pero no cuando hagas la presentación en público. Intenta:

- presentar un análisis persuasivo e interesante.
- presentar toda la información que puedas sobre el programa.
- usar oraciones completas y hablar con claridad.

**Modelo** *Mi programa de televisión favorito es* Survivor. *Lo dan en el canal seis a las nueve de la noche los jueves...*

### 3. Presentación

Haz tu presentación acerca del programa de televisión.

### 4. Evaluación

Quizá tu profesor(a) te dé los criterios de cómo va a ser evaluada tu presentación. Probablemente, tu presentación será evaluada teniendo en cuenta:

- lo persuasivo que resulta tu análisis.
- la cantidad de información que presentas.
- lo fácil que resulta entenderte.

# Repaso del capítulo (página 316)

## Vocabulario y gramática

**Para preparar el examen, revisa si...**
- conoces el vocabulario nuevo y la gramática.
- puedes realizar las tareas de la página 229.

### para hablar acerca de un evento deportivo

| | |
|---|---|
| el aficionado, la aficionada | fan |
| al final | at the end |
| aplaudir | to applaud |
| el / la atleta | athlete |
| el campeón, la campeona *pl.* los campeones | champion |
| el campeonato | championship |
| la competencia | competition |
| competir *(e ⟶ i)* | to compete |
| el empate | tie |
| el entrenador, la entrenadora | coach, trainer |
| fenomenal | phenomenal |
| el jugador, la jugadora | player |
| la liga | league |
| meter un gol | to score a goal |
| perder *(e ⟶ ie)* | to lose |
| por ... vez | for the ... time |
| resultar | to result, to turn out |
| el tanteo | score |
| último, -a | last, final |

### para hablar acerca de un concurso

| | |
|---|---|
| el auditorio | auditorium |
| el comentario | commentary |
| el concurso de belleza | beauty contest |
| la entrevista | interview |
| entrevistar | to interview |
| un millón de / millones de | a million / millions of |
| el premio | prize |
| el presentador, la presentadora | presenter |
| el público | audience |
| la reina | queen |

### para hablar acerca de cómo te sientes

| | |
|---|---|
| aburrirse | to get bored |
| agitado, -a | agitated |
| alegre | happy |
| emocionado, -a | excited, emotional |
| enojado, -a | angry |
| enojarse | to get angry |
| furioso, -a | furious |
| ponerse + *adjective* | to become |
| volverse *(o ⟶ ue)* loco, -a | to go crazy |

### otras palabras útiles

| | |
|---|---|
| dormirse *(o ⟶ ue, o ⟶ u)* | to fall asleep |
| morirse *(o ⟶ ue, o ⟶ u)* | to die |

### el pretérito de los verbos terminados en -ir con cambios en el radical

**preferir**

| preferí | preferimos |
|---|---|
| preferiste | preferisteis |
| prefirió | prefirieron |

**pedir**

| pedí | pedimos |
|---|---|
| pediste | pedisteis |
| pidió | pidieron |

**dormir**

| dormí | dormimos |
|---|---|
| dormiste | dormisteis |
| durmió | durmieron |

### ● Más práctica

Practice Workbook Puzzle 6A-8
Practice Workbook Organizer 6A-9

# Preparación para el examen (página 317)

| En el examen vas a... | Éstas son las tareas que te pueden ser útiles para el examen... | Si necesitas repasar... |
|---|---|---|

 **1 Escuchar** Escuchar y entender a personas que hablan de lo que vieron en un programa de televisión.

Escucha a esta gente que habla sobre una entrega de premios que vieron en televisión. Trata de identificar las reacciones de estas personas hacia este tipo de programa. ¿Se enojaron? ¿Se emocionaron? ¿Se entusiasmaron? ¿Se aburrieron? ¿Se pusieron nerviosos?

**págs. 294–297**
*A primera vista*
**pág. 300** Actividades 8–9

---

 **2 Hablar** Hablar acerca de un programa de televisión que viste recientemente y describir tu reacción al verlo.

Como parte de un proyecto de clase, es posible que te entrevisten sobre un programa de televisión que ya has visto. Practica lo que podrías decir trabajando con tu compañero(a); explícale: (a) el tipo de programa que viste; (b) el día que lo viste; y (c) cómo reaccionaste al ver el programa.

**pág. 300** Actividad 10
**pág. 304** Actividad 16
**pág. 306** Actividad 18
**pág. 313**
*Presentación oral*

---

 **3 Leer** Leer y entender la descripción de un partido de fútbol.

Tu amigo acaba de regresar de un viaje a España. Él ha traído un recorte de periódico que habla sobre un partido de fútbol que tu amigo vio. Mientras lo lees, intenta entender lo que pasó.

**MADRID CONOCE A BARCELONA**
Ayer fue una competencia fenomenal. Millones de madrileños vieron el partido en la tele. En los primeros tres minutos del partido, el Real Madrid metió un gol. Treinta minutos más tarde, Morales de Barcelona también metió un gol. Un empate. Todos los aficionados se pusieron muy alegres durante el partido, pero el público se volvió loco cuando Madrid metió otro gol en los últimos dos minutos. Al final, un tanteo de Madrid 2 y Barcelona 1.

**págs. 294–297**
*A primera vista*
**pág. 298** Actividad 4
**pág. 299** Actividad 6
**pág. 301** Actividad 11
**págs. 310–311**
*Lectura*

---

 **4 Escribir** Escribir sobre una ocasión en la que te enojaste.

Es posible que hayas oído que en vez de expresar tu enojo abiertamente cuando estás enojado(a), es mejor escribir sobre ello para quitártelo de la cabeza. Escribe acerca de un evento o situación reciente que te hicieron enojarte. Describe lo que pasó y por qué te enojaste.

**pág. 300** Actividad 9
**pág. 303** Actividad 14
**pág. 306** Actividad 19
**pág. 307** Actividad 20

---

 **5 Pensar** Demostrar un entendimiento de los programas de televisión que se emiten en los canales hispanohablantes.

Piensa en la popularidad de las telenovelas, los concursos y los eventos deportivos en las estaciones de televisión de los Estados Unidos. ¿Crees estos programas también serían populares en las estaciones de televisión dedicadas a los hispanohablantes? Da ejemplos basándote en lo que aprendiste en este capítulo, para apoyar tu opinión.

**pág. 308** *Fondo cultural*
**pág. 312** *La cultura en vivo*

**Go Online**
**PHSchool.com**
Web Code
jdd-0608

# A ver si recuerdas... (páginas 318–319)

Haz una lista de las películas que has visto. Después, clasifícalas de acuerdo a los criterios de la siguiente tabla.

| Tipos de películas | | | | | |
|---|---|---|---|---|---|
| Policíaca | Comedia | Drama | Ciencia ficción | Romántica | Horror |
| | | | | | |

 (página 318)

**El centenario del cine mexicano**   En 1896 se filmó la primera película en México, titulada *El Presidente de la República paseando a caballo en el Bosque de Chapultepec*. Cien años después se celebró el primer centenario del cine mexicano con la emisión de un sello postal que representaba a algunas de las estrellas más famosas del cine mexicano: César Fernández, Patricia Mitre, Pedro Armendáriz, Dolores Del Río, entre otros. En la actualidad, la moderna industrial del cine mexicano produce películas que compiten en los Óscars de Hollywood.

1. ¿Alguna vez has visto una película mexicana? ¿De qué se trataba?

   _____

   _____

2. ¿Alguna vez has visto una película antigua en blanco y negro? ¿Qué te pareció esa película?

   _____

   _____

3. ¿Cuáles películas te gustan más: las modernas o las antiguas? Explica tu respuesta.

   _____

   _____

# ¿Qué película has visto?

## Conexión geográfica (página 319)

Este mapa incluye los países que se estudian en este capítulo. Identifica los lugares (países o estados) sombreados, escribiendo el nombre en el espacio indicado.

**Go Online**
**PHSchool.com**
Web Code
jde-0002

# A primera vista (páginas 320–321)

Escribe quiénes hacen lo siguiente en el mundo del cine (escribe la forma masculina y la femenina).

1. dirige a los actores _____

2. viene del espacio _____

3. escribe comentarios sobre las películas _____

4. captura a los criminales _____

5. roba a la gente _____

**B**

Lee esta reseña *(review)* de *Camino al amor* y completa las frases.

Ayer vi la película *Camino al amor* y cuenta la historia de una joven humilde, Soledad

Soto, que va a la ciudad a trabajar. Un día un _____ se roba algunas joyas muy caras.

Todo el mundo piensa que Soledad las _____. La pobre no sabe qué hacer. El

_____ es complicado pero, al final, el galán captura a los ladrones y se casa con

Soledad. Bety Campos _____ de Soledad y Rubén Lozano es el galán.

La _____ de Bety es maravillosa y la _____ de H. Pinto es estupenda.

## Ampliación del lenguaje

Fíjate en las palabras *actuación* y *dirección*.

*-ción* es un sufijo que indica acción o resultado: dirigir ⟶ *dirección;* actuar ⟶ *actuación*

¿Qué otras palabras conoces con este sufijo? Escribe en tu cuaderno otras tres palabras terminadas en *-ción* y escribe al lado de cada una el verbo con el que se relaciona.

## Videohistoria (páginas **322–323**)

### Actividad D

Imagina que vas a describir la película de Manolo a una productora de cine para convencerla de filmar la película. Completa la historia según las frases a continuación.

Bueno, ésta es una historia muy curiosa. Va a necesitar algunos efectos especiales. Un día, Ramón, un estudiante de secundaria, recuerda que tiene un examen y ¡no ha estudiado! De repente aparece un mosquito.

_____

_____

Ramón está a punto de matarlo.

_____

_____

El mosquito le propone un plan para tener éxito en el examen.

_____

_____

Ramón acepta el plan y el día siguiente, Teresa lo despierta.

_____

_____

¿A cuáles estrellas de cine les darías los papeles principales? Escribe los nombres y di por qué.

El mosquito _____

_____

Ramón _____

_____

Teresa _____

_____

# Manos a la obra (páginas 324–327)

**Actividad E**

Lee las siguientes oraciones e indica si son ciertas (C) o falsas (F) según lo que has aprendido sobre el cine. Si la oración es falsa, escríbela correctamente abajo.

1. ____ El/La director(a) normalmente hace el papel de uno de los personajes.

_____

2. ____ Las películas sobre historias de la vida real suelen tener muchos efectos especiales.

_____

3. ____ Los detectives frecuentemente aparecen en una película de acción.

_____

4. ____ Los galanes son personajes de las películas de acción.

_____

5. ____ El argumento de una película explica cuál es el tema central.

_____

6. ____ Muchos libros están basados en películas.

_____

**Actividad F**

Vuelve a mirar la tabla de la página 230 de este libro. Algunas películas que has incluido en la tabla quizás tienen elementos de más de una categoría. Piensa en una película que has visto recientemente que puede pertenecer a dos o más categorías y explica por qué en tu cuaderno.

> **Modelo**  Muchas de las películas de Cantinflas (*Fondo cultural*, pág. 325 de tu libro de texto) son comedias, pero a la vez son dramas y películas románticas. Cantinflas siempre hace el papel de un joven gracioso. Casi siempre se enamora de una señorita que no se enamora de él. El argumento incluye eventos tristes y mucha emoción. Por eso muchas de las películas de Cantinflas se pueden considerar comedias, dramas y películas románticas.

## Ampliación del lenguaje

### Planteamiento, nudo y desenlace

Recuerda que las tres partes principales del argumento de una historia son el planteamiento, el nudo y el desenlace.

En el **planteamiento** se presentan los personajes, el escenario y se introduce el problema de la historia.

En el **nudo** se explica lo que les ocurre a los personajes a partir del problema.

El **desenlace** es el final de la historia, en donde se resuelve el problema.

Piensa en tu cuento favorito o novela favorita. ¿Cómo se adaptaría para el cine? Describe la película a continuación.

| Título | |
| --- | --- |
| **Argumento**<br>*Resume muy brevemente cada una de las partes de la historia.* | |
| **Personaje(s) principal(es)**<br>*Escribe el (los) nombre(s) y describe a cada personaje.* | |
| **Personaje(s) secundario(s)**<br>*Indica el papel de cada personaje y una característica.* | |
| **Escenario(s)**<br>*Describe el (los) lugar(es) donde se desarrolla la película.* | |

## Gramática • Repaso

(página **328**)

### Verbos que requieren el uso de pronombres de objeto indirecto

Aquí tienes algunos de los verbos que ya has aprendido, que se usan con pronombres de objeto indirecto.

| | |
|---|---|
| **aburrir** | **importar** |
| **doler** | **interesar** |
| **encantar** | **molestar** |
| **fascinar** | **parecer** |
| **gustar** | **quedar** |

Todos estos verbos se usan con una estructura similar: pronombre de objeto indirecto + verbo + sujeto.

Les encantan los efectos especiales en esa película.

Nos aburre mucho esa película.

¿Te molesta la música de esta película?

---

*A* + un sustantivo o un pronombre se usa con estos verbos para dar énfasis o para clarificar. Los pronombres concuerdan con el pronombre de objeto indirecto y lo clarifican.

| (A mí) | **me** | (A nosotros) (A nosotras) | **nos** |
|---|---|---|---|
| (A ti) | **te** | (A vosotros) (A vosotras) | **os** |
| (A Ud.) (A él) (A ella) | **le** | (A Uds.) (A ellos) (A ellas) | **les** |

A mí me importan mucho los efectos especiales en una película.

A Juanita le fascinan las películas de terror.

¿A Uds. les parece realista la película de acción?

A Tomás le molestan las películas de horror.

### Gramática interactiva

**Encuentra**

- Subraya la raíz de los verbos de la lista.

- Encierra en un rectángulo los verbos que tengan cambios en el radical al conjugarlos en el presente de indicativo.

**Analiza**

- Encierra en un círculo los pronombres que indican cuál es el objeto indirecto de las frases que se incluyen como ejemplos.

- En las frases con *a* + sustantivo o pronombre, identifica el objeto indirecto de cada frase y enciérralo en un círculo también.

Nombre _____    Fecha _____

Actividad
**H**

•••••••••••••••••••••••••••••••••••••••••••••••••••••••••••••••••

¿Cuál es tu opinión y la de tus amigos sobre las siguientes cuestiones? Responde usando frases completas. Luego subraya el pronombre de objeto indirecto en cada pregunta.

**1.** ¿Te gustan las películas de ciencia ficción?

_____

**2.** ¿Qué películas les interesan a tus amigos(as)?

_____

**3.** ¿Te importa si en una película hay personajes fantásticos y superhéroes?

_____

**4.** ¿A tus amigos y a ti les aburren las películas románticas?

_____

**5.** ¿Te molesta si en una película no hay mucha acción?

_____

**6.** ¿Sabes qué película le encanta a tu mejor amigo(a)? ¿Qué te parece a ti esa película?

_____

Actividad
**I**

•••••••••••••••••••••••••••••••••••••••••••••••••••••••••••••••••

A continuación tienes las notas abreviadas que tomaron dos críticos que fueron a ver la misma película. Lee sus comentarios y después, escribe en tu cuaderno la reseña de cada uno.

**Crítico 1**

actriz principal / fascinar
actores secundarios / interesar poco
argumento / aburrir
parecer / violencia excesiva
efectos especiales / encantar
director / gustar
música / importar

**Crítico 2**

actriz principal / aburrir
actores secundarios / fascinar
argumento / encantar
parecer / diálogo excesivo
efectos especiales / molestar
director / interesar
música / gustar

## Gramática

### El presente perfecto

(página **331**)

El presente perfecto se usa para expresar lo que una persona ha hecho. El tiempo en el que se sitúa la acción expresada por el presente perfecto es un pasado que se prolonga hasta el presente.

Recientemente **hemos alquilado** muchos videos.
Esta semana **he ido** al cine dos veces.

Para formar el presente perfecto se usa la forma del presente de *haber* + el participio pasado.

| **he** alquilado | **hemos** alquilado |
|---|---|
| **has** alquilado | **habéis** alquilado |
| **ha** alquilado | **han** alquilado |

Para formar el participio pasado de un verbo, se sustituye la terminación del infinitivo con *-ado* para los verbos terminados en *-ar* y con *-ido* para los verbos terminados en *-er* o en *-ir*.

hablar ⟶ **hablado**
comer ⟶ **comido**
vivir ⟶ **vivido**

La mayor parte de los verbos que tienen dos vocales juntas en el infinitivo llevan un acento escrito en la *i* del participio pasado.

caer ⟶ **caído**    oír ⟶ **oído**
leer ⟶ **leído**    traer ⟶ **traído**

Algunos verbos tienen participios pasados que son irregulares.

decir ⟶ **dicho**    poner ⟶ **puesto**
devolver ⟶ **devuelto**    romper ⟶ **roto**
escribir ⟶ **escrito**    ver ⟶ **visto**
hacer ⟶ **hecho**    volver ⟶ **vuelto**
morir ⟶ **muerto**

Si se usan pronombres de objeto o pronombres reflexivos con el presente perfecto, el pronombre debe ir justo antes de la forma verbal de *haber*.

—¿**Has visto** la nueva película de Ramón Guevara?
—No, no **la he visto**.

### Gramática interactiva

**Reflexiona**
Piensa en otros tres verbos terminados en *-ar, -er, -ir*. Escríbelos junto a *hablar, comer* y *vivir*.

Ahora, escribe el participio de los siguientes verbos irregulares:

abrir _____

cubrir _____

descubrir _____

freír _____

deshacer _____

resolver _____

## Ampliación del lenguaje

### *Ha* y *a*

Debido a que la *h* en español es muda, las palabras *ha* (del verbo *haber*) y *a* (preposición) suenan igual.

Al escribir, recuerda que:

• *ha* siempre va seguida de un participio pasado.

Inés **ha** leído ese libro.

• *a* indica el lugar a donde se dirigen personas, objetos o conceptos.

Todos fueron **a** la feria.

**Actividad J**

Completa el siguiente diálogo entre Marta y Rosa con la forma apropiada del presente perfecto. Presta atención a los participios pasados irregulares.

**MARTA:** Rosa, ¿ _____ *(ver)* la película *Monsters, Inc.*?

**ROSA:** No, no la _____ *(ver)*, pero _____ *(oír)* hablar de ella.

**MARTA:** Pues para mí, _____ *(ser)* una de las mejores experiencias que yo _____ *(tener)* en mucho tiempo. No podía dejar de reír viéndola.

**ROSA:** No sé, Marta, Luis y yo _____ *(leer)* las críticas sobre la película, y la verdad es que no fueron favorables.

**MARTA:** Entonces es porque la persona que escribió la crítica no _____ *(estudiar)* nada sobre cine. Esta película va a ser un clásico. Ya lo verás.

**ROSA:** ¿Un clásico? Marta, creo que no _____ *(aprender)* tanto como piensas en esas clases de cinematografía que estás tomando.

**MARTA:** ¡Cómo que no! Sí hasta (yo) _____ *(escribir)* un guión y un amigo me _____ *(decir)* que es buenísimo.

**Actividad K**

¿Qué has experimentado? En tu cuaderno, escribe una oración con el presente perfecto para cada frase a continuación. Incluye detalles en tu respuesta.

**Modelo** *viajar a México—He viajado a México para visitar a mis parientes.*

1. ver una película en español
2. estudiar francés
3. alquilar una película
4. escribir un cuento
5. sacar un libro de una biblioteca
6. romper un hueso

# Lectura cultural (página 332)

Aquí tienes más información sobre el cine en el mundo hispano. Léela y después completa las actividades a continuación.

---

## El festival de cine hispano en Miami

El festival de cine hispano en Miami celebra su octavo aniversario en 2004. En este festival, el premio se llama la "Garza de Oro". En él participan películas de casi todos los países de habla hispana, y el objetivo es premiar a las mejores, además de difundir el cine hispano por todo el mundo.

Entre los criterios para evaluar las películas que compiten, se encuentran la contribución cultural de la película, el guión *(script)*, la técnica de filmación, cámara, narración, etc. Los criterios también incluyen la actuación y la calidad de la película.

En el año 2003 participaron cuarenta y dos películas en este festival, pero solamente doce de ellas fueron seleccionadas como finalistas para competir por una Garza de Oro.

La película ganadora del festival de 2003 fue *Fausto* (España); el premio a la mejor actriz se lo llevó una actriz chilena, Siboney Lo de *El Leyton;* el premio al mejor guión lo recibió Antonio Echevarrías por su película *Volverás,* que es una producción en la que han colaborado cineastas españoles y mexicanos.

La octava edición del festival se llevó a cabo en abril de 2004 en los teatros Regal Cinema de Miami Beach y de Broward, en Miami, Florida. En esta edición se seleccionaron para la final 15 películas entre las setenta y ocho producciones presentadas. El premio a la mejor película lo llevó el largometraje colombiano *La primera noche;* el premio para el mejor director fue para Boris Quercia, de Chile; el venezolano Alejandro Chabán obtuvo el premio al mejor actor y la argentina Leticia Bredice el premio a la mejor actriz.

---

**Actividad L**

En tu cuaderno, responde a estas preguntas sobre el festival de cine hispano.

1. ¿Cuánto tiempo hace que se celebra el festival y cuál es su finalidad?

2. ¿Cuál es el premio del festival y qué factores que se tienen en cuenta para otorgar ese premio?

3. Haz un breve resumen de algunos datos interesantes de los años más recientes del festival.

## Conexiones  Las matemáticas (página 334)

Vuelve a mirar las gráficas circulares de la página 334 de tu libro de texto. Si ya has completado la actividad del libro, usa tus propias gráficas para hacer esta actividad. Si no tienes tus propias gráficas, usa las del libro de texto.

Basándote en las gráficas y en el vocabulario de la caja a la derecha, escribe un párrafo corto explicando los datos de las gráficas.

> **Modelo**  *El cincuenta y ocho por ciento de los estudiantes vieron las películas en sus propias casas. Casi la mitad de los estudiantes, el 47 por ciento, prefieren las películas de acción. Un pequeño porcentaje de estudiantes vieron películas policíacas.*

| | | |
|---|---|---|
| % = porcentaje | = | tanto por ciento |
| el cincuenta por ciento | = | la mitad |
| el veinticinco por ciento | = | la cuarta parte |
| la mayoría | = | la parte mayor |
| casi el diez por ciento | = | poco menos del diez por ciento |

más de la mitad
menos de la mitad

_____

_____

_____

_____

## El español en el mundo del trabajo

(página 333)

Vuelve a leer la información sobre las carreras en la industria cinematográfica en la página 333 de tu libro de texto. Hay muchas oportunidades para jóvenes bilingües con talento de trabajar en los centros principales de filmación.

Imagina que eres un(a) director(a) famoso(a) y que un joven fascinado por el cine te pregunta cómo puede prepararse para una carrera de técnico en un estudio de filmación. Escribe en tu cuaderno un párrafo breve aconsejándolo.

# ¡Adelante! (páginas 336–337)

## Lectura 1

Actividad Ñ

Para leer las siguientes críticas de cine, sigue las instrucciones en la caja que está al margen.
Después de leer, haz el resto de las actividades de la caja.

### Estrategia

**Leer para conocer los detalles**
Cuando leas un texto buscando información específica, quizá necesites leerlo más de una vez. Primero puedes leerlo para tener una idea general de lo que trata y luego volver a leerlo fijándote en detalles adicionales.

---

### Lectura interactiva

**Identifica detalles**
Lee el texto una vez fijándote en la idea general. Después vuelve a leerlo y, para cada película, encierra en un círculo un detalle que te pasó inadvertido en la primera lectura.

**Usa el contexto**
Busca las siguientes palabras en el texto, subráyalas y luego para cada una, escribe un sinónimo que se pueda usar en ese mismo contexto.

alianzas

_____

comunidad

_____

comienza

_____

provoca

_____

---

#### EL SEÑOR DE LOS ANILLOS 2: LAS DOS TORRES
EE.UU., NUEVA ZELANDIA, 2002 / CLASIFICACIÓN: B / DIRECTOR: PETER JACKSON / ACTORES: ELIJAH WOOD, IAN MACKELLEN, VIGGO MORTENSEN, LIV TYLER, CATE BLANCHETT

#### SINOPSIS
Los *Hobbits* Frodo y Sam continúan su viaje hacia Mordor, con la misión de destruir el Anillo Único, pero se dan cuenta de que los sigue Gollum. Al mismo tiempo, el resto de la comunidad —Aragorn, Legolas, Gimli, Merry y Pippin— hacen nuevas alianzas con el pueblo de Rohan. La comunidad va a tener que pelearse contra las fuerzas que salen de las dos torres.

#### CRÍTICA
*Las dos torres* es espectacular. La historia, los personajes y la cinematografía son excelentes, sobre todo los efectos especiales. Los actores actúan muy bien, y me encantó el personaje digital Gollum. ¡Ojo! ¡La película es muy larga! Compre dulces y refrescos antes de sentarse.

**CALIFICACIÓN: 10 / 10**

---

#### EL ATAQUE DE LOS CLONES
EE.UU., 2002 / CLASIFICACIÓN: B / DIRECTOR: GEORGE LUCAS / ACTORES: EWAN MCGREGOR, HAYDEN CHRISTENSEN, NATALIE PORTMAN

#### SINOPSIS
La película comienza diez años después de los eventos de *La amenaza fantasma*. La Reina Amidala es ahora una senadora del gobierno del planeta Naboo. Cuando tratan de matarla, el Concilio Jedi le da de guardaespaldas al Caballero Jedi Obi Wan Kenobi y a su estudiante, Anakin Skywalker. Un segundo ataque provoca que la senadora y Anakin regresen a Naboo. Obi Wan investiga los ataques contra Amidala. Así, cada "equipo" por su parte descubre una conspiración política y militar.

#### CRÍTICA
Esta película es muy comercial. Lo más interesante es el uso de los efectos especiales. El argumento es horrible. Es muy difícil de entender y no es muy lógica. Por los efectos especiales, le doy 10/10. Por el argumento, sólo le doy 5/10.

**CALIFICACIÓN: 5 / 10**

**Actividad O**

Identifica las críticas positivas en la lista de la izquierda y los comentarios negativos en la lista de la derecha. Después, si has visto alguna de las dos películas, añade tus propios comentarios en la lista adecuada.

**El señor de los anillos 2: Las dos torres**

| Críticas positivas | Críticas negativas |
|---|---|
| _____ | _____ |
| _____ | _____ |
| _____ | _____ |
| _____ | _____ |

**El ataque de los clones**

| Críticas positivas | Críticas negativas |
|---|---|
| _____ | _____ |
| _____ | _____ |
| _____ | _____ |
| _____ | _____ |

**Actividad P**

Es tu turno de hacer de crítico(a). Piensa en una película que hayas visto últimamente. Puede ser en español o en inglés. Usa las críticas anteriores como modelo.

Título de la película: _____

País: _____    Año: _____    Tipo de película: _____

Personajes principales: _____

Comentarios generales: _____

_____

_____

Recomendada para personas que _____

_____

No recomendada para _____

_____

## Lectura 2

Después de leer el texto sobre la vida del director de cine Guillermo del Toro, haz las actividades al margen.

### Estrategia

**Identificar los momentos más importantes** Cuando leas una biografía, el identificar los momentos más importantes de la vida de la persona te ayudará a comprender mejor su trayectoria profesional o artística.

### Lectura interactiva

**Identifica momentos importantes**
En el texto, encierra en un rectángulo las frases que describen los momentos más importantes en la carrera de del Toro.

**Usa el contexto**
- Encierra en un círculo las palabras *serie* y *alabanza.*

- Usa el contexto para deducir el significado de estas palabras. Subraya palabras o frases que dan pistas sobre sus significados y únelas con una línea con la palabra correspondiente.

## Guillermo del Toro

El director de cine Guillermo del Toro nació en la ciudad de Guadalajara, Jalisco, México, en el año 1964. Desde niño fue muy aficionado a las películas de terror.

En sus años de estudiante, filmó varios cortometrajes (películas cortas) sobre historias de monstruos y de terror. Para lograr mejores efectos en sus películas, siguió un curso de maquillaje. Más tarde, fundó *Necropia,* una empresa de monstruos y efectos especiales con maquillaje. Enseguida del Toro comenzó a recibir ofertas de trabajo. Durante la década de los 80 trabajó en más de 22 películas para la televisión y el cine. En esta época, también escribió y dirigió varios episodios de una serie de terror para televisión que se llamaba *Hora Marcada.*

En 1992 filmó *Cronos,* su primer largometraje, una original historia sobre vampiros. Esta película tuvo gran éxito en México y ganó los premios Ariel de Oro (los *Oscars* mexicanos) a mejor película, mejor director y mejor guión. También fue elegida por México como película oficial para presentar a los *Oscars* en 1994. Además de estos reconocimientos en México, *Cronos* obtuvo premios en varios festivales europeos. Su segunda película *Mimic,* también de terror, se filmó en los Estados Unidos y se estrenó en 1997.

En 2001, volvió a México para trabajar en la película *El espinazo del diablo.* Esta película fue otro éxito y recibió la alabanza de los críticos.

Del Toro siguió con *Blade 2* en 2002, otra película sobre vampiros. Su última película fue *Hellboy,* basada en el libro de comics del mismo nombre. Es otro ejemplo del talento de del Toro.

**Actividad R**

Responde a las preguntas siguientes sobre el texto.

**1.** ¿Quién es Guillermo del Toro?

_____

_____

**2.** ¿Cómo empezó Guillermo del Toro en el cine?

_____

_____

**3.** ¿Qué tipo de cine hace Guillermo del Toro?

_____

_____

**4.** Escribe un breve resumen de la vida de Guillermo del Toro basándote en los momentos importantes que identificaste en la Actividad P.

_____

_____

_____

_____

**Actividad S**

¿Has visto alguna película de Guillermo del Toro? Si no has visto ninguna, responde a las siguientes preguntas basándote en cualquier película de horror que hayas visto. ¿Cuál es el título de la película? ¿Dé que trata? ¿Qué es lo que más te ha gustado de la película? ¿Y lo que menos te ha gustado? Escribe un párrafo corto para responder a estas preguntas y explicar tus repuestas.

_____

_____

_____

_____

# Perspectivas del mundo hispano (página 338)

En la página 338 de tu libro de texto has leído sobre los doblajes. Lee el texto siguiente para saber más sobre este tema. Luego, responde a las preguntas en tu cuaderno.

## Qué hay en un doblaje

¿Te interesa saber cómo se hace un doblaje? ¿Cómo es el trabajo de un actor o una actriz de doblaje? ¿Qué cualidades hay que tener para dedicarse al doblaje?

Para trabajar en doblajes, lo primero es ser actor, ya que el doblaje es una especialidad dentro de la actuación.

Otro factor es el sincronismo o ajuste entre las palabras del actor que dobla y el diálogo original. El actor de doblaje tiene que ajustar el diálogo a la escena de la película, tiene que conseguir decir su frase mientras el actor de la película está moviendo los labios. Entonces, el actor de doblaje tiene que hacerle llegar al espectador los sentimientos y la emoción que tiene el personaje al que está doblando.

Otro factor importante es la voz. Según la calidad y el tipo de voz que tengas podrás interpretar distintos personajes. El actor de doblaje tiene que establecer la mayor semejanza posible entre la voz original y la voz del doblaje. Por lo general, los actores de doblaje que logran adaptar su voz a la de un actor de cine, doblan siempre a ese mismo actor. Así actores y actrices famosos como Robert de Niro, Mel Gibson o Meryl Streep, tienen su "voz fija" en otros idiomas.

Los dibujos animados son parte del doblaje. El doblaje de animación permite ser más creativo en este doblaje puedes usar muchos tonos y registros de voz. Algunos actores prefieren doblar personas, mientras que otros prefieren trabajar con dibujos animados. En ambos casos el trabajo resulta interesante y divertido.

En tu cuaderno, responde a las siguientes preguntas teniendo en cuenta lo que acabas de leer.

1. ¿Cuál es el tema principal del texto?

2. ¿Qué tres factores son importantes en un doblaje? ¿Crees que todos son igualmente importantes o que alguno es más importante que los demás?

3. ¿Crees que un buen doblaje puede hacer llegar al espectador exactamente las mismas emociones y sentimientos que hay en la película original? Explica tu respuesta.

4. ¿Crees que es más fácil doblar de unos idiomas a otros o que es lo mismo con todos los idiomas? ¿Qué dificultades crees que puede haber para doblar una película del inglés al español relacionada con las diferencias que puede haber entres ambas lenguas?

# Presentación escrita (página 339)

## Luces, cámara, acción

1. **Antes de escribir**

   Piensa en el tipo de película que quieres escribir: de misterio, una comedia, de ciencia ficción o de amor. ¿Cuál es el argumento? ¿Quiénes son los personajes principales? ¿Qué actores o actrices seleccionarías para hacer los papeles principales? ¿Por qué? ¿Qué escena podría dar una buena idea de cómo será la película?

2. **Borrador**

   Escribe un resumen corto de la película. Luego escribe el guión para la escena que elegiste, el diálogo y las instrucciones para los actores. Puedes usar el método del guión gráfico para mostrar el desarrollo de la escena.

3. **Revisión**

   Lee tu artículo y asegúrate de que la ortografía, las concordancias, las formas verbales y el uso del vocabulario son correctos. Muéstrale tu resumen a un(a) compañero(a) para que revise si hay errores, si el resumen es completo, si el argumento está presentado siguiendo un orden lógico y si la escena es fácil de entender.

4. **Publicación**

   Vuelve a escribir el resumen y la escena haciendo todos los cambios y correcciones necesarios. Entrega una copia a tu maestro(a) o ponla en tu portafolios. La clase puede seleccionar la presentación ganadora del concurso.

5. **Evaluación**

   Quizá tu profesor(a) te dé los criterios de cómo va a ser evaluada tu presentación. Probablemente, tu presentación será evaluada teniendo en cuenta:

   - lo completa que es la información incluida en tu resumen.
   - la claridad y la lógica en la presentación de las ideas del resumen.
   - lo representativa que resulta la escena con respecto al argumento de la película.

## Tarea

En tu clase se está haciendo un concurso para buscar ideas nuevas, emocionantes o humorísticas para una película. Para participar en este concurso, tienes que hacer una breve descripción del argumento y de los personajes principales. También necesitarás planificar los detalles de una escena para mostrar cómo va a ser la película.

## Estrategia

**Esbozar tus ideas** Muchos guionistas de cine escriben muchos esbozos de ideas clave antes de empezar a escribir el guión. Se enfocan en la visión general: tipo de película, argumento y descripción de los personajes. Hacer esto te ayudará a escribir tu proyecto para el concurso.

## Estrategia

**Dibujar una escena** Un instrumento comúnmente usado al escribir guiones de películas es el dibujo de escenas, llamado guión gráfico. Puedes hacer un guión gráfico o dibujar la escena sobre la que vas a escribir.

## Repaso del capítulo

**Para preparar el examen, revisa si...**
- conoces el vocabulario nuevo y la gramática.
- puedes realizar las tareas de la página 249.

# Repaso del capítulo (página 342)

## Vocabulario y gramática

### para hablar de películas

| | |
|---|---|
| alquilar | to rent |
| el amor | love |
| arrestar | to arrest |
| capturar | to capture |
| el crimen | crime |
| el (la) criminal | criminal |
| el crítico, la crítica | critic |
| el (la) detective | detective |
| enamorarse (de) | to fall in love (with) |
| (estar) enamorado, -a de | (to be) in love with |
| la estrella (del cine) | (movie) star |
| el (la) extraterrestre | alien |
| fascinar | to fascinate |
| el fracaso | failure |
| el galán | leading man |
| he visto | I have seen |
| has visto | you have seen |
| el ladrón, la ladrona pl. los ladrones | thief |
| matar | to kill |
| la película de acción | action film |
| ¿Qué tal es...? | How is (it)...? |
| recomendar (e → ie) | to recommend |
| robar | to rob, to steal |
| será | he / she / it will be |
| tener éxito | to succeed, to be successful |
| tratarse de | to be about |
| la víctima | victim |
| la violencia | violence |

### para hablar de cómo hacer películas

| | |
|---|---|
| la actuación | acting |
| el argumento | plot |
| la dirección | direction |
| el director, la directora | director |
| los efectos especiales | special effects |
| la escena | scene |
| estar basado, -a en | to be based on |
| el papel | role |
| hacer el papel de | to play the role of |
| el personaje principal | main character |

### otras palabras útiles

| | |
|---|---|
| no... todavía | not yet |

### pronombres de objeto indirecto

| me | nos |
|---|---|
| te | os |
| le | les |

### presente perfecto

haber + participio pasado

| he estudiado | hemos estudiado |
|---|---|
| has estudiado | habéis estudiado |
| ha estudiado | han estudiado |

### participios pasados

| hablar → hablado |
|---|
| comer → comido |
| vivir → vivido |

### participios pasados de verbos irregulares

| decir: dicho |
|---|
| devolver: devuelto |
| escribir: escrito |
| hacer: hecho |
| morir: muerto |
| poner: puesto |
| romper: roto |
| ver: visto |
| volver: vuelto |

### ● Más práctica

Practice Workbook Puzzle 6B-8
Practice Workbook Organizer 6B-9

# Preparación para el examen (página 343)

| En el examen vas a... | Éstas son las tareas que te pueden ser útiles para el examen... | Si necesitas repasar... |
|---|---|---|

  **1** **Escuchar** Escuchar y entender a la gente que habla sobre una película que han visto.

Escucha a un crítico de cine mientras entrevista al público que sale de ver la película *Mil secretos*. Indica qué pensaron de: (a) los actores; (b) el director; (c) los efectos especiales; (d) el tema y (e) las posibilidades de que la película reciba un premio en el futuro.

**págs. 320–323** *A primera vista*
**pág. 325** Actividad 6
**pág. 332** Actividad 18

  **2** **Hablar** Hablar sobre una película reciente que has visto en el cine o en la casa.

Has descubierto que tú y un estudiante de intercambio de España comparten el gusto por el cine. ¿Qué puedes contarle sobre una película reciente que hayas visto? Practica la conversación con un(a) compañero(a) de clase e incluye: (a) el tipo de película que era; (b) de qué trataba la película; (c) quiénes eran los actores principales, y (d) por qué te gustó o no te gustó la película.

**pág. 324** Actividad 4
**pág. 325** Actividad 7
**pág. 326** Actividad 8
**pág. 329** Actividades 12–13
**pág. 332** Actividad 19

**3** **Leer** Leer y entender la reseña de una película.

Lee esta reseña de un popular crítico del cine español. ¿Crees que le gustó la película? ¿Por qué?

Esta película, "Nuestra familia", nos cuenta la historia de una "familia" de criminales violentos. ¡Es un producto de Hollywood y nosotros somos las víctimas! Sin duda, la película ha capturado la sociedad mala que nos fascina. Está basada en una familia de la vida real y se trata de la vida diaria de ellos. El actor Ramón Robles hace el papel del galán. Es un hombre físicamente atractivo y talentoso y sólo su participación vale el precio de la entrada. La película tiene una clasificación de prohibida para menores. ¡Debe ser prohibida para TODOS!

**pág. 324** Actividad 5
**pág. 328** Actividad 11
**pág. 330** Actividad 16
**págs. 336–337** *Lectura*

  **4** **Escribir** Escribir sobre una película que te gustaría producir.

Mientras buscabas películas en español en Internet, descubriste un cuestionario que quieres completar. En el cuestionario te piden que escribas algunas oraciones sobre: (a) películas que hayas visto durante el mes pasado; (b) si te gustaron o no, y (c) lo que los críticos han dicho sobre estas películas.

**pág. 326** Actividad 8
**pág. 327** Actividades 9–10
**pág. 329** Actividades 12–14
**pág. 334** Actividad 22
**pág. 339** *Presentación escrita*

  **5** **Pensar** Demostrar un conocimiento de la forma en que las películas pueden reflejar el lenguaje y la cultura del país donde se realizan.

Tu profesor(a) de español ha asignado a la clase ver una película mexicana como tarea. Cuando alquilas la película y la llevas a casa, tu familia quiere saber por qué tiene subtítulos o por qué está doblada. ¿Cómo les explicas este proceso? ¿Qué crees que les sorprenderá de esta información?

**pág. 338** *Perspectivas del mundo hispano*

Go Online
PHSchool.com
Web Code jdd-0617

# A ver si recuerdas... (páginas 344–345)

Imagínate que vas a preparar la comida para una fiesta escolar. Completa la tabla siguiente con los ingredientes que necesitarías para preparar una pizza especial con alimentos tomados de la pirámide nutritiva.

| | cereales | verduras | productos lácteos | carne / pescado | grasas | dulces |
|---|---|---|---|---|---|---|
| pizza | | | | | | |

**Fondo cultural** ◼️◆◼️▽◼️◆◼️▽◼️◆ (página 346)

**Simón Silva**   Este pintor mexicano nació en Mexicali, muy cerca de la frontera con los Estados Unidos, en 1961. Al año siguiente él y familia se mudaron a California. Durante su juventud fue trabajador agrícola. Esta experiencia marcó el contenido y el estilo de sus obras. El pintor comenta que sus obras no buscan presentar una visión romántica de la vida de los trabajadores agrícolas temporales. Por el contrario, nos dice que este trabajo es largo, agotador y doloroso, destruye las rodillas, los nudillos, la espalda y en general todos los huesos. Silva dice que sus pinturas son simples, poderosas, bellas y se centran en la cultura chicana.

1. ¿Sabes de dónde vienen y cómo se producen los alimentos que comes a diario? Explica tu respuesta.

   _____

   _____

2. Escribe todas las profesiones y los oficios que creas que están involucrados en la producción de tus alimentos.

   _____

   _____

**Capítulo 7A**

# ¿Cómo se hace la paella?

### Objetivos del capítulo

- Hablar sobre la comida y la cocina
- Decirles a los demás lo que no deben hacer
- Describir lo que la gente hace generalmente
- Entender las perspectivas culturales referentes a las recetas de cocina y la preparación de comida

## Conexión geográfica (página 347)

Los pueblos y ciudades que están a las orillas del mar, ríos o lagos pueden aprovechar los recursos que les proporcionan estas aguas. Uno de estos recursos es el pescado, que forma parte de la alimentación de las poblaciones que viven allí. ¿Cuáles de los lugares (países o estados) sombreados no tienen salida al mar? Usa este mapa y los de las páginas xvi a xxix de tu libro de texto.

Web Code
jde-0002

# A primera vista (páginas 348–349)

**Actividad A**

Clasifica el vocabulario del capítulo. En el espacio delante de cada expresión, escribe una *C* para las cosas de comer, una *R* para las instrucciones de una receta y una *U* para los utensilios, electrodomésticos y objetos de cocina.

| | | | |
|---|---|---|---|
| ___ probar | ___ la olla | ___ los guisantes | ___ picar |
| ___ la fruta fresca | ___ el caldo | ___ pelar | ___ el aceite |
| ___ el horno | ___ la sartén | ___ calentar | ___ la estufa |
| ___ el refrigerador | ___ freír | ___ el ajo | ___ los camarones |
| ___ el vinagre | ___ hervir | ___ el fregadero | ___ la cuchara |
| ___ batir | ___ el microondas | ___ la salsa | ___ los mariscos |
| ___ el fuego | ___ frito | ___ mezclar | ___ las frutas congeladas |

## También se dice...

**la olla** = la cacerola (España)

**los guisantes** = los chícharos (México), las arvejas (Argentina)

**Actividad B**

A tu amigo(a) le encanta cocinar y ha sacado de la biblioteca un libro de cocina hispanoamericana. El libro está escrito en español y tu amigo(a) te ha pedido que le hagas una lista para recordar las principales palabras relacionadas con la cocina. Recuerda lo que aprendiste en *A primera vista*.

1. cinco electrodomésticos o utensilios que se encuentren en una cocina

_____

2. cinco verbos que pueden ser útiles para hablar de cómo preparar alimentos

_____

3. tres formas diferentes en las que se puede encontrar un alimento en el mercado

_____

## Videohistoria    (páginas 350–351)

### Actividad C

¿Recuerdas la *Videohistoria* del capítulo? Identifica quién dijo cada una de estas frases. Para Ignacio escribe una *I* y para Javier escribe una *J*.

1. ___ No uso ingredientes congelados.

2. ___ Quiero preparar una comida para Ana.

3. ___ ¿Enciendo el horno ya?

4. ___ ¡No tires el aceite!

5. ___ ¿Pongo el aceite en la olla?

6. ___ Tienes que picar los ajos primero.

> ### Ampliación del lenguaje
>
> La conjunción *sino* y *si no*
>
> La palabra *sino* se usa para mostrar la preferencia de una cosa sobre otra. Por ejemplo: La paella no se hace con pasta, *sino* con arroz.
>
> Usamos *si no* para señalar una condición. Por ejemplo: **Si no** vienes, yo tampoco voy.

### Actividad D

A veces contamos una anécdota en tiempo presente para que quienes nos escuchan se sientan como si estuvieran viviendo el momento en que ocurrieron los hechos. Completa la siguiente narración con la forma correcta de los verbos entre paréntesis.

Un día me pongo de acuerdo con mi abuela para preparar una arroz con mole para

mi mamá. Entonces le _____ *(preguntar)* cómo se hace este plato. Ella

me _____ *(decir)* que vamos a necesitar arroz, pollo y pasta de mole.

También me _____ *(aclarar)* que ella no _____ *(usar)* pollo

congelado. En el supermercado, la abuela _____ *(escoger)* dos pollos frescos y

_____ *(seleccionar)* el mejor mole. Luego nos _____ *(ir)* a casa de la

abuela y ella _____ *(comenzar)* a lavar los pollos y los _____ *(separar)*

en pedazos. _____ *(preparar)* el arroz. _____ *(poner)* a cocer el

pollo con ajo, cebolla y cilantro y _____ *(añadir)* el mole al caldo que

_____ *(obtener)* cuando el pollo está listo. La abuela _____ *(servir)*

una porción de arroz y un pedazo de pollo. ¡No estaba bueno, sino delicioso!

# Manos a la obra (páginas 352–355)

Lee la descripción de los platos en la página 353 de tu libro de texto y completa esta entrevista de Susana Rivas con el famoso chef Emilio Ponce en su programa de televisión *Cocina con Emilio.*

**SUSANA:** Chef Emilio, ¿es difícil preparar el ceviche?

**EMILIO:** Es facílisimo. El pescado tiene que ser muy _____. Córtalo en

_____. Haz una salsa de jugo de _____. Añade tomate

picado, cebolla, vinagre y chile. _____ todo con el pescado y deja

que se enfríe el plato en el _____ por una hora. Sabe muy rico.

**SUSANA:** Otro plato muy popular en el verano es el gazpacho. ¿Cómo se prepara?

**EMILIO:** No es difícil. _____ unos tomates frescos en pedazos grandes.

Mézclalos con pedazos de pan, _____ y ajo, y un poco de sal.

**SUSANA:** Emilio, las tapas son muy populares. ¿Tiene una tapa favorita?

**EMILIO:** Claro, Susana. Es fácil preparar camarones al ajillo. Lava tres o cuatro

camarones frescos sin pelarlos. _____ en una _____

pequeña con aceite y ajo picado. Es todo.

**SUSANA:** Gracias, Emilio. Y gracias a nuestros televidentes.

**Actividad
F**

¿Cómo se preparan los siguientes platos? Escoje dos platos y escribe dos o tres frases para explicar cómo se preparan.

| | |
|---|---|
| el cereal | los huevos fritos |
| los espaguetis con tomate | el arroz con pollo |

Modelo   el té

Primero hiervo agua. Luego pongo una bolsita de té en una taza. Añado el agua caliente. Después de un minuto saco la bolsita y le añado jugo de limón y azúcar al té.

1. _____

   _____

   _____

2. _____

   _____

   _____

## Ampliación del lenguaje

## Gramática

### Los mandatos negativos con *tú*    (página 356)

Para formar mandatos negativos con *tú*, se elimina la *-o* del tiempo presente de la forma *yo* y se añade:

- *-es* para los verbos terminados en *-ar*

| usar | uso: | **No uses** el microondas. |

- *-as* para los verbos terminados en *-er* y en *-ir*

| encender | enciendo: | **No enciendas** el horno. |
| añadir | añado: | **No añadas** demasiada sal. |
| poner | pongo: | **No pongas** los camarones en la sartén. |

Los verbos que terminan en *-car*, *-gar* o en *-zar* tienen cambios ortográficos: la *c* cambia a *qu*, la *g* cambia a *gu* y la *z* cambia a *c*.

| picar | pico: | **No piques** los tomates. |
| pagar | pago: | **No pagues** demasiado. |
| empezar | empiezo: | **No empieces** a cocinar ahora. |

Estos verbos son irregulares.

| dar | **no des** | ir | **no vayas** |
| estar | **no estés** | ser | **no seas** |

Recuerda que los pronombres se unen a los mandatos afirmativos. Si el pronombre se añade a un mandato que tiene dos o más sílabas, escribe un acento gráfico sobre la sílaba sobre la que recae el énfasis en el presente.

—¿Pico las cebollas?
—Sí, **pícalas.**

En los mandatos negativos, los pronombres siempre van justo antes del verbo conjugado.

—¿Pico los tomates también?
—No, no **los** piques.

### Gramática interactiva

**Identifica formas**

- En el primer punto, subraya la terminación del verbo en infinitivo y encierra en un círculo la terminación del verbo que es su mandato negativo.

- En el segundo punto, subraya la terminación de los tres verbos en infinitivo y encierra en un círculo las terminaciones de los verbos que son sus mandatos negativos.

## Ampliación del lenguaje

### Esdrújulas y sobresdrújulas

Recuerda que todas las palabras esdrújulas y sobresdrújulas se escriben con acento.

Las palabras esdrújulas llevan el acento en la antepenúltima sílaba: *plátano, típico, pícalas.*

Las palabras sobresdrújulas llevan el acento en cualquier sílaba anterior a la antepenúltima: *fácilmente, pónganselo.*

Lee las siguientes palabras y escribe el acento donde corresponda.

microondas    mariscos    sintetica    refrigerador    decimo    camara    boligrafo    dejame

**Actividad G**

Lee las siguientes situaciones y escribe un mandato negativo para cada una, según el contexto. Presta atención a los cambios ortográficos en los verbos.

**1.** Tu hermanito(a) pequeño(a) está jugando con el fuego en la cocina.

_____

**2.** Tu hermana(o) está buscando sus zapatos por tu habitación.

_____

**3.** Tu perrito está a punto de comerse una caja de chocolates que guardabas para ti.

_____

**4.** Tu sobrino(a) está tocando una figura de cristal que cuesta mucho dinero.

_____

**5.** Tu hermanita está a punto de ir al parque sola.

_____

**Actividad H**

Tienes que quedarte a pasar el fin de semana con tu sobrinito de siete años. Para que no haya problemas, tu mamá te ha recomendado que hagas una lista de seis cosas que el niño NO debe hacer. Escribe la lista en tu cuaderno.

**Modelo**   ¡No olvides lavarte las manos antes de comer!

## Ampliación del lenguaje

### Cómo dividir las palabras en sílabas

En español, dividimos las palabras en sílabas después del sonido de una vocal o, en la mayoría de los casos, entre consonantes dobles. Escucha y pronuncia las siguientes palabras:

ca-ma-ro-nes        fres-co            her-vir          con-ge-la-do

Sin embargo, no separamos la mayoría de las combinaciones de una consonante seguida por una *l* o *r*. Escucha y pronuncia las siguientes palabras:

do-**ble**          in-**gre**-dien-tes      **fre**-ga-de-ro    vi-na-**gre**

Cuando dos vocales fuertes *(a, e, o)* aparecen juntas, cada una es pronunciada individualmente, formando dos sílabas. Escucha y pronuncia las siguientes palabras:

pa-e-lla        tra-e-mos          to-a-lla          mi-**cro**-on-das

## Gramática

**El *se* impersonal**

(página **360**)

**Gramática interactiva**

**Identifica formas**
Encierra en un círculo el *se* impersonal en los primeros dos ejemplos de la tabla.

En español, se usa la construcción *se* + la forma verbal correspondiente a *Ud./él/ella* o a *Uds./ellos/ellas* para expresar que una acción se realiza de manera impersonal, es decir, que la hace la gente en general.

A menudo se sirve pan con la paella.
Se usan otros mariscos también para hacer la paella.

**¿Recuerdas?**
Recuerda que usamos *se prohíbe* para decir que algo no está permitido.

• *Se prohíbe* comer en clase.

**Actividad 1**

Para cada palabra o expresión de la lista de la izquierda, indica por lo menos una cosa que se puede hacer con ella. Usa el *se* impersonal.

**Modelo** aceite  *Se fríen los alimentos con aceite.*

1. lechuga _____

2. frijoles _____

3. huevos _____

4. harina _____

5. chile _____

6. mariscos _____

7. mantequilla _____

8. sal _____

9. cebollas _____

10. queso rayado _____

Nombre _____     Fecha _____

## Ampliación del lenguaje

### Los números ordinales

Los números cardinales son los que usamos para contar mientras que los números ordinales son los que usamos para ordenar. Por ejemplo, tenemos **cinco** unidades en esta unidad, pero estamos estudiando la **tercera** unidad.

Los números ordinales del uno al diez son:

| | | | |
|---|---|---|---|
| 1 primero | 4 cuarto | 7 séptimo | 10 décimo |
| 2 segundo | 5 quinto | 8 octavo | 11 undécimo |
| 3 tercero | 6 sexto | 9 noveno | 12 duodécimo |

Completa las siguientes oraciones eligiendo uno de los números entre paréntesis:

1. La _____ (cuatro / cuarta) receta se ganó el premio.

2. Hay _____ (seis / sexto) ingredientes principales en la paella.

3. Esta receta es para _____ (ocho / octava) personas.

4. Para preparar pescado enlatado, _____ (uno / primero) abre la lata.

5. La fruta fresca está en el _____ (tres / tercer) estante.

¿Cuál es tu sándwich favorito? Explícale a un(a) amigo(a) cómo prepararlo. Escribe una lista de ingredientes y luego describe la preparación. Usa el *se* impersonal, el mandato de *tú* negativo y los números ordinales.

**1.** Ingredientes

   Modelo   dos cucharadas de mayonesa

_____     _____

_____     _____

**2.** Preparación

   Modelo   Primero, se unta la mayonesa en el pan. No le pongas demasiada mayonesa.

_____

_____

_____

_____

# Lectura cultural (página 352)

### Actividad K

Lee el siguiente artículo para aprender un poco más sobre la paella y después, contesta en tu cuaderno las preguntas a continuación.

---

### Mitos sobre la paella

Aunque la paella es probablemente el plato español más conocido fuera de España, en muchas ocasiones, cualquier plato de arroz con otro ingrediente recibe el nombre de *paella*. Por esta razón, los valencianos (Valencia es donde la paella tiene su origen) han publicado esta nota para informar a todos lo que es y no es una paella.

❏ La paella original era la comida de los campesinos, por lo tanto, no tenía pescado ni marisco de ningún tipo. La paella de marisco es una versión diferente de la paella tradicional.

❏ Aunque en muchos lugares se le echa todo tipo de verduras a la paella para que quede más "bonita", los únicos vegetales que se incluyen en la paella son unas judías verdes y otras blancas muy grandes, las dos típicos de Valencia.

❏ La carne que se usa para la paella incluye pollo y conejo. No se pone ni cerdo, ni salchichas, ni carne de otro tipo. Tampoco se le ponen ni guisantes ni pimientos.

❏ La paella se cocina sobre leña, no sobre la estufa y tampoco en el microondas. La leña es uno de los factores más importantes para conseguir el sabor de la paella.

❏ Finalmente, la paella lleva azafrán, no colorante naranja ni imitaciones parecidas.

Esperamos que estos consejos le ayuden a preparar una paella digna de su nombre.

---

**1.** ¿Cuál es el propósito de este artículo?

**2.** ¿Qué tipo de carne se pone en la paella típica?

**3.** ¿Qué factor es uno de los más importantes para conseguir el sabor de la paella?

**4.** Piensa en algún plato típico de la cocina hispana que se prepara de varias maneras. Explica cuál se considera la manera auténtica y describe las variaciones.

# Conexiones  Las ciencias (página 361)

¿Sabes cuáles son los minerales más importantes para la salud de los seres humanos? Aquí tienes una lista de algunos de los más importantes y de los alimentos en los que se encuentran. Lee la lista y después, completa los pasos a continuación.

| Mineral | Acción | Se encuentran en... |
|---------|--------|---------------------|
| Azufre | Neutraliza los tóxicos. | Legumbres, nueces y leche |
| Calcio | Mantiene los huesos fuertes. | Frutos secos, verduras, lácteos |
| Fósforo | Ayuda a asimilar el calcio. | Frutos secos, semillas, quesos |
| Magnesio | Equilibra el sistema nervioso. | Cacao, soja, avena, maíz |
| Potasio | Regula el agua y el sodio. | Frutas, papas y legumbres |
| Sodio | Transmite impulsos nerviosos. | Sal y casi todos los alimentos |

En tu cuaderno, describe los efectos para la salud de las siguientes comidas:

1. dulce de chocolate, pasas y nueces

2. guisado de pescado, soja y verduras

## El español en la comunidad

(página 363)

Muchos negocios en los Estados Unidos usan el español en sus mensajes publicitarios. Sin duda conoces varios ejemplos en tu comunidad. Aquí vamos a tratar del caso contrario. Escribe las respuestas en tu cuaderno.

1. ¿Qué servicios o negocios en tu comunidad NO tienen avisos o anuncios en español y tú crees que deberían tenerlos?

2. Elige uno de los negocios o servicios de la lista anterior y prepara un anuncio en español en tu cuaderno. Puedes tomar la idea de alguna frase o mensaje publicitario que ya existe pero añade algún detalle creativo y trata de que el mensaje suene bien y resulte atractivo en español.

# ¡Adelante! (páginas 364–365)

## Lectura 1

Haz las actividades del margen.

### Lectura interactiva

**Lee y vuelve a leer**

Lee el poema de Neruda en voz alta. Recuerda hacer las pausas donde lo indiquen los signos de puntuación, no al final de cada línea.

Luego, léelo otra vez basándote en las letras mayúsculas y los puntos, subraya la primera palabra de cada oración. ¿Cómo son las oraciones?

_____

_____

_____

_____

_____

## ODA AL TOMATE

La calle
se llenó de tomates,
mediodía,
verano,
5 la luz
se parte
en dos
mitades
de tomate,
10 corre
por las calles
el jugo.
En diciembre
se desata
15 el tomate,
invade
las cocinas,
entra por los almuerzos,
se sienta
20 reposado
en los aparadores,
entre los vasos,
las mantequilleras,
los saleros azules.
25 Tiene
luz propia,
majestad benigna.

Debemos, por desgracia,
asesinarlo;
30 se hunde
el cuchillo
en su pulpa viviente,
en una roja
víscera
35 un sol
fresco,
profundo,
inagotable,
llena las ensaladas
40 de Chile,
se casa alegremente
con la clara cebolla,
y para celebrarlo
se deja
45 caer
aceite,
hijo
esencial del olivo,
sobre sus hemisferios
50 entreabiertos
agrega
la pimienta
su fragancia
la sal su magnetismo (...)

**Actividad Ñ**

Responde a las siguientes preguntas.

1. ¿Cuál es tu plato favorito? _____

2. ¿Cuál es el ingrediente principal? _____

3. ¿Qué palabra(s) describen a este plato o ingrediente? (elige tres)

   _____ , _____ y _____ .

4. ¿Qué palabra(s) describen cómo te sientes cuando comes este plato? (elige tres)

   _____ , _____ y _____ .

5. Menciona actividades que hiciste antes, durante o después de comer este plato. (elige tres)

   _____ , _____ y _____ .

**Actividad O**

Ahora escribe tu propia oda al alimento que elegiste para la actividad anterior. Usa las listas de adjetivos que escribiste. ¿Hay adjetivos que terminan con las mismas consonantes o vocales? Si es así, puedes crear algunas rimas con ellos.

_____

_____

_____

_____

_____

_____

_____

_____

_____

## Lectura 2

**Actividad P**

En distintas regiones geográficas, la gente se alimenta de una forma diferente. Haz la primera actividad del margen y luego lee el artículo siguiente para saber en qué consiste *la dieta mediterránea*.

### Lectura interactiva

**Usa conocimientos previos**

• Antes de leer, escribe tres consejos breves para tener una alimentación sana:

1. _____
_____

2. _____
_____

3. _____
_____

• Después de leer, subraya cinco ingredientes que se dan en el artículo.

**Reflexiona**

• Explica las diferencias principales entre la dieta mediterránea y el tipo de alimentación común en los Estados Unidos.

## La dieta mediterránea

Una alimentación saludable nos ayuda a mantener la salud. Observa la pirámide alimentaria. Ahí puedes ver la variedad de alimentos que debes consumir a diario.

En la antigüedad, los pueblos dependían de los alimentos que se producían en donde vivían. La dieta mediterránea tiene su origen en los patrones de alimentación de los pueblos antiguos que vivían a orillas del mar Mediterráneo. Se ha demostrado que quienes siguen esta dieta tienen un riesgo menor de sufrir enfermedades de corazón, cáncer, obesidad y diabetes.

En esta dieta, se consumen cantidades abundantes de: cereales y productos derivados de los cereales, como pan y pasta; verduras; legumbres (lentejas, frijoles); papas, pescado y fruta. Se consumen cantidades moderadas de: aves de corral (pollo, pato y pavo); huevos y productos lácteos (leche, queso y yogurt). Se consumen cantidades pequeñas de carne de res, cerdo y embutidos (salchichas, longanizas).

En la dieta mediterránea el aceite de oliva es la principal fuente de grasa. Este aceite tiene efectos buenos sobre la salud: ayuda a reducir el colesterol y el azúcar en la sangre; contiene vitaminas A y D y antioxidantes que previenen el envejecimiento de las células y el cáncer.

**Actividad Q**

..........................................................................

Responde a las preguntas siguientes basándote en la lectura.

**1.** Explica el tema principal de este artículo y su objetivo.

_____

_____

**2.** ¿Qué tipo de alimentos debemos consumir en mayor cantidad?

_____

_____

**3.** ¿Cuáles debemos consumir en menor cantidad?

_____

_____

**4.** ¿Cuál es el principal origen de la grasa que se consume en la dieta mediterránea? ¿Qué ventajas tiene usar este tipo de grasa?

_____

_____

**5.** Normalmente, en los países hispanoamericanos se consumen legumbres casi a diario. ¿Tienen esta costumbre en tu familia? Escribe un párrafo corto para comparar el tipo de alimentación de tu familia y la dieta mediterránea: ¿En qué se parecen? ¿En qué se diferencian? ¿Cómo puedes hacer tu dieta más equilibrada y saludable?

_____

_____

_____

_____

_____

# La cultura en vivo (página 366)

En tu libro de texto has aprendido sobre las tortillas y los tacos. Ahora lee el texto siguiente sobre otros platos que se preparan con maíz. Luego responde en tu cuaderno a las preguntas.

## Tamales para todos los gustos

El origen de los tamales es muy antiguo. La palabra misma es de origen azteca. Cuando los españoles llegaron a México, los indios ya comían tamales. Los españoles empezaron a introducir novedades en este plato y a rellenarlos con diferentes guisos, creando así una gran variedad de tamales. Más tarde, el consumo de tamales se extendió por casi todas las regiones americanas a las que llegaron los españoles.

Básicamente, los tamales son una masa de maíz que se cocina envuelta en hojas de maíz o de plátano. También hay tamales rellenos con carnes, pescado, mariscos o frijoles. Los más comunes son los tamales de carne y los tamales dulces.

Los tamales no son difíciles de elaborar, pero requieren mucho tiempo y trabajo; por eso es muy común que en la preparación de tamales participe toda la familia.

Para hacer un tamal, primero hay que preparar la masa de maíz y el relleno. Luego las porciones de masa se envuelven en hojas de maíz o de plátano, se atan con un hilo fuerte y se hierven en agua durante una hora aproximadamente.

En cada país, los tamales adquirieron características y nombres diferentes. En Cuba, los tamales se hacen con maíz fresco molido y un guiso de carne de cerdo y se envuelven en hojas de maíz. En Puerto Rico, los tamales se llaman *guanimes* y, por lo general, se envuelven en hoja de plátano. Los tamales colombianos incluyen una gran variedad de ingredientes. En Colombia, cada región tiene su tamal típico y los tamales dulces son muy populares. En Perú, los tamales se llaman *humitas,* y en Venezuela, *hallacas.*

En todos los países en los que se consumen tamales, son uno de los platos más importantes y especiales de la comida criolla (propia, distintiva de Hispanoamérica). En las fiestas y comidas familiares, nunca faltan los tamales.

1. Explica el origen de los tamales y cómo se extendió su consumo por América Latina.

2. ¿Cuántas clases de tamales se nombran en el texto? ¿Cuáles son algunos ingredientes comunes? ¿Qué se usa para envolver los tamales? Responde en un párrafo breve.

3. ¿Por qué crees que los tamales se hicieron tan populares?

4. ¿Qué comida hace tu familia en la que todos ayudan a prepararla? Escribe un párrafo corto para explicar qué tipo de comida es y cuándo y cómo la preparan.

# Presentación oral (página 367)

## Cómo preparar un plato favorito

**Tarea**

Eres un(a) invitado(a) de un programa de cocina de televisión y vas a explicarle a la audiencia cómo preparar tu plato favorito. Explica cuáles son los ingredientes, las principales etapas de la preparación y los utensilios que se necesitan.

### Estrategia

**Usar conocimientos previos**
Piensa en programas de cocina que hayas visto. ¿Cómo presenta los ingredientes el (la) jefe(a) de cocina? ¿Cómo explica la preparación del plato? Usa estas técnicas en tu presentación.

1. **Preparación**
   Trae a la sala de clases muestras de los principales ingredientes y de los utensilios que necesitas para preparar el plato. (Puedes elegir una receta que no sea muy complicada). Si lo prefieres, puedes traer fotografías en lugar de los ingredientes y los utensilios. Si es posible, prepara el plato por adelantado y tráelo a la sala de clases. Anota los ingredientes, los utensilios y la preparación en una tarjeta; esto te ayudará a organizar tus ideas. Explica cómo aconsejas servir el plato, es decir, con qué comida o bebida, a qué hora o con cuál adorno.

2. **Práctica**
   Repasa tu presentación varias veces. Puedes usar tu tarjeta de notas mientras practicas, pero no cuando hagas la presentación en público. Intenta:

   - incluir todos los ingredientes y utensilios necesarios.
   - describir y mostrar claramente la preparación en etapas.
   - hablar con claridad.

   **Modelo**  *Para hacer una quesadilla se necesita una tortilla, frijoles refritos y queso. Primero se calienta la sartén... Las quesadillas se sirven...*

3. **Presentación**
   Explícale y muéstrale a la clase cómo preparar el plato. Usa los materiales (ingredientes y utensilios) o los elementos visuales como parte de tu presentación. Puedes servir la muestra del plato que previamente has preparado.

4. **Evaluación**
   Quizá tu profesor(a) te dé los criterios de cómo va a ser evaluada tu presentación. Probablemente, tu presentación será evaluada teniendo en cuenta:

   - lo completa que es tu preparación.
   - la cantidad de información que presentas.
   - lo fácil que resulta entenderte.

# Repaso del capítulo (página 370)

## Vocabulario y gramática

**Repaso del capítulo**

**Para preparar el examen, revisa si...**
• conoces el vocabulario nuevo y la gramática.
• puedes realizar las tareas de la página 269.

### para nombrar comidas y objetos en la cocina

| | |
|---|---|
| el aceite | cooking oil |
| el ajo | garlic |
| el caldo | broth |
| el camarón | shrimp |
| *pl.* los camarones | |
| la estufa | stove |
| el fregadero | sink |
| el fuego | fire, heat |
| el horno | oven |
| los mariscos | shellfish |
| el microondas | microwave |
| *pl.* los microondas | |
| la olla | pot |
| el pedazo | piece, slice |
| el refrigerador | refrigerator |
| la salsa | salsa, sauce |
| la sartén | frying pan |
| *pl.* las sartenes | |
| el vinagre | vinegar |

### para preparar una receta

| | |
|---|---|
| añadir | to add |
| no añadas | don't add |
| batir | to beat |
| calentar *(e → ie)* | to heat |
| la cucharada | tablespoon (full) |
| freír *(e → i)* | to fry |
| hervir *(e → ie)* | to boil |
| *(e → i)* | |
| el ingrediente | ingredient |
| mezclar | to mix |
| pelar | to peel |
| picar | to chop |
| probar *(o → ue)* | to taste, to try |
| la receta | recipe |

### para hablar acerca de la preparación de la comida

| | |
|---|---|
| el horno | baked |
| apagar | to turn off |
| caliente | hot |
| ¿Cómo se hace...? | How do you make...? |
| ¿Con qué se sirve? | What do you serve it with? |
| congelado, -a | frozen |
| dejar | to leave, to let |
| no dejes | don't leave, don't let |
| encender *(e → ie)* | to turn on, to light |
| enlatado, -a | canned |
| fresco, -a | fresh |
| frito, -a | fried |
| olvidarse de | to forget about / to |
| no te olvides de | don't forget about / to |
| tirar | to spill, to throw away |
| no tires | don't spill, don't throw away |

### otra expresión útil

| | |
|---|---|
| se puede | you can |

### mandatos negativos con *tú*

| | |
|---|---|
| No hables. | Don't speak. |
| No comas. | Don't eat. |
| No escribas. | Don't write. |

### mandatos irregulares negativos con *tú*

| | |
|---|---|
| dar | no des |
| estar | no estés |
| ir | no vayas |
| ser | no seas |

● **Más práctica**
Practice Workbook Puzzle 7A-8
Practice Workbook Organizer 7A-9

# Preparación para el examen (página **371**)

| En el examen vas a... | Éstas son las tareas que te pueden ser útiles para el examen... | Si necesitas repasar... |
|---|---|---|

 **①** **Escuchar** Escuchar y entender a alguien cuando da instrucciones para preparar una comida.

Escucha a Valeria dándole instrucciones de cocina por teléfono a su hermano Gabriel. Intenta identificar: (a) lo que él quiere cocinar; (b) los ingredientes que necesita comprar, y (c) los primeros pasos de la receta.

**págs. 348–351** *A primera vista*
**pág. 354** Actividades 9–10
**pág. 358** Actividad 15

---

 **②** **Hablar** Decir a alguien cuáles son los primeros pasos para una receta en particular.

Teneniendo en cuenta las ilustraciones de la página 371 de tu libro de texto, explícale a alguien los tres primeros pasos para preparar una paella.

**págs. 350–351** *Videohistoria*
**pág. 355** Actividad 11
**pág. 358** Actividad 15
**pág. 367** *Presentación oral*

---

 **③** **Leer** Leer y entender a alguien que da consejos generales sobre cocina.

Estás leyendo un artículo sobre cocina de una revista española. Indica cuál de las siguientes sugerencias se enfoca en: (a) cosas que hacer antes de cocinar; (b) cosas que hacer mientras se cocina, y (c) cosas que hacer después de cocinar.

1. Apaga el horno cuando termines de cocinar.
2. Lee primero la receta para saber si tienes todos los ingredientes.
3. No salgas nunca de la cocina mientras algo esté hirviendo.

**págs. 350–351** *Videohistoria*
**pág. 353** Actividad 6
**pág. 354** Actividad 10
**pág. 357** Actividad 13
**págs. 364–365** *Lectura*

---

 **④** **Escribir** Escribir reglas para promover la seguridad en la cocina.

El profesor de economía del hogar te ha pedido que escribas una lista con cinco reglas para cocinar con seguridad, para sus estudiantes hispanohablantes. Puedes empezar con algo como: *Ten cuidado cuando picas las verduras.*

**pág. 356** Actividad 12
**pág. 357** Actividad 13
**pág. 359** Actividad 16

---

 **⑤** **Pensar** Demostrar un entendimiento de la forma en que algunas comidas de una cultura son incorporadas en otra.

Te gustaría preparar una cena para tu familia usando algunas recetas de un libro de cocina mexicana, pero tu hermano pequeño y tu hermana son muy exigentes. ¿Qué les puedes contar a tus hermanos sobre comidas de otros países que ya han comido antes y que les han gustado? ¿Cuál puede ser la mejor comida o plato americano que ofrecerles a los jóvenes de otros países? ¿Por qué?

**pág. 366** *La cultura en vivo*

Web Code
jdd-0707

# A ver si recuerdas... (páginas 372–373)

Haz una lista de la comida que te gustaría llevar a un picnic o a una barbacoa que se llevará a cabo en un parque cercano a tu casa.

**Comida al aire libre**

_____     _____

_____     _____

_____     _____

_____     _____

_____     _____

 (página 372)

**Carmen Lomas Garza** nació en 1948, en Kingsville, Texas. Cuando tenía 13 años comenzó su obra pictórica que continúa hasta el día de hoy. Sus cuadros muestran escenas familiares de la vida diaria y fiestas de la comunidad hispana. Algunos de los títulos de sus obras son: *Curandera (1977)*, *Nopalitos frescos (1979)*, *Cama para sueños (1985)*, *La Feria en Reynosa (1987)* y *Quinceañera (2001)*. Sus cuadros son un importante testimonio de las actividades y el fuerte lazo de cohesión familiar de los chicanos.

**1.** ¿Qué festividades celebran en tu familia? ¿Cómo son estas fiestas?

_____

_____

**2.** ¿Cuáles de estas fiestas celebran con sus familiares?

_____

_____

**3.** ¿En qué actividades participas durante esas fiestas? ¿Te gusta asistir? Explica tu respuestas.

_____

_____

# ¿Te gusta comer al aire libre?

## Objetivos del capítulo

- Hablar de comida y de cocinar fuera
- Decirle a la gente qué hacer o no hacer
- Indicar duración, intercambio, razón y otras expresiones
- Comprender las perspectivas culturales sobre comidas especiales y vendedores de comida al aire libre

## Conexión geográfica (página 373)

Este mapa muestra países relacionados con este capítulo. Identifica las capitales de los países indicados, escribiendo el nombre en el espacio proporcionado.

Verifica tus respuestas en los mapas de las páginas xvi a xxix.

México _____     Perú _____

Argentina _____     Chile _____

España _____     Ecuador _____

Web Code
jde-0002

PHSchool.com

# A primera vista (páginas 374–375)

**Actividad A**

Identifica las cosas relacionadas con una comida al aire libre.

1. Insecto pequeño, negro y que vuela: _____

2. Se usa para encender el fuego: _____

3. Animal como la vaca, el toro y la ternera: _____

4. En él están las nubes: _____

5. Fruta verde por dentro, que se usa para hacer ensaladas y guacamole: _____

6. Recipiente de paja o madera: _____

7. Cocinar sobre el fuego: _____

8. El hijo de la gallina: _____

9. Fruta grande y dulce, de pulpa amarilla y jugosa: _____

10. Salsa de color blanco, se usa en comidas y sándwiches: _____

11. Lo contrario de secos: _____

12. Trozos de madera que se recogen para hacer una fogata: _____

**Actividad B**

Clasifica el vocabulario de este capítulo y otras palabras que conozcas en la tabla a continuación.

| Carnes | Frutas |
|---|---|
|  |  |
| Condimentos | La naturaleza |
|  |  |

## Videohistoria (páginas **376–377**)

**Actividad C**

Otro grupo de amigos sale a comer al aire libre en este relato. Complétalo con las palabras a continuación.

| | | | | | | | |
|---|---|---|---|---|---|---|---|
| leña | sabor | pollo | grasosas | puesto | harina | mojado | fogata |

Pablo y yo fuimos un día a comer al parque. Nuestras amigas Rosa y Erika nos

acompañaron. Pensamos llevar chuletas de puerco, pero cambiamos de idea porque son

muy _____. Decidimos llevar pollo asado, porque nos gusta su _____. Después

conseguimos tortillas de _____ y frijoles. Cuando íbamos a comer, nos dimos cuenta

de que no teníamos dónde calentar el pollo y las tortillas. Preparamos una _____ con

piedras y _____, pero ¡comenzó a llover! ¿Qué hacer? Corrimos a un _____ de

comida rápida. Como el suelo estaba _____, Pablo se resbaló y se cayó. No se lastimó

pero se mojó. En el puesto nos sentamos a comer _____ frío con tortillas y frijoles

fríos.

**Actividad D**

Imagina que Claudia no olvidó la comida. Termina este diálogo.

**RAMÓN:** ¡Qué rico el pollo! ¿Verdad, Manolo?

**MANOLO:** Pues, la verdad es que no tengo mucha hambre.

_____
_____
_____
_____

# Manos a la obra (páginas 378–381)

### Actividad E

Trata de solucionar estas adivinanzas abreviadas. Para las de la segunda columna, escribe la pista. No siempre tiene que ser *verbo* más *objeto* aunque la mayoría así son.

> **Modelo**    Pone huevos.
> La gallina.

1. Carga cosas.

   _____

2. Enciende fogatas.

   _____

3. Hace pan.

   _____

4. Es dura.

   _____

5. el cielo

   _____

6. el puesto

   _____

7. la piña

   _____

8. el suelo

   _____

## Ampliación del lenguaje

### Palabras compuestas

A veces se combinan dos palabras para crear una palabra nueva. La invención de un nuevo tipo de horno condujo a que se creara una nueva palabra: *micro* + *ondas*. Estas palabras compuestas están en masculino y singular. En el plural, el nombre no cambia: *microondas*.

### Actividad F

Crea una palabra compuesta combinando los siguientes verbos de la primera columna con los nombres de la segunda.

| | | |
|---|---|---|
| abre | latas | _____ |
| corta | césped | _____ |
| lava | platos | _____ |
| saca | puntas | _____ |
| salva | vidas | _____ |

### Actividad G

Esta es una página del diario de Carolina. Completa las oraciones con las palabras a continuación.

| | | | | |
|---|---|---|---|---|
| horrible | sabroso | ingredientes | seco | picante |
| muy | demasiada | pastel | encanta | grasoso |

Estoy feliz porque mi cumpleaños se acerca. El pastel que hace mi mamá me _____,

sólo ella puede preparar un pastel tan _____. Ella se fija _____ bien en las

cantidades y en los _____. Por ejemplo, no le agrega _____ mantequilla,

porque quedaría un poco _____. También tiene cuidado de no dejar el

_____ mucho tiempo en el horno, porque puede quedar _____. Hace unos

meses, sin querer preparó la masa del pastel en una bandeja donde había preparado chile

con carne. El resultado fue _____, porque ¡el pastel estaba _____! ¿Se

imaginan?

### Actividad H

¿Prefieres comer al aire libre o en un comedor? Escribe un párrafo breve explicando tu preferencia.

> Modelo   *Prefiero comer al aire libre porque me gustan las parrilladas. Uno puede*
> *estar con sus amigos y después de la comida uno puede tocar música o dar*
> *una caminata.*

_____

_____

_____

_____

_____

_____

_____

## Gramática

### Mandatos con *usted* y *ustedes*   (página 382)

Para formar el mandato afirmativo o negativo de *Ud.* o de *Uds.*, se usa la forma *yo* del presente como radical, igual que en los mandatos negativos de la forma *tú*.

- Añade la terminación *-e* o *-en* para los verbos que terminan en *-ar*.

  cortar   corto   Señor, **corte** las chuletas de cerdo.
  probar   pruebo   Señores, **prueben** la carne asada.

- Añade la terminación *-a* o *-an* para los verbos que terminan en *-er* o en *-ir*.

  perder   pierdo   **No pierdan** Uds. los fósforos.
  servir   sirvo   Señorita, **sirva** la ensalada.

Los mandatos afirmativos y negativos para las formas de *Ud.* y de *Uds.* tienen los mismos cambios en la ortografía y las mismas formas irregulares que los mandatos negativos de la forma *tú*. Para los mandatos de *Ud.* y de *Uds.* se siguen las mismas reglas para los pronombres que las que ya estudiaste para los mandatos con *tú*. Une los pronombres al final de los mandatos afirmativos.

—¿Dónde ponemos la leña?
—Pónganla en un lugar seco.

En los mandatos negativos, los pronombres deben aparecer inmediatamente antes del verbo.

—¿Encendemos la fogata ahora?
—No, no **la** enciendan todavía.

| mandatos negativos con *tú* | mandatos con *Ud.* | mandatos con *Uds.* |
|---|---|---|
| no busques | (no) busque | (no) |
| no hagas | (no) | (no) hagan |
| no des | (no) dé | (no) |
| no vayas | (no) | (no) vayan |
| no seas | (no) sea | (no) |

### Gramática interactiva

**Identifica formas**
- En los primeros dos puntos, subraya la terminación de los verbos en infinitivo y encierra en un círculo las terminaciones de los mandatos para *usted* y *ustedes.*

**Analiza**
Estudia los verbos de las tres columnas. Escribe los mandatos que faltan.

### ¿Recuerdas?
Ya sabes cómo dar mandatos negativos en la forma *tú*.

- **No prepares** los frijoles todavía.
- **No enciendas** la fogata.
- **No salgas** de este sendero.

Nombre _____    Fecha _____

Eres el/la organizador(a) de una comida al aire libre. La carne está asada y lista para comer. Todo el mundo debe venir a la mesa. Responde a estas preguntas con las formas de *Ud./Uds.* a la gente mayor y con las formas de *tú* a tus compañeros.

1. Profesor Ramos: ¿Pongo las frutas en la mesa?

   _____

2. Sra. Suárez: ¿Doy una caminata?

   _____

3. Sandra: ¿Voy a buscar leña?

   _____

4. Sra. Dávila: ¿Llevo la carne a la mesa?

   _____

5. Clara y Ángela: ¿Colocamos los platos en la mesa?

   _____

6. Juanito: ¿Busco piedras para rodear la fogata?

   _____

Acabas de conseguir un trabajo en uno de los parques de tu comunidad. Escribe una lista de reglas para los visitantes sobre pisar el césped, hacer una fogata, botar la basura, etc. Usa los mandatos afirmativos y negativos.

## Reglas para los visitantes del parque

| Modelo | *Proteja la naturaleza.* | *No alimente a los animales.* |

_____     _____

_____     _____

## Gramática

### Usos de *por* (página **386**)

La preposición *por* se usa de muchas maneras. Tú ya conoces muchos de estos usos.

- Para indicar duración de tiempo o para indicar distancia:

  Dejen el pollo en la parrilla **por** unos minutos más.

- Para indicar movimiento a través de, a lo largo de, o alrededor de un lugar:

  Vamos a dar una caminata **por** ese sendero.

  Hay un buen lugar **por** allí.

- Para indicar un intercambio de una cosa por otra:

  No pague Ud. demasiado **por** esos melones.

- Para indicar la razón o el motivo de algo:

  Las chuletas de cerdo no son muy saludables **por** ser bastante grasosas.

- Para indicar una substitución o una acción en nombre de alguien:

  Felipe y Marcos, traigan esa leña al fuego **por** su papá.

- Para indicar una forma de comunicación o de transporte:

  Nos hablamos **por** teléfono ayer.

### Gramática interactiva

**Encuentra**

- Lee la explicación del primer punto y subraya *tiempo* o *distancia* con referencia al uso de *por* en el ejemplo.

- Lee la explicación del segundo punto. Escribe el número correspondiente a estos significados de *por* sobre la palabra en los ejemplos.

  1. debido a

  2. alrededor de

  3. a lo largo de

### ¿Recuerdas?

Ya sabes varias expresiones con *por.* A ver si recuerdas algunas.

| | |
|---|---|
| por ejemplo | por la mañana, tarde, noche |
| por eso | por primera, segunda vez... |
| por lo general | por supuesto |

## Actividad K

Relaciona ambas columnas, considerando los usos de la preposición *por* y sus significados.

_____ 1. Te doy dos manzanas **por** esa piña.

_____ 2. Si hace calor, nuestro cuerpo pierde líquidos. **Por eso**, debemos beber agua.

_____ 3. Caminamos **por** una milla hasta que encontramos un teléfono.

_____ 4. **Por lo general** nos levantamos tarde los domingos.

_____ 5. Corrí **por** el campo de golf para ahorrar tiempo.

_____ 6. En el menú hay muchos platos hispanos, **por ejemplo**, arroz con pollo.

_____ 7. El jugador de béisbol se lastimó y su compañero jugó **por** él.

_____ 8. Me encantan Los Astros. **Por supuesto**, voy a todos sus partidos.

a. intercambio

b. a través de

c. claro está, sin duda

d. en sustitución o en nombre de alguien

e. casi siempre, costumbre

f. como muestra, en este caso

g. distancia

h. debido a, razón, motivo

## Actividad L

Completa las siguientes oraciones usando las expresiones con *por*.

| por ejemplo | por lo general | por la tarde | por favor | por eso | por primera vez |

1. _____ vamos a comer al aire libre todos los fines de semana.

2. A mi hermana le gusta hacer ejercicio, _____, dar una caminata.

3. La carne de pavo no es muy grasosa, _____ la prefiero.

4. _____, ayúdame a servir la cena.

5. ¿Vienen a la Florida _____?

6. Tengo clases de artes marciales todos los lunes _____.

# Lectura cultural (página 391)

Lee la siguiente información sobre el coquí de Puerto Rico y después, completa la actividad a continuación.

El coquí de Puerto Rico recibe su nombre por su canto. Aunque esta ranita es un animalito querido por todos los puertorriqueños, el coquí está en peligro de extinción. De las dieciséis especies de coquí que habitaban en la isla del encanto, sólo quedan trece, y algunas de ellas también se encuentran en peligro. El problema es que la mayoría de los puertorriqueños ni siquiera saben que cada vez quedan menos especies de coquíes en la isla.

Una de las especies que ya no se encuentran es la del coquí de Eneida, que hace años que no se ha visto ni oído cantar en la isla. El coquí palmeado, que antes vivía en los bosques de El Yunque, tampoco ha sido visto desde el año 1974. El coquí dorado tampoco se ha visto ni se ha escuchado desde el año 1981. El coquí guajón, el coquí martillito y el coquí caoba están también a punto de desaparecer. El mayor problema con estas tres especies es que el gobierno no las ha incluido en la lista de animales en vías de extinción y por esa razón no reciben ningún tipo de protección.

Es importante conseguir que el país entero haga un esfuerzo por preservar un animalito que, durante tanto tiempo, ha sido un símbolo de Puerto Rico para los puertorriqueños de todo el mundo, especialmente aquellos que residen fuera y que constantemente añoran el canto de su querido coquí.

Con todo lo que sabes sobre el coquí, escribe una breve carta a un(a) amigo(a) puertorriqueño(a). Pregúntale si ha oído el canto del coquí y se sabe que el coquí está en peligro de extinción. Dale algunas sugerencias que él/ella puede hacer para proteger el coquí. No te olvides de incluir el saludo, la despedida y tu firma.

Querido(a) _____:

_____

_____

_____

_____

_____

_____

_____

## Conexiones   El arte (página 383)

En el estilo de arte que se llama naturaleza muerta, un(a) artista trata de pintar unos objetos como frutas y verduras con realismo. Observa y aprecia los detalles de la pintura *Tienda de legumbres* (1992), de Elena Climent y responde a las siguientes preguntas.

1. ¿Qué frutas y verduras puedes ver en este cuadro de naturaleza muerta?

   _____

   _____

2. ¿Cómo es el lugar en el que están las frutas y verduras? Descríbelo.

   _____

   _____

## El español en el mundo del trabajo

(página 388)

Lee esta sección en la página 388 de tu libro de texto. Imagina que te han encargado que prepares un folleto para orientar a los visitantes a un parque nacional en cuanto a la seguridad. Usa el vocabulario de este capítulo para escribir el texto del folleto. Usa mandatos para explicar las reglas y las recomendaciones.

**Bienvenidos al Parque Nacional** _____

Las fogatas

Animales peligrosos

Las caminatas

Las tormentas

Los vehículos

# ¡Adelante! (páginas 390–391)

## Lectura 1

**Actividad 0**

Haz la primera parte actividad de la caja que está
al margen y luego lee el folleto. Si hay alguna palabra que no recuerdas, consulta las
glosas de los artículos en las páginas 390 y 391 de tu libro de texto.

### Estrategia

**Anticipar el contenido** Antes de
leer, pensar en la información
que vayas a encontrar en una
lectura te ayuda a comprenderla.
Después de leer, debes verificar si
encontraste la información que
anticipaste.

### Lectura interactiva

**Anticipa el contenido**
Antes de leer, escribe tres
palabras o frases breves que
resuman la información que
esperas encontrar en un
artículo sobre un Bosque
Nacional en el Caribe.

1. _____
2. _____
3. _____

Cuando termines de leer,
subraya aquellas ideas de tu
lista que encontraste.

## El Yunque

### ¡Bienvenidos al Bosque Nacional de Puerto Rico, El Yunque!

El Yunque es una de las atracciones más visitadas de
Puerto Rico. Es el único bosque tropical en el sistema de
Bosques Nacionales de los Estados Unidos. El bosque
es un espectáculo maravilloso que comprende
aproximadamente 28,000 acres. Más de 240 especies de
árboles coexisten con animales exóticos, como el coquí y la
boa de Puerto Rico.

La mejor forma de explorar este parque es caminando por
las varias veredas que pasan por el bosque. Hay más de
13 millas de veredas recreativas que sólo se pueden
recorrer a pie (no se permiten caballos, motocicletas ni
bicicletas de montaña). También hay varias áreas de
recreación con comodidades para hacer picnics y
parrilladas y está permitido acampar en muchas áreas
del bosque. ¡Venga y disfrute del parque!

### Vereda La Mina

La vereda *(path)* la Mina es la más popular del parque.
Tiene una longitud de 0.7 millas (1.2 kilómetros) y se tarda
entre 30 y 45 minutos en recorrer solamente el camino de
ida. Empiece a caminar en el Centro de Información y el
área de recreación Palo Colorado. Este camino va al lado
del río de la Mina y se termina en la magnífica Cascada la
Mina, un salto de agua de 35 pies de altura que forma una
bonita piscina, donde puede usted bañarse para refrescarse
después de una larga caminata. Tenga los ojos bien
abiertos para ver la cotorra puertorriqueña, una de las diez
aves en mayor peligro de extinción en el mundo. En el
Yunque sólo hay aproximadamente 70 cotorras.

**Actividad P**

Responde a las siguientes preguntas usando oraciones completas.

1. ¿Por qué es tan importante el bosque de El Yunque para el Sistema de Bosques Nacionales de los Estados Unidos?

_____

_____

2. ¿Cuáles son algunas de las especies de plantas y animales que puede ver un visitante en El Yunque?

_____

_____

3. ¿Qué posibilidades ofrece El Yunque para los visitantes que quieran pasar allí uno o más días o que estén interesados en cocinar al aire libre?

_____

_____

_____

4. ¿Hay alguna especie de planta o animal en El Yunque que esté en peligro de extinción? ¿Sabes algo de esta(s) especie(s)?

_____

_____

**Actividad Q**

Con lo que aprendiste en tu libro de texto, escribe de una postal a tu mejor amigo(a), motivándolo(a) a visitar El Yunque en Puerto Rico. Dale razones personales por las que crees que esta visita puede ser una gran experiencia para él/ella. Incluye el saludo, la despedida y tu firma.

_____

_____

_____

## Lectura 2

Lee este texto sobre un parque mexicano y realiza las actividades de la caja del margen.

**Estrategia**

**Usar pistas del contexto** Muchas veces, al leer un texto, te encuentras con palabras que no conoces. No te detengas, sigue leyendo, ya que muchas veces el significado de estas palabras podrás deducirlo por el contexto.

### Lectura interactiva

**Usa pistas del contexto**

• Lee el texto sin detenerte en las palabras desconocidas.

• Localiza cada vez que aparece la palabra *arrecifes* y enciérrala en un círculo.

• Lee las oraciones con *arrecifes* cuidadosamente. Luego subraya aquellas partes de las oraciones que te sirvan para entender mejor el significado de la palabra.

## Cozumel y el Parque Punta del Sur

Cozumel es una isla que se halla en el mar del Caribe, frente a la costa este de la península de Yucatán, México. La isla está rodeada de arrecifes de coral.

En el extremo sureste de la isla se encuentra el Parque Punta del Sur, que es una reserva natural centrada en la conservación de la flora (plantas) y la fauna (animales) locales. La mayor parte del parque está formada por lagunas y manglares (terrenos húmedos que se llenan de agua de mar al subir la marea). También hay bellas playas y áreas de selva baja y mediana.

En el parque se encuentra la ruina maya denominada El Caracol, que fue una señal para la navegación por las lagunas. El Caracol servía como orientación a las embarcaciones que viajaban por mar. Los mayas que habitaron la zona señalizaron puntos importantes para la navegación como arrecifes y entradas del mar a las lagunas. El Caracol es una de las escasas muestras que nos quedan de este tipo de construcciones.

Siguiendo el recorrido, se llega a la Punta Celaráin. Aquí se encuentra la antigua casa del farero, hoy Museo de la Navegación, en el que se exhiben objetos relacionados con la navegación en la zona en épocas diferentes: desde los mayas hasta nuestros días, pasando por la época colonial y los años durante los cuales la isla fue refugio de piratas.

En el parque hay gran diversidad de flora y fauna: numerosos tipos de peces, tortugas y aves acuáticas; mamíferos como zorros y otros animales como los cocodrilos amarillos.

Las bellas playas tienen arena fina y blanca y tranquilas aguas de color turquesa. Cerca de las playas están los arrecifes en los que se puede bucear y nadar entre bancos de peces de todos los colores.

**Actividad S**

Responde a las siguientes preguntas sobre la lectura.

**1.** ¿Dónde se encuentra el parque Punta del Sur?

_____

_____

**2.** ¿Cómo es el terreno en la mayor parte del parque?

_____

_____

**3.** Explica qué atracciones se pueden ver en el parque y qué actividades se pueden hacer.

_____

_____

_____

_____

**4.** ¿Te gustaría visitar este parque? ¿Por qué?

_____

_____

_____

_____

**Actividad T**

¿Hay en la zona donde tu vives algún parque natural cerca del mar o de otra masa de agua? Busca un lugar que te resulte interesante y escribe en tu cuadero un breve pero atractivo informe sobre cómo es ese lugar. Usa las siguientes preguntas como guía:

- ¿Dónde se encuentra?

- ¿Qué tipo de vegetación y fauna tiene?

- ¿Hay algún sitio histórico cerca de allí?

- ¿Qué actividades que se pueden hacer en ese lugar o cerca de él?

# Perspectivas del mundo hispano (página 392)

La parrillada es una comida típica de Argentina y Uruguay que incluye varios cortes de carne y diferentes salchichas. Lee el artículo siguiente para saber más sobre este plato.

## La parrillada

La parrillada mixta es un asado de varios tipos de carne de res: asado de tira (carne de la parte de las costillas con hueso); entraña (carne de la parte de las costillas, sin hueso); chinchulines; bife de chorizo, vacío, mollejas, salchichas, etc.

Una buena parrillada se cocina con brasas, no con fuego. Las brasas despiden un calor que asa la carne sin que se queme, como ocurriría si estuvieran en contacto con el fuego. El secreto de un buen asado es cocinarlo lentamente. Para ello se prende fuego al lado del lugar donde se va a colocar la parrilla y se va acercando la brasa necesaria para mantener una temperatura constante. Mientras la leña arde y forma la brasa, se van preparando y lavando las carnes.

Luego se pone sobre la parrilla el asado de tira por el lado del hueso y la entraña por el lado más graso. En algunos lugares se unta la carne con salsa criolla y romero. Sin embargo, lo más común es añadir una salsa llamada "chimichurri", que contiene diversas especias y con la que se baña la carne después de servirla. Después se ponen en la parrilla las otras carnes y las salchichas.

Teniendo en cuenta la información de la lectura, haz las siguientes actividades en tu cuaderno:

1. Explica con tus propias palabras qué significan los siguientes términos:
   salchicha      corte de carne
   brasas        especias

2. Las carnes que se van a asar en una parrilla, ¿deben ponerse sobre la parrilla todas al mismo tiempo? Explica.

3. ¿Has comido alguna vez una parrillada como la que se describe en el texto? ¿Te gustaría probar una parrillada clásica argentina? ¿Por qué?

# Presentación escrita (página 393)

Comiendo al aire libre

### ( Tarea )

Una escuela primaria a la que asisten muchos niños(as) hispanohablantes está preparando a los estudiantes para las actividades de verano. Se te ha pedido que prepares un cartel sobre seguridad y diversión cuando se cocina al aire libre. Prepara un cartel que proporcione instrucciones sobre lo que se debe hacer y lo que no se debe hacer.

### Estrategia

**Lluvia de ideas** Hacer una lluvia de ideas puede ayudarte a obtener ideas que de otra forma no se te hubieran ocurrido. Cuando hagas la lista de puntos a incluir en tu cartel, escribe todas las tareas que puedas sugerir. Luego, cuando termines la lista, selecciona los mejores puntos.

**1. Antes de escribir**

Piensa cómo lograr que cocinar al aire libre sea divertido y seguro. Dile a los (las) niños(as) lo que deben hacer y lo que no deben hacer antes de cocinar y mientras se cocina. Haz dos listas, las que pueden incluir:

Antes de la parrillada
- la comida que deben comprar
- otras cosas que deben traer
- el lugar que van a escoger

Durante la parrillada
- cómo deben preparar el lugar
- qué van a hacer para preparar la comida
- cómo van a limpiar el lugar antes de marcharse

**2. Borrador**

Elige, entre la información incluida en tu lista, los puntos sobre los que vas a escribir. Presenta la información en una secuencia lógica y con un formato atractivo.

> **Modelo** Antes de la parrillada
> *Decidan qué quieren comer. Escojan un lugar seco que tenga agua accesible.*

**3. Revisión**

Revisa la ortografía, el vocabulario y los mandatos. Compara tus ideas con las de un(a) compañero(a) y pídele a tu compañero(a) que revise lo siguiente:
- ¿Es fácil de entender lo que has escrito?
- ¿Has incluido los mandatos adecuados?
- ¿Debes cambiar o añadir algo?

**4. Publicación**

Haz los cambios necesarios. Presenta las instrucciones en tu cartel usando tipos de letra diferentes para resaltar los mandatos.

**5. Evaluación**

Quizá tu profesor(a) te dé los criterios de cómo va a ser evaluado tu cartel. Probablemente, tu cartel será evaluado teniendo en cuenta:
- lo fácil que resulta entender tu cartel.
- si has presentado la información de manera clara y atractiva.
- el uso adecuado del vocabulario y las formas gramaticales.

# Repaso del capítulo (página 396)

## Vocabulario y gramática

**Para preparar el examen, revisa si...**
- conoces el vocabulario nuevo y la gramática.
- puedes realizar las tareas de la página 289.

### para hablar acerca de actividades al aire libre

| | |
|---|---|
| al aire libre | outdoors |
| el cielo | sky |
| dar una caminata | to take a walk |
| dentro de | inside |
| fuera (de) | outside |
| la hormiga | ant |
| la mosca | fly |
| la nube | cloud |
| la piedra | rock |
| el sendero | trail |
| el suelo | ground, floor |

### para hablar acerca de comer al aire libre

| | |
|---|---|
| la fogata | bonfire |
| el fósforo | match |
| hacer una parrillada | to have a barbecue |
| la leña | firewood |
| a la parrilla | on the grill |
| el puesto | (food) stand |

### para hablar acerca de comidas

| | |
|---|---|
| el aguacate | avocado |
| asado, -a | grilled |
| asar | to grill, to roast |
| la carne de res | steak |
| la cereza | cherry |
| la cesta | basket |
| la chuleta de cerdo | pork chop |
| el durazno | peach |
| los frijoles | beans |
| la harina | flour |
| el maíz | corn |
| la mayonesa | mayonnaise |
| el melón | melon |
|    *pl.* los melones | |
| la mostaza | mustard |
| el olor | smell, odor |
| el pavo | turkey |
| la piña | pineapple |
| el sabor | taste |
| la salsa de tomate | ketchup |
| la sandía | watermelon |

### para describir comidas y actividades al aire libre

| | |
|---|---|
| dulce | sweet |
| grasoso, -a | fatty |
| mojado, -a | wet |
| picante | spicy |
| seco, -a | dry |

### otras palabras útiles

| | |
|---|---|
| acompañar | to accompany |

### usar mandatos con *usted* y *ustedes*

Para formar un mandato con *Ud.* o *Uds.* se suprime la *-o* de la forma *yo* del presente y se añade *-e* y *-en* para los verbos terminados en *-ar;* para los verbos terminados en *-er* e *-ir* se añade *-a* y *-an.*

### Mandatos regulares con *Ud.* y *Uds.*

| | |
|---|---|
| **preparar:** | **prepare(n)** |
| **comer:** | **coma(n)** |
| **servir:** | **sirva(n)** |

### Mandatos irregulares con *Ud.* y *Uds.*

| | |
|---|---|
| **dar:** | **dé, den** |
| **estar:** | **esté, estén** |
| **ir:** | **vaya, vayan** |
| **poner:** | **ponga, pongan** |
| **ser:** | **sea, sean** |
| **tener:** | **tenga, tengan** |
| **traer:** | **traiga, traigan** |

### usar *por* en oraciones

Para indicar la duración o distancia

Para indicar movimiento a través, a lo largo o alrededor de algo

Para indicar un intercambio de una cosa por otra

Para indicar una razón o un motivo

Para indicar una sustitución o una acción en lugar de otra persona

Para indicar medios de comunicación o transporte

### ● Más práctica

Practice Workbook Puzzle 7B-8
Practice Workbook Organizer 7B-9

# Preparación para el examen (página 397)

| En el examen vas a... | Éstas son las tareas que te pueden ser útiles para el examen... | Si necesitas repasar... |
|---|---|---|

**1 Escuchar** Escuchar y entender a las personas cuando hablan de lo que les gusta o no les gusta sobre cocinar al aire libre.

Un grupo de jóvenes están intentando decidir si hacer un picnic o una cena en casa de uno de ellos el próximo sábado, para darles la bienvenida a un grupo de estudiantes nuevos. A medida que escuches sus opiniones, identifica si están a favor o en contra de hacer un picnic al aire libre.

págs. 374–377
*A primera vista*
pág. 378 Actividad 5

**2 Hablar** Dar instrucciones a un grupo sobre qué deben hacer para preparar una comida al aire libre.

Te has ofrecido para ayudar al líder de una tropa a organizar un grupo de niños exploradores de 10 años para hacer su primera fogata. ¿Qué instrucciones les darías para hacer la fogata? Por ejemplo, puedes empezar con: *Busquen un lugar seco.*

pág. 381 Actividad 12
pág. 384 Actividad 16

**3 Leer** Leer y entender las señales típicas que se ven en un parque o en un espacio para acampar.

Al buscar leña alrededor del campamento, observas varias señales con instrucciones para los visitantes del parque. Lee las señales de la página 397 de tu libro de texto. ¿Cuáles se enfocan en: (a) caminar; (b) cocinar; (c) uso de las cabañas?

págs. 376–377
*Videohistoria*
pág. 379 Actividad 6
pág. 385 Actividad 17
págs. 390–391
*Lectura*

**4 Escribir** Escribir una lista de instrucciones para una fiesta futura al aire libre.

Se te ha pedido que escribas una guía para personas que van a acampar por primera vez y que están planeando cocinar al aire libre. Haz una lista de instrucciones que incluya: (a) las cosas que deben llevar consigo; (b) cómo encender el fuego, (c) sugerencias de comidas para cocinar o preparar a la parrilla, y (d) las reglas que se deben seguir.

pág. 378 Actividad 4
pág. 379 Actividad 6
pág. 382 Actividad 13
pág. 388 Actividad 23
pág. 393 *Presentación escrita*

**5 Pensar** Demostrar un conocimiento de los mercados de comida al aire libre en los países hispanohablantes.

Tu amigo(a) va a ir de vacaciones a Buenos Aires, Argentina y quiere saber cosas acerca de las comidas de ese país. ¿Qué le puedes contar sobre los mercados de comidas al aire libre? ¿Qué diferencias puede haber entre los lugares en los que se compra la comida en Argentina y en los Estados Unidos?

pág. 392 *Perspectivas del mundo hispano*

Web Code
jdd-0716
**PHSchool.com**

# A ver si recuerdas... (páginas 398-399)

¿Adónde te gustaría ir para pasar unas vacaciones ideales? Escribe el lugar y haz una lista de todas las actividades que te gustaría realizar.

Lugar: _____

Actividades

_____    _____

_____    _____

_____    _____

_____    _____

## Fondo cultural (página 400)

**Valencia García** nació en México en 1963, aunque ahora vive en California. Desde los doce años pinta paisajes, especialmente de playas y lugares relacionados con el mar. Uno de sus cuadros se titula precisamente *Playas de Oaxaca*. Oaxaca es el nombre de un estado del sur de México famoso por sus playas y sus hermosos paisajes. Para llegar a las playas es necesario viajar varias horas por una carretera entre las montañas, o bien ir en avión. Estas playas son el destino favorito de muchos turistas mexicanos y extranjeros.

1. ¿Cuál es el viaje más interesante o emocionante que has hecho?

   _____

   _____

2. ¿Qué medios de transporte usaste para llegar a tu destino?

   _____

   _____

3. ¿A qué país de habla hispana te gustaría viajar? ¿Por qué?

   _____

   _____

**Capítulo 8A**

# Un viaje en avión

## Conexión geográfica (página 401)

Este mapa incluye los lugares relacionados con este capítulo. Mide en el mapa la distancia entre Nueva York y Madrid. Luego mide la distancia entre Nueva York y Buenos Aires. El vuelo de Nueva York a Madrid es de seis horas y media. El vuelo de Nueva York a Buenos Aires es de diez horas. ¿Por qué crees que el vuelo a Buenos Aires dura más de lo que podríamos calcular basándonos en la distancia?

Web Code
jde-0002

# A primera vista (páginas 402–403)

**Actividad A**

Lee estos pasos que generalmente hay que seguir para viajar en avión. Luego ordena los pasos.

_____ Abordar

_____ Facturar el equipaje

_____ Hacer las reservaciones

_____ Ir a la agencia de viajes

_____ Ir a la puerta de embarque

_____ Llegar temprano al aeropuerto

_____ Pasar por la inspección de seguridad

_____ Planear el viaje

_____ Recoger la tarjeta de embarque

_____ Ver si hay un retraso en la salida del avión

**Actividad B**

Tu amigo(a) va a viajar en avión a un país extranjero y ha hecho una lista de cosas que tiene que hacer antes, durante y después del vuelo, pero sus notas no son muy precisas. Escribe de nuevo sus notas, sustituyendo las palabras en cursiva (itálica) por la expresión adecuada del vocabulario.

**Modelo**  Ir a *donde venden los boletos de avión* para conseguir asientos.
Ir a la agencia de viajes para conseguir asientos.

1. Decirle *a la mujer de la agencia* que quiero un asiento al lado de la ventanilla.

_____

2. Preguntar la hora *a la que tengo que subir al avión* y la hora de salida del avión.

_____

3. Llegar al aeropuerto dos horas antes y preguntar si *va a salir tarde* mi vuelo.

_____

4. Pedirle *mi boleto para poder subir al avión* al *hombre que trabaja en* la línea aérea.

_____

5. Escuchar los anuncios para saber *de dónde sale* mi avión.

_____

## Videohistoria (páginas **404–405**)

**Actividad C**

Vuelve a mirar la *Videohistoria* de este capítulo y responde a las preguntas siguientes.

1. ¿En qué lugar y en qué país se desarrolla la historia de este episodio?

   _____

2. ¿Qué dos medios de transporte pueden usar las chicas para llegar a Londres?

   _____

3. ¿A qué hora cierra la agencia de viajes por la tarde y a qué hora abre otra vez?

   _____

4. ¿Cuánto cuesta un vuelo directo a Londres?

   _____

5. Explica qué pasa en la ultima escena de la *Videohistoria*. ¿Por qué están Ana y Elena delante de la agencia? ¿Por qué dice Elena "Ten paciencia, Ana"?

   _____

   _____

### Ampliación del lenguaje

**Por qué / porque / porqué**

Lee las siguientes palabras: por qué / porque / porqué. ¿Te fijas que se pronuncian casi de la misma manera? Ahora, mira los siguientes ejemplos para que puedas escribirlos correctamente.

*Por qué* se utiliza para preguntar.
*Porque* responde a la pregunta.
*Porqué* es un sustantivo; significa "razón".

*¿Por qué van Ana y Elena a Londres?*
*Porque quieren estudiar inglés.*
*Nosotros sabemos el porqué del viaje de Ana y Elena.*

**Actividad D**

Completa las siguientes frases con *por qué, porque* o *porqué.*

Ana quiere saber el _____ del retraso de Elena.

—Elena, ¿_____ llegas tarde?

—_____ tenemos mucho tiempo.

# Manos a la obra (páginas 406–409)

Empareja cada una de estas definiciones con la palabra o expresión adecuada.

_____ **1.** Persona que trabaja en una agencia de viajes.

_____ **2.** Pensar en cómo hacer algo.

_____ **3.** El tiempo que toma algo.

_____ **4.** Cuando un vuelo no va directamente a un lugar.

_____ **5.** Persona que registra el equipaje de los pasajeros.

_____ **6.** Espacio por donde se camina en un avión.

_____ **7.** Persona que trabaja en un aeropuerto.

_____ **8.** Persona que viaja en avión, tren, autobús, etc.

_____ **9.** Algo que no está cerrado.

_____**10.** Estar preparado.

**a.** durar

**b.** listo

**c.** empleado(a)

**d.** hacer escala

**e.** agente de viajes

**f.** abierto

**g.** pasillo

**h.** planear

**i.** pasajero(a)

**j.** aduanero(a)

Imagina que un turista norteamericano que no habla español está de viaje por Latinoamérica. ¿Crees que los cognados entre el inglés y el español serán útiles para este viajero? Escribe el cognado en español equivalente para cada uno de estos términos relacionados con viajes.

**Modelo** airport    *aeropuerto*

**1.** agent _____

**2.** tourist _____

**3.** direct _____

**4.** destination _____

**5.** to board _____

**6.** security _____

**7.** passport _____

**8.** airline _____

**9.** reservation _____

**10.** pilot _____

**Actividad G**

Aunque un viaje dentro de un país y un viaje al extranjero pueden ser experiencias muy diferentes, también tienen muchos puntos en común. Piensa en cinco diferencias entre estos tipos de viajes e indícalas en el diagrama de Venn. En el centro, indica algunas cosas que estos dos tipos de viaje tienen en común.

**Viajes nacionales**          **Viajes internacionales**

No se requiere pasaporte.          Se requiere pasaporte.

**Actividad H**

Ahora, basándote en las frases que escribiste en el diagrama de Venn de la actividad anterior, escribe un breve resumen sobre por qué preferirías hacer un viaje nacional o internacional. Usa tantas palabras o expresiones de este capítulo como puedas.

_____

_____

_____

_____

_____

## Gramática

### El presente de subjuntivo (página 410)

El modo subjuntivo se usa para expresar que una persona influye sobre las acciones de otra persona.

> Recomendamos que Uds. hablen con un agente de viajes.

> ¿Quiere Ud. que escribamos nuestros nombres en las maletas?

Observa que las oraciones con el subjuntivo tienen dos partes, cada una con un sujeto diferente, conectadas por *que*.

> Ella sugiere que yo aprenda francés.

En la primera parte se usa el presente de indicativo del verbo (recomendación, sugerencia, prohibición, etc.) + *que*, y en la segunda parte se usa el verbo en el presente de subjuntivo (lo que debería pasar).

Algunos verbos que suelen ir seguidos de *que* + subjuntivo son:

| | | |
|---|---|---|
| decir | permitir | querer (e ⟶ ie) |
| insistir en | preferir (e ⟶ ie) | recomendar (e ⟶ ie) |
| necesitar | prohibir | sugerir (e ⟶ ie) |

El presente de subjuntivo se forma de la misma forma que los mandatos negativos con *tú* y que todos los mandatos de *Ud. / Uds.* Se elimina la *-o* de la forma *yo* del presente de indicativo y se añaden las terminaciones correspondientes.

**hablar**

| | |
|---|---|
| hable | hablemos |
| hables | habléis |
| hable | hablen |

**aprender/escribir**

| | |
|---|---|
| aprenda escriba | aprendamos escribamos |
| aprendas escribas | aprendáis escribáis |
| aprenda escriba | aprendan escriban |

El presente de subjuntivo presenta los mismos cambios ortográficos y formas irregulares para la primera persona *(yo)* que los que ocurren con los mandatos negativos para las formas de *tú* y de *Ud. / Uds.*

**llegar**

| | |
|---|---|
| llegue | lleguemos |
| llegues | lleguéis |
| llegue | lleguen |

**hacer**

| | |
|---|---|
| haga | hagamos |
| hagas | hagáis |
| haga | hagan |

---

### Gramática interactiva

**Identifica formas**

En las tablas verbales, subraya las terminaciones del infinitivo y las terminaciones de las formas conjugadas del subjuntivo.

**Identifica modos**

En los ejemplos de la parte superior de la tabla, encierra en un círculo la parte de la oración que contiene el presente de indicativo. Luego encierra en un rectángulo la parte que contiene el presente de subjuntivo.

### Actividad I

Aquí tienes algunas observaciones que le hizo Alicia a Rosa cuando iba de viaje a España. Tienes tres opciones de verbos por cada oración para completarlas con el subjuntivo.

1. Para vuelos internacionales recomiendo que _____ *(llegues, lleguemos, llegas)* tres horas antes.

2. Te sugiero que _____ *(llevaron, lleve, lleves)* ropa cómoda para el viaje en avión.

3. Te recomiendo que no _____ *(olvidar, olvides, olviden)* tu pasaporte ni tu boleto.

4. Debes volar durante la noche para que el vuelo se _____ *(hagamos, haga, hace)* más corto.

5. Necesito que me _____ *(comprarás, compremos, compres)* recuerdos interesantes.

6. Mis familiares esperan que _____ *(disfrutes, disfrutar, disfrutas)* tu estadía en España.

### Actividad J

Roberto va a hacer un viaje y su mamá le tiene muchos consejos. Lee lo que dice la mamá y completa las oraciones con el indicativo o el subjuntivo del verbo.

Roberto, quiero que tú _____ *(hacer)* la maleta dos días antes del viaje. Si te olvidas

de algo, nosotros _____ *(tener)* tiempo de buscarlo. Va a hacer calor allí, por lo que

insisto en que _____ *(llevarte)* loción para protegerte del sol. También

_____ *(deber)* llevarte repelente para insectos. Cuando llegues, recomiendo que

_____ *(saludar)* a todos. Prohíbo que tú _____ *(usar)* el teléfono si no hay una

emergencia, ¿me oyes? Sólo necesito que tú nos _____ *(escribir)* por correo electrónico

todos los días. ¿Qué más? Ah, sugiero que _____ *(portarse)* bien. Bueno, ya, ¡vas a

tener unas lindas vacaciones!

## Gramática

### Verbos irregulares en el subjuntivo (página **413**)

Los verbos que tienen mandatos negativos irregulares para las formas de *tú, Ud.* y *Uds.* también tienen formas irregulares en el subjuntivo.

**Gramática interactiva**

**Identifica formas**
Mira las tablas verbales. Encierra en un círculo la forma de *yo* de los verbos.

**Identifica modos**
Luego, en los ejemplos, subraya el verbo en el indicativo y encierra en un rectángulo los verbos en el subjuntivo.

**dar**

| dé | demos |
|---|---|
| des | deis |
| dé | den |

**estar**

| esté | estemos |
|---|---|
| estés | estéis |
| esté | estén |

**ir**

| vaya | vayamos |
|---|---|
| vayas | vayáis |
| vaya | vayan |

**saber**

| sepa | sepamos |
|---|---|
| sepas | sepáis |
| sepa | sepan |

**ser**

| sea | sean |
|---|---|
| seas | seáis |
| sea | sean |

El agente sugiere que vayamos a la puerta de embarque.

¿Quieres que yo le dé la maleta a mi vecina?

Mi papá recomienda que sepamos cómo llegar al hotel.

Lee el diálogo entre Mario y Ricardo mientras se dirigen a tomar un avión a Puerto Rico. Completa las frases con la forma correcta del subjuntivo de los verbos *dar, estar, ir, saber* y *ser,* que están en las tablas anteriores.

**MARIO:** Date prisa, Ricardo. Te pido que _____ más rápido.

**RICARDO:** Te pido que _____ paciente. Quiero que _____ que estoy manejando lo mejor que puedo.

**MARIO:** Espero que _____ cómo llegar al aeropuerto...

**RICARDO:** No te preocupes. Basta con que _____ una vuelta a la derecha ahí.

**MARIO:** Cuando _____ sentado en el asiento del avión, me sentiré más aliviado.

**RICARDO:** En cambio yo quiero que ya _____ descansando en la playa.

**MARIO:** Me han contado cosas maravillosas. ¿Quieres que _____ a visitar El Yunque?

**RICARDO:** Sí, y también me gustaría que _____ un recorrido por Vieques y Culebra.

**Actividad**
**L**

Lee una vez más el artículo de recomendaciones financieras para viajar al extranjero, en la página 414 de tu libro de texto. Después, usa esa información para completar las frases siguientes. Usa la primera persona *(yo)* de los verbos entre paréntesis y no olvides los complementos.

**Modelo**   El artículo sugiere que no (perder) *pierda mi tarjeta de crédito*

que (llevar) _____

y que (saber) _____

También recomienda que (firmar) _____

y que (escribir) _____

Sugiere que (poner) _____

y que (ir) _____

**Actividad**
**M**

Piensa en tu ciudad o estado u otro lugar que conozcas bien. Dile a un amigo lo que debe hacer y lo que no debe hacer si va allí. Usa el subjuntivo en tus frases.

Recomiendo que _____

Prefiero que _____

Necesito que _____

Prohíben que _____

## Ampliación del lenguaje

### Palabras enlazadas

Cuando hablamos de manera natural, pronunciamos las palabras de corrido, sin hacer una pausa entre cada una. Las vocales idénticas entre dos palabras se pronuncian como si fueran una sola. Lee en voz alta y de manera natural las siguientes frases.

**Va a hacer** dice lo que alguien hará.　　Va ⌢ a ⌢ hacer la maleta.

**Va a ser** dice lo que será.　　Va ⌢ a ⌢ ser divertido.

**Va a ver** dice lo que verá.　　Va ⌢ a ⌢ ver ⌢ el ⌢ anuncio.

**Va a haber** dice lo que habrá.　　Va ⌢ a ⌢ haber muchos viajes.

# Lectura cultural

Imagina que eres un(a) estudiante de intercambio latinoamericano en Estados Unidos. Tu escuela te ha mandado a Texas para vivir con una familia. Ellos te llevan a El Álamo de visita. Lee el texto siguiente sobre El Álamo y contesta las preguntas de abajo.

¿Sabías que...

...El Álamo está en San Antonio, en el estado de Texas, que es el segundo estado más grande de los Estados Unidos y fue parte de México?

...a la ciudad de San Antonio le pusieron ese nombre porque los misioneros y exploradores españoles llegaron allí el día de San Antonio?

...El Álamo es una de cinco misiones establecidas por los españoles?

...en 1836, un grupo de hombres decidieron usar la misión como fortaleza para luchar contra las fuerzas del general Santa Ana, quien quería retomar la región?

...uno de los hombres fue Davy Crockett, originario de Tennessee?

...todos los hombres en la misión se murieron, la mayoría de ellos durante la lucha y unos pocos después, cuando los ejecutaron?

..."Remember the Alamo" es el grito de independencia de los texanos?

...El Álamo se considera un sitio histórico hoy en día?

**1.** ¿Dónde está El Álamo? ¿Qué es?

_____

**2.** ¿Por qué nombraron los españoles a la ciudad "San Antonio"?

_____

**3.** ¿Por qué es un sitio histórico El Álamo? Escribe por lo menos dos razones.

_____

_____

**4.** ¿Te gustaría visitar El Álamo? ¿Por qué?

_____

_____

# Conexiones   La salud (página 416)

En los viajes largos de avión, es importante seguir algunas medidas para asegurarnos de que cuando llegamos a nuestro destino nos encontramos en buenas condiciones físicas. Algunas de las cosas que recomiendan las aerolíneas son: beber tanta agua como sea posible, no comer cosas pesadas ni grasosas, evitar trabajar durante el vuelo, hacer ejercicios de relajación y practicar respiraciones profundas durante el vuelo, usar una crema hidratante para las manos y la cara, llevar zapatos anchos y fáciles de poner y quitar (el cuerpo se hincha durante los vuelos largos, sobre todo los pies), estirar las piernas, pasear por los pasillos cuando lo permita el capitán y escuchar música relajante.

## Actividad Ñ

Usa la información del párrafo anterior sobre las recomendaciones de las aerolíneas, para hacerle tres sugerencias a tu profesor(a) antes de que haga un viaje muy largo en avión. Presta atención al uso del subjuntivo y del indicativo, según cada caso.

**Modelo**   Sugiero que use zapatos cómodos porque los pies se hinchan.

1. _____

2. _____

3. _____

## El español en la comunidad
(página 417)

En la página 417 de tu libro de texto has leído que una de las funciones de los consulados es ofrecer información sobre el país y promocionar su cultura. Basándote en el artículo, contesta estas preguntas en forma de un breve ensayo en tu cuaderno.

¿Hay consulados o embajadas en tu ciudad? Si los hay, ¿sabes de qué países son? ¿Te gustaría trabajar en un consulado? ¿Por qué? Fíjate en las páginas amarillas de tu ciudad o busca información en el Internet.

# ¡Adelante! (páginas 418–419)

## Lectura 1

**Estrategia**

**Anticipar el contenido** La función principal de los títulos de los artículos y textos en general, es atraer la atención del lector y despertar su curiosidad para que lea el texto completo. Muchas veces, el título también nos da la idea principal del contenido del texto.

Haz la primera actividad de la caja que está al margen y luego lee el artículo siguiente sobre Ecuador. Si hay alguna palabra que no recuerdas, consulta las glosas en las páginas 418 y 419 de tu libro de texto. Después haz el resto de las actividades al margen.

**Lectura interactiva**

**Anticipa el contenido**
Lee el título del artículo. Escribe qué información esperas encontrar en el artículo basándote en su título.

_____

_____

_____

**Verifica**
Al terminar de leer, subraya el contenido clave y mira tus apuntes para ver si acertaste.

## Mitad del mundo

A 30 minutos al norte de Quito, capital de Ecuador, está el monumento a la Mitad del Mundo. Se llama así porque la Línea Ecuatorial que divide al planeta en dos hemisferios pasa por este lugar. Los turistas se divierten tomando fotos con un pie en el hemisferio norte y el otro en el hemisferio sur. ¡De un lado, es invierno, y del otro, verano! Durante los equinoccios del 21 de marzo y del 23 de septiembre, las personas y los objetos no tienen sombra.

Dentro del monumento hay un museo que celebra las distintas culturas indígenas de Ecuador. De hecho, el 25 por ciento de la población del país es indígena. Entre los grupos más conocidos están los salasacas, los shuars y los otavalos. Cada grupo se viste de una manera diferente, habla su propio idioma y se especializa en algún tipo de artesanía, como los tejidos, los sombreros, las joyas o las canastas.

Ecuador le ofrece al visitante un viaje inolvidable por su gran riqueza cultural y natural. Como dijo el científico Humboldt, "Un viaje por Ecuador se puede comparar con un viaje desde la Línea Ecuatorial casi hasta el Polo Sur".

Visitar la Mitad del Mundo puede ser una experiencia muy interesante para muchas personas. ¿Por qué le recomendarías una visita a este lugar a las siguientes personas?

1. A un(a) antropólogo(a) _____

_____

2. A un(a) meteorólogo(a) _____

_____

3. A un(a) estudiante de tu clase _____

_____

En el espacio de abajo, prepara un pequeño folleto turístico para promover el turismo a Ecuador y a la Mitad del Mundo. Incluye los siguientes elementos en tu folleto.

1. Un título atractivo que anime a leer el folleto.

2. Datos que atraigan el interés de los posibles viajeros, como sugerencias sobre qué hacer y qué lugares visitar.

3. Inventa algunas ofertas especiales de viajes para animar a las personas a viajar.

4. Usa una frase atractiva como conclusión de tu folleto (recuerda la frase de Humboldt).

## Lectura 2

**Actividad R**

Haz la primera actividad de la caja que está al margen y luego lee el artículo siguiente sobre Panamá. Después haz el resto de las actividades al margen.

### Lectura interactiva

**Anticipa el contenido**
¿Qué crees que significa el título de la lectura? Subraya la frase en el primer párrafo que te da esa respuesta.

**Reflexiona**
El nombre de Panamá, ¿es antiguo o moderno? Subraya la frase de la lectura en la que basas tu respuesta.

**Desarrollo de vocabulario**
Subraya la palabra *esclusas*. Nota que esta palabra se refiere a un compartimento con puertas de entrada y salida que se llena o vacía de agua. Esto permite que los barcos vayan de un nivel a otro. ¿Qué hace posible el sistema de esclusas?

_____

_____

_____

## Panamá, puente de las Américas

El nombre oficial del país es República de Panamá. *Panamá* es una palabra de origen indígena. El territorio panameño une América del Norte y América Central con América del Sur. A causa de esto, en las selvas del país hay especies de animales y plantas de ambos continentes. El clima de Panamá es tropical, con dos estaciones: lluviosa y seca. La temperatura varía poco a lo largo el año.

### La capital

La capital, Panamá, es como tres ciudades en una. Panamá Vieja, fundada en 1519, fue la primera ciudad que crearon los europeos en la costa del Pacífico en América. En el siglo XVII la ciudad fue destruida por los piratas. Unos años después, se reconstruyó la ciudad, dando lugar a una nueva ciudad: el Casco Viejo. Más tarde surgió la tercera ciudad, la moderna Panamá cosmopolita e internacional. En 1997, la UNESCO declaró el Casco Antiguo de Panamá Patrimonio de la humanidad.

### El Canal

El Canal de Panamá es una de las maravillas de ingeniería del mundo. Tiene unas 50 millas de largo y 10 de ancho. Para pasar de un océano a otro se usa un sistema de esclusas. Se puede ver el Canal en funcionamiento visitando las esclusas de Gatún o Miraflores.

1. ¿Cuáles son las dos ciudades más importantes de la República de Panamá y dónde está ubicada cada una de ellas?

_____

_____

2. ¿Qué es el Canal de Panamá?

_____

_____

_____

3. Además del Canal, ¿cuáles son otros atractivos turísticos de Panamá?

_____

_____

_____

4. ¿Te gustaría visitar Panamá? ¿Cuál de los lugares te gustaría ver primero? Explica por qué.

_____

_____

_____

5. Explica qué quiere decir la frase "La capital, Panamá, es como tres ciudades en una." ¿Conoces alguna ciudad con características similares? Si es así, descríbela. Si no conoces ninguna ciudad con estas características, describe el barrio más antiguo y el más moderno de tu pueblo o ciudad y explica cuáles son sus diferencias.

_____

_____

_____

_____

_____

# La cultura en vivo (página 420)

En tu libro de texto has aprendido sobre los códices o libros con dibujos de los antiguos habitantes de las Américas. Lee el texto siguiente para saber más sobre los códices y las personas que los escribían (escribas). Luego responde a las preguntas en tu cuaderno.

---

### • Códices y escribas •

Antes de la llegada de los españoles, los antiguos indígenas mexicanos escribían en códices, que eran manuscritos en los que se registraban diversos tipos de información antes de la llegada de la imprenta. En los códices americanos los indígenas escribían no sólo sobre sus viajes sino también sobre hechos históricos, escenas de la vida diaria, mitos, leyendas, creencias y conocimientos científicos. Muchos códices eran de carácter religioso y fijaban las fechas de las ceremonias; otros eran censos y registros de propiedad. Después de la Conquista, se continuó la producción de códices por algún tiempo.

Algunos códices han sobrevivido y son un verdadero tesoro de información sobre la situación económica y social de la época. El **Códice florentino** trata sobre la vida diaria, las costumbres, las creencias religiosas y los conocimientos de medicina de los indígenas. El **Códice Borgia** trata sobre los rituales del México antiguo. **El Códice Mendocino** trata sobre las costumbres de los antiguos mexicanos, su historia, sus gobernantes y sobre los tributos que tenían que pagar los pueblos dominados por los aztecas. **El Códice de Madrid** es un texto de adivinación; los sacerdotes lo usaban para ayudarse en sus predicciones.

Las personas encargadas de escribir los códices eran personas conocidas como *escribas-pintores*. Para ser escriba-pintor se necesitaban habilidades artísticas y buen conocimiento de la lengua. Cuando un joven tenía talento para la pintura, los sacerdotes lo dedicaban al oficio de escriba. Entonces, el joven pasaba por una etapa de formación y un período de especialización en un tema como astronomía, medicina, historia, etc. Luego, se trasladaba a vivir a los centros en los que trabajaba, como templos, palacios o tribunales. La función social de los escribas-pintores era muy importante ya que ellos fijaban y perpetuaban el saber de la sociedad.

---

1. ¿Sobre qué temas podían tratar los códices?

2. Busca en el diccionario la palabra *escriba*. Explica con tus propias palabras qué significa y por qué crees que se dice que los autores de los códices eran *escribas-pintores*.

3. ¿Por qué eran importantes los códices?

4. ¿Qué cualidades tenían que poseer los escribas-pintores? ¿Qué profesión(es) de la actualidad podrían compararse con la de los escribas-pintores de la antigüedad? Escribe un párrafo corto en tu cuaderno para responder a estas preguntas.

# Presentación oral (página 421)

## Un viaje al extranjero

### Tarea

Tú trabajas en una agencia de viajes. Una clienta quiere ir de vacaciones con su familia a un país hispanohablante. Ella quiere pasar unos días en una ciudad interesante, uno o dos días visitando ruinas o lugares históricos y algunos días en la playa. Recomiéndale un país y proporciónale información clave para el viaje.

### Estrategia

**Hacer una lluvia de ideas con una red de palabras** Para asegurarte de que tienes toda la información que necesitas para tu presentación, comienza por hacer una red de palabras. Primero, escribe el nombre del país que elegiste en el centro de una hoja de papel. Escribe las palabras *lugar, documentos, transporte y equipaje* y *época del año* alrededor del nombre del país.

1. **Preparación**

   Elige un país que responda a las exigencias de la clienta. Asegúrate de tener en cuenta varios posibles países antes de decidirte por uno. Busca la siguiente información para tu clienta:
   - **Lugar**
     ¿Qué país, ciudad, lugares históricos y playas recomiendas que visiten?
   - **Documentos**
     ¿Necesitan un pasaporte u otro documento?
   - **Transporte y equipaje**
     ¿Cómo recomiendan que viajen? ¿Cuánto cuesta el boleto? ¿Cuánto equipaje pueden llevar? ¿Qué ropa deben llevar?
   - **Época del año**
     ¿Cuál es la mejor época del año para visitar ese lugar?

2. **Práctica**

   Repasa tu presentación. Puedes usar tus notas para practicar, pero no cuando hagas la presentación en público. Intenta:
   - proporcionar toda la información que se pide en cada punto.
   - presentar la información en una secuencia lógica.
   - hablar con claridad.

3. **Presentación**

   Preséntale a tu clienta el viaje que has planificado. Puedes incluir un mapa o elementos visuales para apoyar tu presentación.

4. **Evaluación**

   Quizá tu profesor(a) te dé los criterios de cómo va a ser evaluada tu presentación. Probablemente, tu presentación será evaluada teniendo en cuenta:
   - lo completa que es tu investigación.
   - la cantidad de información que presentaste.
   - lo fácil que resultó entenderte.

# Repaso del capítulo (página 422)

## Vocabulario y gramática

**para hablar acerca de planes de viajes**

| | |
|---|---|
| la agencia de viajes | travel agency |
| el / la agente de viajes | travel agent |
| el equipaje | luggage |
| extranjero, -a | foreign |
| hacer un viaje | to take a trip |
| la maleta | suitcase |
| hacer la maleta | to pack the suitcase |
| el pasaporte | passport |
| planear | to plan |
| la reservación pl. las reservaciones | reservation |
| la tarjeta de embarque | boarding pass |
| el / la turista | tourist |

**para hablar acerca de aeropuertos**

| | |
|---|---|
| abordar | to board |
| la aduana | customs |
| el aduanero, la aduanera | customs officer |
| el aeropuerto | airport |
| el anuncio | announcement |
| el / la auxiliar de vuelo | flight attendant |
| con destino a | going to |
| de ida y vuelta | round-trip |
| directo, -a | direct |
| durar | to last |
| el empleado, la empleada | employee |
| facturar | to check (luggage) |
| hacer escala | to stop over |
| la inspección pl. las inspecciones de seguridad | security checkpoint |
| la línea aérea | airline |
| la llegada | arrival |
| el pasajero, la pasajera | passenger |
| el pasillo | aisle |
| el / la piloto | pilot |
| la puerta de embarque | departure gate |
| registrar | to inspect, to search (luggage) |

| | |
|---|---|
| el retraso | delay |
| la salida | departure |
| la ventanilla | (airplane) window |
| el vuelo | flight |

**otras palabras y expresiones útiles**

| | |
|---|---|
| abierto, -a | open |
| bienvenido, -a | welcome |
| cerrado, -a | closed |
| insistir en | to insist |
| listo, -a | ready |
| sugerir (e → ie) | to suggest |
| tendremos | we will have |
| tener paciencia | to be patient |

**Verbos que a menudo van seguidos por que + subjuntivo**

| | |
|---|---|
| decir | prohibir |
| insistir en | querer (e → ie) |
| necesitar | recomendar (e → ie) |
| permitir | sugerir (e → ie) |
| preferir (e → ie) | |

**presente de subjuntivo**

hablar

| hable | hablemos |
|---|---|
| hables | habléis |
| hable | hablen |

aprender / escribir

| aprenda escriba | aprendamos escribamos |
|---|---|
| aprendas escribas | aprendáis escribáis |
| aprenda escriba | aprendan escriban |

**verbos irregulares en el subjuntivo**

| | | | |
|---|---|---|---|
| dar | hacer | llegar | ser |
| estar | ir | saber | |

● **Más práctica**
Practice Workbook Puzzle 8A-8

# Preparación para el examen (página **423**)

| En el examen vas a... | Éstas son las tareas que te pueden ser útiles para el examen... | Si necesitas repasar... |
|---|---|---|
|   **1 Escuchar** Escuchar y comprender a alguien que hace recomendaciones para viajar. | Un estudiante de España da consejos a los estudiantes que piensan viajar a ese país en verano. Determina si sus consejos incluyen: (a) ideas para planear el viaje; (b) ideas para hacer las maletas; (c) ideas sobre la llegada al aeropuerto o (d) ideas sobre el vuelo. | **págs. 402–405** *A primera vista* **pág. 406** Actividad 5 **pág. 410** Actividad 11 |
|   **2 Hablar** Hacer recomendaciones para planear un viaje sin estrés. | Tu profesor(a) te ha pedido que les hagas algunas recomendaciones sobre viajes a tus compañeros de clase. Puedes hablar sobre cómo: (a) llegar al aeropuerto; (b) facturar en el mostrador de la aerolínea; (c) pasar las inspecciones de seguridad y (d) entretenerse en el avión. Empieza diciendo: *Sugiero que llegues al aeropuerto dos horas antes de la salida de tu vuelo.* | **pág. 407** Actividad 6 **pág. 411** Actividad 14 **pág. 414** Actividades 18–19 **pág. 415** Actividades 20–21 **pág. 417** Actividad 24 **pág. 421** *Presentación oral* |
|  **3 Leer** Leer y entender un folleto sobre viajes aéreos. | En la agencia de viajes tomaste un folleto sobre Sugerencias para viajar a España. Mira las sugerencias y colócalas en orden, empezando con la planificación del viaje y terminando con la llegada a Madrid. Marca las sugerencias desde la A hasta la D. 1. Recomendamos que hagas una reservación seis meses antes de tu viaje. 2. Sugerimos que duermas durante el vuelo. 3. Recomendamos que bebas mucha agua antes de abordar el vuelo. 4. Sugerimos que pases por la aduana con todos los documentos necesarios. | **págs. 402–403** *A primera vista* **pág. 406** Actividad 4 **pág. 408** Actividad 8 **pág. 414** Actividad 19 **pág. 416** Actividad 22 |
|    **4 Escribir** Escribir sugerencias para disfrutar de unas vacaciones seguras. | Una agencia de viajes le ha pedido a tu clase diseñar un sitio para sus clientes hispanohablantes. Tú vas a escribir la sección de *Sugerencias para un buen viaje*. Escribe cuatro o más sugerencias. Incluye recomendaciones tales como planear el viaje a través de una agencia de viajes o a través de Internet, preparar las maletas o pedir un asiento en particular en el avión. | **pág. 410** Actividad 11 **pág. 413** Actividad 17 **pág. 414** Actividad 19 **pág. 415** Actividades 20–21 **pág. 417** Actividad 24 |
| **5 Pensar** Demostrar un conocimiento acerca de los documentos históricos. | Explica cómo guardaron sus crónicas de viajes y comercio los españoles y los indígenas en Latinoamérica. ¿Qué información fue registrada? ¿Cuál era el propósito de estos documentos? ¿Quiénes los usaban? ¿Qué documentos modernos desarrollan una función similar? | **pág. 420** *La cultura en vivo* |

Web Code
jdd-0808

# A ver si recuerdas... (páginas 424–425)

Haz una lista de lugares para guiar a uno de tus amigos que ha venido a visitarte. Escríbele una breve recomendación o explicación de cada lugar.

**Modelo** Te recomiendo el restaurante Sabor porque tiene muy buena comida mexicana.

Hotel

_____

Restaurantes

_____

_____

Sitios turísticos de la región

_____

_____

**Fondo cultural** (página 424)

**Oaxaca** es sin duda uno de los destinos favoritos del turismo extranjero en México. Además de sus extraordinarias zonas arqueológicas, cuenta con una variedad de artesanías muy codiciadas por nacionales y extranjeros. Algunas de estas artesanías son las figuras talladas en madera, que es una tradición de los indígenas zapotecas. Sus figuras son animalitos como los gatos, caballos, iguanas, vacas y animales fantásticos como los dragones y monstruos míticos. Estas figuras se llaman alebrijes y se pintan de colores alegres y brillantes. En Oaxaca existen unas 200 familias que se dedican a tallar madera.

**1.** ¿Alguna vez has visto artesanía elaborada en otro país? Si es así, ¿qué viste?

_____

_____

**2.** ¿Qué sabes del origen de la artesanía en tu región?

_____

_____

_____

**Capítulo 8B**

# Quiero que disfrutes de tu viaje

**Objetivos del capítulo**

- Comentar los viajes a ciudades extranjeras
- Hablar sobre la estancia en un hotel
- Explicar cómo ser un buen turista
- Hacer recomendaciones sobre cosas que ver
- Comprender las perspectivas culturales sobre los viajes a países de hispanohablantes

## Conexión geográfica (página 425)

¿Has visitado algunos de los países que se ven en el mapa?

Encierra en un círculo cada país que hayas visitado o te gustaría visitar y escribe una oración sobre el motivo de tu viaje.

| Modelo | Fui a Puerto Rico en 2002 para visitar a mi familia.

Web Code
jde-0002
PHSchool.com

# A primera vista (páginas 426–427)

**Actividad A**

Mira las páginas 426 a 427 de tu libro de texto. Luego escribe tantas palabras o expresiones de este capítulo como puedas en estas cuatro categorías. Sigue los modelos.

| Cosas que hacen los turistas |
| --- |
| *hacer una gira* |

| Lugares que visitan |
| --- |
| *el palacio* |

| Reglas para ser buenos(as) turistas |
| --- |
| *ser cortés* |

| Palabras para describir lugares |
| --- |
| *histórico* |

**Actividad B**

Si vas a España, es bueno que visites también Barcelona, en la provincia de Cataluña al noreste del país, donde se habla un idioma diferente y se ven cosas distintas a las que ves en otras partes. Lee el texto siguiente y complétalo con la palabra adecuada.

| estupendas   acuáticos   gira   excursión   catedral   Reyes   palacio |
| --- |

Si vas de _____ a Barcelona vas a ver muchas cosas _____. Si te interesan los

lugares antiguos, puedes hacer una _____ del Barri Gòtic (Barrio Gótico). Si te gusta

el arte, puedes visitar los museos o el Palau (_____) Nacional de Montjuïc. Si quieres

ver dónde vivieron los _____ Católicos, ve al Palau Reial Major. O puedes pasar un

día mirando y explorando la Sagrada Familia, la _____ famosísima de Antonio

Gaudí. Si quieres descansar, puedes ir a las playas cerca de Barcelona, donde puedes

practicar deportes _____.

## Videohistoria   (páginas **428–429**)

### Actividad C

Ignacio está contándoles a sus padres lo que hicieron él y Javier cuando llegaron a Toledo. Lee las frases y complétalas con el vocabulario de este capítulo.

Cuando llegamos, decidimos ir primero al hotel y después caminar por la ciudad. Javier

quería comprar _____ de la ciudad, o sea, cosas típicas. El empleado en la _____

del hotel nos dio una _____ doble y luego la _____. Luego salimos para

_____ un libro sobre la ciudad. Encontramos una _____ buena en un

_____. No sabíamos si ver la catedral, el museo de El Greco o el _____. Pero el

museo estaba cerrado y fuimos a una tienda de artesanías, en la que vimos una espada

grande. Era muy cara y no pudimos _____. No queríamos _____ a nadie. Al

final, Javier compró unas _____ _____.

### Actividad D

¿Qué lugares históricos conoces en tu comunidad? Imagínate que vas con un(a) amigo(a) a uno de esos lugares. Usa por lo menos ocho de las palabras o expresiones siguientes para escribir un diálogo corto entre tú y tu amigo(a) mientras visitan el lugar.

| | | | | | |
|---|---|---|---|---|---|
| ascensor | guía | llave | quiosco | regatear | típico |
| conseguir | habitación | ofender | recepción | tal vez | vendedor |

**YO:** _____

_____

**MI AMIGO(A):** _____

_____

**YO:** _____

_____

**MI AMIGO(A):** _____

_____

# Manos a la obra (páginas 430–433)

### Actividad E

Encierra en un círculo la frase que completa las siguientes oraciones de forma lógica, según lo que aprendiste en este capítulo y tu propia opinión.

1. En la habitación de un hotel es necesario...
   a. llegar a tiempo.
   b. ser cortés y no hacer mucho ruido.
   c. buscar el cajero automático.

2. Si quieres hacer surf de vela durante tu viaje...
   a. se puede ir con el guía.
   b. se puede ver el castillo.
   c. hay que descansar en la playa.

3. Cuando hacemos excursiones o giras...
   a. tenemos que pedir la llave al empleado del hotel.
   b. tenemos que pedir permiso a nuestros padres.
   c. es mejor estar atento y quedarse en grupos.

4. Si visitamos una ciudad donde se habla otro idioma...
   a. debemos observar las costumbres.
   b. debemos dejar una propina en las tiendas.
   c. debemos regatear.

5. Si viajas a una ciudad donde se usa una moneda diferente...
   a. sólo se puede cambiar dinero en los hoteles.
   b. debes ir a una casa de cambio.
   c. primero debes ir de excursión a los lugares históricos.

## Ampliación del lenguaje

### Palabras que suenan igual

Las palabras siguientes se diferencian por una letra cuando están escritas, pero como esa letra suena igual en los dos casos, al oír estas palabras sólo podemos distinguirlas por el contexto.

| | |
|---|---|
| **bello / vello** | **bello,** hermoso: Es un paisaje muy **bello**.<br>**vello,** pelo: Tiene los brazos llenos de **vello**. |
| **sabia / savia** | **sabia,** mujer que sabe mucho: La **sabia** presentó un proyecto maravilloso.<br>**savia,** jugo de las plantas: Esta planta tiene una **savia** muy espesa. |
| **arrollo / arroyo** | **arrollo,** del verbo *arrollar*: Al salir casi **arrollo** a un chico que entraba.<br>**arroyo,** río pequeño: Por el prado corre un **arroyo** de agua muy fresca. |

**Actividad F**

Vas a ir de visita a la ciudad de Valencia. Tu guía turístico(a) te ha mandado un formulario para conocerte un poco mejor y así diseñar tu viaje de la forma más adecuada a tus gustos. Completa el formulario con tus preferencias y opiniones.

Nombre: _____ Edad: _____ País de nacimiento: _____

Idiomas que hablas: _____

Estudios completados: _____

Deportes que practicas: _____

¿Qué actividades te gusta hacer en tu tiempo libre? _____

_____

¿Qué tipos de museos te gusta visitar? ¿Arte, antropología, ciencias?

_____

¿Qué comidas te gustan? ¿Te gusta probar comidas nuevas?

_____

_____

En general, ¿a qué hora almuerzas? ¿Y cenas? ¿Cuál es tu comida principal del día?

_____

_____

¿Te gusta la playa? ¿Te gustaría practicar algún deporte acuático mientras estás aquí?

_____

_____

**Actividad G**

Ahora escribe en tu cuaderno un breve resumen basándote en tus respuestas a la actividad anterior. Describe lo que te gustaría hacer en Valencia, usando tantas palabras o frases de este capítulo como puedas.

## También se dice...

la habitación = el cuarto, la recámara *(México)*, la pieza *(Chile)*, el dormitorio *(Argentina)*

el ascensor = el elevador *(México)*

el bote de vela = el barco de vela *(México)*, el velero *(España)*

hacer una gira = hacer un tur *(México, España)*

la tarjeta postal = la postal *(Chile, México, España)*

## Gramática

### El presente del subjuntivo con (página **434**) expresiones impersonales

Algunas veces se usa una expresión impersonal para expresar la forma en la que influimos en las acciones de otra persona. Aquí tienes algunas expresiones impersonales que a menudo van seguidas de la conjunción *que* + subjuntivo:

**es importante     es necesario     es mejor     es bueno**

Es necesario que Uds. tengan buenos modales.

Es mejor que consigamos una habitación doble.

Observa que en las expresiones anteriores se menciona a una persona específica en la segunda parte de la oración. Si no hay una persona específica, se usa el infinitivo sin el *que*. Compara las siguientes oraciones.

Para ser un buen turista, **es importante ser** muy cortés.

**Es importante que seas** un turista cortés.

Recuerda que en el modo subjuntivo la ortografía de los verbos que terminan en *-gar* y en *-car* cambia para mantener el sonido de la consonante. Para los verbos que terminan en *-gar* añade *u*, para que la terminación cambie a *-gue*. Igualmente, para los verbos que terminan en *-car*, añade *u* para que la terminación cambie a *-que*.

Es bueno que lleguen temprano a la estación.

Es mejor que busquemos un quiosco para comprar una guía.

### Gramática interactiva

**Identifica funciones**
Encierra en un círculo las expresiones impersonales en los dos primeros y los dos últimos ejemplos. Luego subraya los verbos del subjuntivo en los mismos ejemplos.

**Reflexiona**
Escribe la forma *yo* del presente de subjuntivo de estos verbos, según la explicación al final.

apagar

_____

explicar

_____

navegar

_____

### ¿Recuerdas?
El modo subjuntivo, como ya sabes, se usa para expresar que una persona influye en las acciones de otra persona.

**Actividad H**

Antonio va a ir de vacaciones a México con su hermano. Su amigo Ernesto visitó ese país el año pasado y le está diciendo algunas cosas que pueden pasar durante el viaje. Basándote en lo que dice Ernesto, escribe consejos para Antonio y su hermano. Usa expresiones impersonales como *Es importante que…, Es necesario que…, Es bueno que…, Es mejor que…* y las formas adecuadas del subjuntivo.

**Modelo**   Si no llegan temprano al aeropuerto, pueden perder el avión.
*Es mejor que lleguen temprano al aeropuerto para no perder el avión.*

**1.** Si llevan un bolso de mano muy grande, van a tener que facturarlo.

_____

**2.** Si no hacen reservaciones antes del viaje, puede ser difícil encontrar un hotel.

_____

**3.** Si no respetan las costumbres del país, molestarán a la gente.

_____

**4.** Si no regatean en un mercado, no conseguirán un buen precio.

_____

Eres guía de turismo en tu ciudad. Éste es el itinerario para hoy. Basándote en él, escribe en tu cuaderno cinco consejos para los turistas sobre cosas que pueden o deben hacer, ropa que deben llevar, etc. Introduce los consejos con frases impersonales que aprendiste anteriormente.

| | | | |
|---|---|---|---|
| 8:30 | Desayuno en la cafetería del hotel. | 1:00–2:15 | Recorrido por los lugares de interés histórico. Podrán comprar artesanías y recuerdos. |
| 9:00 | Reunión al frente del hotel para tomar el autobús. El autobús sale a las 9:15 en punto. | 2:30 | Reunión al frente del ayuntamiento para tomar el autobús hasta el Parque Natural. |
| 9:30–11:30 | Visita guiada al museo de arte. | 3:00–7:00 | Tiempo libre en el parque. Podrán realizar diversas actividades. A las 6:00: merienda al aire libre. |
| 11:45–1:00 | Almuerzo: comida típica de la región. | | |

# Gramática

## El presente del subjuntivo de los verbos con cambios en el radical (página 437)

Los verbos en -ar y en -er con cambios en el radical presentan los mismos cambios en el modo subjuntivo que en el indicativo.

**recordar (o → ue)**

| recuerde | recordemos |
|---|---|
| recuerdes | recordéis |
| recuerde | recuerden |

**perder (e → ie)**

| pierda | perdamos |
|---|---|
| pierdas | perdáis |
| pierda | pierdan |

Es importante que recordemos los buenos modales.

Es mejor que no te pierdas en el centro. Cómprate una guía.

Los verbos con cambios en el radical que terminan en -ir presentan cambios en todas las formas del presente de subjuntivo.

**pedir (e → i)**

| pida | pidamos |
|---|---|
| pidas | pidáis |
| pida | pidan |

**divertirse (e → ie), (e → i)**

| me divierta | nos divirtamos |
|---|---|
| te diviertas | os divirtáis |
| se divierta | se diviertan |

**dormir (o → ue), (o → u)**

| duerma | durmamos |
|---|---|
| duermas | durmáis |
| duerma | duerman |

Es necesario que pidas la llave.

Queremos que se diviertan.

Es bueno que duermas durante el vuelo.

## Gramática interactiva

**Identifica formas**
Señala los siguientes elementos:

- Subraya el radical de las formas verbales para yo y nosotros en el presente de subjuntivo en las tablas.
- En los ejemplos, encierra en un círculo los verbos en el subjuntivo.

## ¿Recuerdas?

Ya sabes que en el indicativo, los verbos con cambios en el radical presentan un cambio en el radical en todas las formas, menos nosotros(as) y vosotros(as).

Pedro y sus hermanos Raúl y Ana van de vacaciones a casa de su tía Carla en Sevilla, España. Ellos acaban de llegar al aeropuerto de Madrid, pero el vuelo a Sevilla tiene un retraso de cuatro horas. Completa el mensaje de correo electrónico que Pedro le escribió a su madre desde el aeropuerto. Presta atención a la ortografía de los verbos y usa el modo subjuntivo.

| ab↓ | Monaco ▼ | Medium ▼ | **B** *I* U **T** | ≡ ≡ ≡ | ≣ ≣ ≣ ≣ | A ▼ ◇ ▼ | |

Querida mamá:

Ya estamos en Barajas, en Madrid. El vuelo para Sevilla tiene retraso. Siempre me dices que _____ *(recordar)* los números importantes, pero no recuerdo el de la tía Carla y tengo que llamarla. Es importante que tú _____ *(empezar)* a buscar su número. Raúl quiere que yo _____ *(sacar)* todas las cosas de mi mochila para buscar la libreta, pero yo creo que no está ahí. Ana no piensa más que en comer, quiere que nosotros _____ *(ir)* a buscar unos bocadillos. Yo le digo que _____ *(pensar)* en la tía, y no en comer. Mamá, todo esto es un desastre, ¿es necesario que yo _____ *(seguir)* viajando con mis hermanos? Raúl se ríe y dice que cuando lleguemos a casa de Carla, quiere que yo _____ *(dormirse)* mientras ellos van a pasear. ¿Puedes creer que Ana me está diciendo que quiere que yo le _____ *(pedir)* a tía Carla que nos lleve a la playa? Mamá, por favor, ¿puedes llamar tú a Carla? Es necesario que tú le _____ *(contar)* lo del retraso. Te llamo cuando lleguemos a Sevilla.

Un beso para ti y otro para papá.

Pedro

Unas amigas tuyas se van a ir de viaje a España dentro de un mes, y quieren que las ayudes a prepararse bien para su viaje. Contesta a sus preguntas en tu cuaderno. Incluye tantos detalles como te sea posible. Ten en cuenta que tus amigas no han viajado nunca a ningún lugar tan lejos de su casa. Aconséjalas y dales ánimo.

1. ¿Es mejor que visitemos todos los sitios que podamos o que sólo vayamos a los lugares recomendados por el (la) guía turístico(a)? ¿Por qué?

2. ¿Cómo podemos saber a qué hora abren y cierran los bancos en España? ¿Podemos preguntar en el hotel?

3. ¿Es necesario despedirse de los empleados del hotel en donde estemos? ¿Esperan que les dejemos propina?

4. Si nos sentimos mal porque no nos entienden, ¿qué nos recomiendas que hagamos? ¿Resulta descortés pedir que nos repitan las cosas más de una vez?

# Lectura cultural

Aquí tienes más información sobre la Ciudad de las Artes y las Ciencias en Valencia, España. Léela y después contesta las preguntas a continuación.

El complejo de la Ciudad de las Artes y las Ciencias es un símbolo internacional creado por el arquitecto Santiago Calatrava. Lo forman cinco elementos que ocupan más de dos kilómetros de largo: **L'Hemisfèric, el Museu de les Ciències Príncipe Felipe, L'Umbracle, L'Oceanogràfic** y el **Palau de las Arts**. Aquí tienes algunos datos de utilidad para tu visita.

**L'Hemisfèric:** Se abrió en 1998 y es la única sala del país en la que se proyectan tres espectáculos sobre una pantalla de 900 metros cuadrados. Contiene un planetario, una sala IMAX para películas y una sala láser llamada Laserium.

**L'Umbracle:** Es el paseo de la ciudad, con 55 arcos fijos y 54 arcos flotantes de casi 20 metros de altura.

**Museu de les Ciències Príncipe Felipe:** Dispone de 40,000 metros cuadrados dedicados a la ciencia y la tecnología. Una de las características más curiosas del museo, es que está lleno de carteles que dicen: "Prohibido no tocar, no pensar y no sentir".

**L'Oceanogràfic:** Es el parque marino más grande de Europa. Contiene 42 millones de litros de agua salada y viven allí más de 45,000 animales marinos de diferentes especies.

**Palau de les Arts:** Un espacio enorme dedicado a la ópera y a los grandes espectáculos musicales y de teatro. Tiene cuatro salas: la principal, la de música barroca y de cámara, un anfiteatro y un teatro experimental.

Escribe en tu cuaderno las respuestas a las siguientes preguntas.

1. En tu opinión, ¿qué es lo más interesante de la Ciudad de las Artes y las Ciencias? ¿Por qué? Explica qué visitarías si pudieras pasar una tarde en este lugar.

2. Piensa en algún lugar similar a la Ciudad de las Artes y las Ciencias de Valencia cercano a tu comunidad. Escribe un párrafo corto describiendo lo más interesante de ese lugar. Puedes usar la lectura como modelo.

> **Nota cultural**
> En Valencia se habla el valenciano, un idioma parecido al castellano con su propia historia y reglas gramaticales. ¿Sabes qué significan las palabras *L'Hemisfèric, Palau de les Arts, Museu de les Ciències* y *L'Oceanogràfic*?

# Conexiones **Las matemáticas** (página **441**)

Si tu quieres comprar cosas cuando estás de viaje, necesitas conocer el cambio de moneda de ese país al que viajas. La siguiente tabla muestra los cambios de moneda aproximados para tres países:

| País | En dólares americanos |
|------|------------------------|
| Estados Unidos (dólares americanos) | 1 |
| Gran Bretaña (libras inglesas) | 0.5 |
| México (pesos mexicanos) | 12 |

Un dólar equivale aproximadamente a dos libras inglesas y a doce pesos mexicanos.

1. Una camiseta en los Estados Unidos cuesta alrededor de $15.00 dólares americanos. ¿Cuánto cuesta esa camiseta en pesos mexicanos?

   _____

2. Imagina que tienes $600 pesos mexicanos para cambiarlos a dólares. ¿Cuántos dólares podrías tener?

   _____

## El español en el mundo del trabajo

(página **439**)

Mira el texto sobre el turismo en la página 439 de tu libro de texto. Ahora que ya sabes lo importante que puede ser el trabajo de guía, completa las listas de abajo según se indica.

**Un(a) guía turístico(a) debe:**
Hablar varios idiomas

_____

_____

_____

**Un(a) guía turístico(a) NO debe:**
Molestar a los turistas

_____

_____

_____

# ¡Adelante! (páginas 442–443)

## Lectura 1

Actividad
Ñ

> **Estrategia**
>
> **Usar títulos y subtítulos** Los títulos y subtítulos ayudan a organizar la información.

Lee *Usa títulos y subtítulos* (al margen), y sigue las instrucciones para leer el folleto turístico sobre Antigua. Si hay alguna palabra que no recuerdas, consulta las glosas en las páginas 442 y 443 de tu libro de texto. Después haz la otra actividad al margen.

---

**Lectura interactiva**

**Usa títulos y subtítulos**
Antes de leer el texto, encierra en un círculo los subtítulos y predice qué información encontrarás.

**Verifica tu lectura**
Subraya las oraciones principales de cada sección. ¿Tus predicciones fueron acertadas?

---

## Antigua, una ciudad colonial

Situada a 45 minutos de la Ciudad de Guatemala, Antigua le fascina al turista por sus calles de piedras, su arquitectura colonial y sus ruinas de iglesias y monasterios. El español Francisco de la Cueva fundó la ciudad el 10 de marzo de 1543. La "Ciudad de las Perpetuas Rosas", nombrada así por sus jardines con flores, tiene un clima muy agradable y preserva un sabor colonial único. Caminar por sus calles es como visitar el pasado y descubrir una ciudad típica española del siglo XVII. ¡Le invitamos a venir y disfrutar de esta ciudad!

### ¿Qué hay que ver en la ciudad de Antigua?

La ciudad de Antigua tiene muchos sitios de interés. Se puede apreciar toda la historia de esta ciudad mirando sus casas y monumentos coloniales. En el centro de la ciudad está la Plaza Mayor. Los edificios principales son el Ayuntamiento, la Catedral y el Palacio de los Capitanes.

### Vaya al reino de la cultura maya

Si le interesan las ruinas, le recomendamos que haga planes para visitar Tikal, una de las ciudades más importantes de la cultura maya. Desde el aeropuerto de la Ciudad de Guatemala, un avión lo lleva a Flores, la entrada a la zona arqueológica de Tikal. Duerma en uno de los pequeños hoteles de la región. ¡Esperamos que disfrute de esta excursión!

### Una experiencia inolvidable

La ciudad de Antigua no es sólo un lugar turístico para visitar parques, volcanes y monumentos históricos. Su gente es tan simpática que usted va a sentirse como en su propia casa. ¡Visite Antigua, le esperamos con anticipación!

Contesta las siguientes preguntas sobre la lectura.

**1.** ¿Dónde queda Antigua?

_____

**2.** ¿Quién fundó la ciudad y cuándo lo hizo?

_____

**3.** ¿Cuál es otro nombre para la ciudad?

_____

**4.** Escribe cuatro atracciones que tiene la ciudad.

_____

**5.** ¿Te gustaría visitar Antigua? Explica por qué.

_____

Ahora vas a preparar una guía turística sobre una ciudad de tu elección. Usa las preguntas siguientes o el folleto de Antigua como modelo.

**1.** ¿Qué tipo de turistas quieres atraer?
**2.** ¿Qué monumentos y atracciones naturales son las más interesantes? ¿Por qué?
**3.** ¿Qué restaurantes y hoteles puedes recomendar?
**4.** ¿Qué actividades pueden hacer los turistas durante su visita?

## Ampliación del lenguaje

*¿Qué?* y *¿Cuál?*

Es fácil confundir el uso de estas dos palabras. Para aclararlo, recuerda:

*Cuál* suele ir delante de un verbo.
Por ejemplo: ¿**Cuál** es tu color favorito?

*Qué* suele ir delante de un sustantivo.
Por ejemplo: ¿**Qué** color te gusta más?

Trata de completar las siguientes frases con *cuál* o *qué*.

**1.** ¿_____ país te gusta más?

**2.** ¿_____ prefieres, el avión o el tren?

## Lectura 2

**Actividad Q**

Haz las actividades al margen.

### Estrategia

**Leer con un propósito** Cuando vayas a leer un texto, si sabes qué información te interesa encontrar, concentrarás tu atención en partes específicas de la lectura que contengan la información que necesitas.

### Lectura interactiva

**Lee con un propósito**
Imagínate que vas a visitar Sevilla. Lee el artículo y escribe en los párrafos la letra que corresponde a cada uno de los siguientes temas: a) la comida; b) la arquitectura y c) el alojamiento (hoteles).

**Verifica tu lectura**
Ahora lee el párrafo que explica el tema que te interesa más y escribe algunos detalles del tema que aprendiste.

_____

_____

_____

_____

_____

## Sevilla

Esta ciudad del Sur de España fue en otra época punto de embarque hacia América y el puerto más importante del comercio entre España y las colonias. Hoy en día, es una ciudad moderna de más de 700,000 habitantes y uno de los principales destinos turísticos de España.

Sevilla tiene siglos de antigüedad. En épocas pasadas, la ciudad fue conquistada por pueblos diferentes del Mediterráneo, cada uno de los cuales aportó a Sevilla parte de su cultura y su arte. Por esta razón, la arquitectura sevillana es una mezcla de estilos de distintos orígenes. Entre sus monumentos están la Catedral, la Giralda, los Reales Alcázares, la Torre del Oro y el Ayuntamiento, así como numerosas iglesias, conventos, jardines y plazas.

Sevilla ofrece al turista gran variedad de alojamientos. En los últimos años, en las afueras de la ciudad, se han construido hoteles modernos de gran clase. En la ciudad, los hoteles tradicionales están ubicados en su mayoría en el centro histórico. El hotel Alfonso XIII, cerca de la Catedral, es el más lujoso. Aquí se alojan miembros de las familias reales de Europa, jefes de estado y personalidades de todo el mundo. El precio de una habitación en este hotel de cinco estrellas es a partir de unos 300 euros.

Para comer en Sevilla, lo mejor es visitar un restaurante típico sevillano. Un plato muy popular es el gazpacho, una especie de sopa fría de tomate. Los dulces sevillanos son muy famosos. Los mejores dulces no se venden en las tiendas, sino en los conventos. Cada convento tiene su especialidad: mermeladas, rosquillas (dulces de forma redonda con un agujero en el centro), etc., que se hacen con recetas muy antiguas.

**Actividad R**

Responde a las siguientes preguntas sobre la lectura.

**1.** ¿Dónde están los hoteles más modernos de Sevilla? ¿Y los más tradicionales?

_____

_____

**2.** ¿Qué tipos de monumentos puedes visitar en Sevilla?

_____

_____

**3.** ¿Por qué la arquitectura de Sevilla es una mezcla de estilos de distintos orígenes?

_____

_____

**Actividad S**

¿Qué monumentos o lugares te parecen interesantes? Elige un monumento o lugar de tu región que tú hayas visitado. Describe dónde queda y cómo se llega a este lugar. Escribe tres cosas interesantes o curiosas acerca de él que puedan atraer a los turistas.

_____

_____

_____

_____

_____

_____

_____

_____

_____

# Perspectivas del mundo hispano (página 444)

El metro es un sistema de transporte muy popular en la capital mexicana. Lee el siguiente artículo para saber más sobre él y luego responde en tu cuaderno a las preguntas a continuación.

## El metro de la Ciudad de México

La Ciudad de México es una de las ciudades con más habitantes de todo el mundo (¡más de 20 millones!). Para dar servicio a esta gran población, a finales de la década de 1960 se comenzó la construcción de una red de metro. En una primera fase se construyeron tres líneas. La primera de estas líneas, de este a oeste, unió Zaragoza con Chapultepec. Esta línea se inauguró en 1969. Luego se construyeron dos líneas más, cruzando las otras dos líneas. Esta primera fase se finalizó en 1972.

Con el crecimiento de la ciudad, fue necesario ampliar el metro. En 1991 se inauguró la primera línea que unía la capital con barrios y pueblos de las afueras. Entre 1999 y 2000, se construyó la línea que da servicio a la ciudad de Ecatepec y otras zonas al noroeste del área metropolitana.

Actualmente, la red del metro de la Ciudad de México, con 175 estaciones, se extiende por 201.7 kilómetros. Es el quinto metro del mundo en cuanto a kilómetros de red, sólo lo superan el metro de Londres, el de Nueva York, el de Moscú y el de París. Por el número de pasajeros que transporta, este metro ocupa el tercer lugar del mundo (unos cuatro millones de personas al día), sólo superado por los metros de Moscú y Tokio.

Durante la construcción del metro, las obras tuvieron que interrumpirse varias veces al encontrarse restos arqueológicos. Durante la construcción de la primera fase, se halló una pequeña pirámide dedicada al dios azteca del viento. En lugar de llevarla a un museo, la pirámide fue integrada a la estación de Pino Suárez y se convirtió en el símbolo de la misma.

1. ¿Cuál es el tema principal del texto?

2. ¿Cuándo se inauguró la línea más antigua del metro y a qué lugares daba servicio?

3. ¿Cuál es la importancia del metro de Ciudad de México frente a los metros de otras ciudades de todo el mundo, teniendo en cuenta los kilómetros de red?

4. ¿Cuál es el sistema de transporte más popular en tu pueblo o ciudad, que no sea el metro? Compáralo con el metro. ¿Cuáles son las ventajas y las desventajas de cada uno de ellos? Escribe un párrafo corto para contestar estas preguntas.

# Presentación escrita (página 445)

Viajemos juntos

**Estrategia**

**Usar preguntas clave** Las preguntas clave son una buena forma de obtener ideas. Responder a bastantes preguntas sobre asuntos diferentes relacionados con tu proyecto, te va a ayudar a obtener muchas ideas para preparar tu escritura.

## Tarea

Tú formas parte de un grupo de estudiantes que van a viajar con su profesor(a) a un país hispanohablante. Prepara un folleto ilustrado para tu grupo.

1. **Antes de escribir**
   Piensa en los preparativos que tienes que hacer antes del viaje. Responde a las siguientes preguntas para organizar la información de tu folleto.
   - ¿Qué país van a visitar y cómo van a viajar?
   - ¿Qué deben llevar? ¿Una cámara? ¿Unos anteojos de sol?
   - ¿Qué lugares van a visitar? ¿Qué excursiones o giras van a hacer? ¿Qué actividades van a hacer?
   - ¿Cómo van a vestirse? ¿Hay restricciones de vestido?
   - ¿Cómo pueden aprovechar de las oportunidades para hablar español?

2. **Borrador**
   Usa tus respuestas para desarrollar un folleto que ayude a tus compañeros(as) de clase a prepararse a fondo para el viaje. Incluye fotos o dibujos en tu folleto.

3. **Revisión**
   Vuelve a leer tu borrador y revisa la ortografía, el vocabulario, el uso de los verbos y las concordancias. Muéstrale tu folleto a un(a) compañero(a) para que revise lo siguiente:
   - ¿La información es clara y está bien organizada?
   - ¿Has incluido toda la información necesaria?
   - ¿Son útiles los elementos visuales?
   - ¿Debes añadir o cambiar algo?
   - ¿Hay errores?

4. **Publicación**
   Haz una nueva versión del folleto, incluyendo todos los cambios y correcciones necesarios. Haz una copia final para entregársela a tu profesor(a) o para incluirla en tu portafolios.

5. **Evaluación**
   Quizá tu profesor(a) te dé los criterios de cómo va a ser evaluada tu presentación. Probablemente, tu presentación será evaluada teniendo en cuenta:
   - la cantidad de información que proporcionas.
   - lo claro y atractivo que resulta el folleto.
   - el uso adecuado del vocabulario y la gramática.

## Repaso del capítulo

**Para preparar el examen, revisa si...**
- conoces el vocabulario nuevo y la gramática.
- puedes realizar las tareas de la página 329.

# Repaso del capítulo (página 446)

## Vocabulario y gramática

**para hablar acerca de lugares a visitar en una ciudad**

| | |
|---|---|
| el cajero automático | ATM |
| la casa de cambio | currency exchange |
| el castillo | castle |
| la catedral | cathedral |
| histórico, -a | historical |
| el palacio | palace |
| el quiosco | newsstand |

**para hablar acerca de hospedarse en un hotel**

| | |
|---|---|
| el ascensor | elevator |
| conseguir (e ⟶ i) | to obtain |
| la habitación | room |
| pl. las habitaciones | |
| la habitación doble | double room |
| la habitación individual | single room |
| la llave | key |
| la recepción | reception desk |

**para hablar acerca del comportamiento apropiado de los turistas**

| | |
|---|---|
| atento, -a | attentive |
| cortés | polite |
| hacer ruido | to make noise |
| observar | to observe |
| ofender | to offend |
| la propina | tip |
| puntual | punctual |

**para hablar acerca de las actividades turísticas**

| | |
|---|---|
| la artesanía | handicrafts |
| el bote de vela | sailboat |
| cambiar | to change, to exchange |
| disfrutar de | to enjoy |
| el esquí acuático | waterskiing |
| la excursión | excursion, short trip |
| pl. las excursiones | |
| el guía, la guía | guide |
| la guía | guidebook |

| | |
|---|---|
| hacer una gira | to take a tour |
| el itinerario | itinerary |
| la moto acuática | personal watercraft |
| navegar | to sail, to navigate |
| regatear | to bargain |
| el surf de vela | windsurfing |
| la tarjeta postal | postcard |
| el vendedor, la vendedora | vendor |

**otras palabras y expresiones útiles**

| | |
|---|---|
| bello, -a | beautiful |
| en punto | exactly (time) |
| estupendo, -a | stupendous, wonderful |
| famoso, -a | famous |
| el rey pl. los reyes | king, king and queen |
| siguiente | next, following |
| tal vez | maybe, perhaps |
| típico, -a | typical |

**presente del subjuntivo con expresiones impersonales**

**Es bueno que** los estudiantes **hagan** la tarea.

**Es importante que comas** un buen desayuno.

**Es mejor que** no **vayamos** al museo hoy.

**Es necesario que hagas** una gira de la ciudad.

**presente del subjuntivo de los verbos con cambios en el radical**

| | |
|---|---|
| recordar (o⟶ ue) | divertirse (e ⟶ ie), (e ⟶ i) |
| perder (e ⟶ ie) | |
| pedir (e ⟶ i) | dormir (o ⟶ ue), (o⟶ u) |

*(To see these verbs fully conjugated in the present subjunctive, see p. 437.)*

● **Más práctica**
Practice Workbook Puzzle 8B-8
Practice Workbook Organizer 8B-9

## Preparación para el examen (página 447)

| **En el examen vas a...** | **Éstas son las tareas que te pueden ser útiles para el examen...** | **Si necesitas repasar...** |
|---|---|---|
|  **1 Escuchar** Escuchar y entender a las personas cuando hacen recomendaciones para viajar. | Necesitas algunas recomendaciones para tu viaje a México. Escucha estas recomendaciones y determina qué es lo más importante que debes hacer cuando llegues. ¿Qué es lo mejor que se puede hacer allí? | **págs. 426–429** *A primera vista* **pág. 431** Actividad 6 **pág. 433** Actividad 9 |
|  **2 Hablar** Hablar acerca de las maneras de disfrutar de unas vacaciones cuando se viaja. | Hazles algunas recomendaciones a los miembros del Club de español para viajar en México. ¿Cómo pueden ser "buenos" turistas? ¿Cuál es la mejor manera de llegar a conocer la ciudad que visiten? | **pág. 430** Actividad 4 **pág. 431** Actividad 5 **pág. 432** Actividad 7 **pág. 436** Actividad 13 **pág. 440** Actividades 19–20 |
|  **3 Leer** Leer y entender las postales de las vacaciones de amigos y familia. | Lee una postal de un compañero de clase que está en México. Identifica si la persona está: (a) teniendo un buen o mal viaje; (b) usando el español, y (c) aprendiendo sobre México. *Querido Juan: Estoy aquí en Cancún. Es muy divertido pasar tiempo en la playa y luego ir al mercado. Me encanta hablar español para regatear. Es importante que no ofendas a los vendedores cuando regateas por el mejor precio.* | **pág. 432** Actividad 7 **pág. 433** Actividad 9 **pág. 434** Actividad 10 **pág. 435** Actividades 11–12 **pág. 439** Actividad 17 **págs. 442–443** *Lectura* |
|  **4 Escribir** Escribir una "guía" para estudiantes que están planeando viajar a un país extranjero. | Estás preparando un sitio Web para viajeros jóvenes. Completa las siguientes oraciones con al menos tres sugerencias para cada tema: (a) Para ser un(a) turista bueno(a), es importante que...; (b) Para disfrutar mucho de tu viaje, te recomiendo que... | **pág. 430** Actividad 4 **pág. 434** Actividad 10 **pág. 435** Actividades 11–12 **pág. 437** Actividad 14 **pág. 439** Actividad 17 **pág. 445** *Presentación escrita* |
|  **5 Pensar** Demostrar un conocimiento de las prácticas culturales asociadas con los viajes a países hispanohablantes. | Piensa en cómo viajarían los turistas estadounidenses por un país hispanohablante. ¿Qué clase de transporte usarían para ir de una ciudad a otra? ¿En qué se diferencia esto de la forma en la que viajan los turistas que visitan los Estados Unidos? | **págs. 442–443** *Lectura* **pág. 444** *Perspectivas del mundo hispano* |

Web Code jdd-0817
PHSchool.com

# A ver si recuerdas (páginas 450–451)

Lee las profesiones que aparecen a continuación y completa la lista añadiendo algunas otras que conozcas. Luego, haz una encuesta entre tus compañeros(as) de clase para saber qué profesión les resulta más atractiva y ordena en la caja de la derecha las profesiones más populares.

**1.** médico

**2.** abogado

**3.** astronauta

**4.** _____

**5.** _____

**6.** _____

**7.** _____

**8.** _____

> **Las cinco profesiones más populares entre mis compañeros(as) de clase son:**
>
> **1.** _____
>
> **2.** _____
>
> **3.** _____
>
> **4.** _____
>
> **5.** _____

**Fondo cultural** (página **450**)

**David Alfaro Siqueiros** es uno de los muralistas más importantes que ha tenido México. Al igual que Diego Rivera, su obra tuvo un profundo sentido social y revolucionario. A mediados de la década de 1950 la Universidad Nacional Autónoma de México le pidió que pintara un mural monumental relacionado con la educación. El resultado es una gran obra titulada *El Pueblo a la Universidad y la Universidad al Pueblo (1956)*. En él, los estudiantes comparten sus conocimientos con el pueblo mexicano.

**1.** ¿Qué crees que se necesita para llegar a ser un artista plástico famoso?

_____

**2.** Si tuvieras que elegir un arte para expresarte (escultura, pintura, música, cine, etc.), ¿cuál elegirías? ¿Por qué?

_____

**3.** ¿Qué temas abordarías en tus obras? ¿Por qué?

_____

# ¿Qué profesión tendrás?

**Objetivos del capítulo**

- Hablar sobre profesiones y hacer planes para el futuro
- Hablar sobre eventos futuros
- Comprender las perspectivas culturales relacionadas con el arte folklórico o popular

## Conexión geográfica (página 451)

Este mapa incluye los lugares relacionados con este capítulo. Piensa en lo que quieres ser y en los lugares sombreados y no sombreados. ¿En qué lugar hispano te gustaría trabajar en el futuro? Di una profesión y escribe una breve explicación de tu elección.

| Modelo | *Quiero ser médico. Me gustaría trabajar en la República Dominicana porque necesitan médicos y me gusta nadar y bucear.* |
|---|---|

_____

_____

Web Code
jde-0002

PHSchool.com

# A primera vista (páginas 452–453)

**Actividad A**

............................................................

Completa esta tabla sobre oficios y carreras. Escribe en la primera columna el nombre de la profesión u oficio (masculino y femenino) según la descripción en la segunda columna.

| Profesión | Cosas que hace |
|---|---|
| *el contador, la contadora* | Trabaja con los números. |
| | Defiende a las personas en un tribunal si se les acusa de un crimen. |
| | Diseña casas y otros edificios. |
| | Se ocupa de la buena salud de los animales. |
| | Trabaja con máquinas. |
| | Hace páginas Web. |
| | Se encarga de escuchar los juicios en los tribunales y dicta sentencia. |

**Actividad B**

............................................................

Dos amigas están hablando de las carreras que quieren seguir. Completa las frases con la palabra o expresión adecuada de este capítulo.

CARLA: Lupe, ¿has pensado en _____?

LUPE: Todavía no. ¿Qué me sugieres?

CARLA: A ver..., ¿quieres ser _____?

LUPE: No, no me gustan las ciencias y no quiero trabajar en un laboratorio.

CARLA: Entonces..., ¿_____?

LUPE: No, no quiero trabajar con las máquinas. Mira, me gustan los coches, pero no me

gustaría ser _____.

CARLA: Te gustan los animales, ¿verdad?

LUPE: Sí, pero no quiero ser _____. Tendría que ver sangre y poner inyecciones. Será mejor que piense en otra cosa.

## Videohistoria    (páginas **454–455**)

**Actividad C**

Prepara un resumen de lo que pasó en la *Videohistoria* de este capítulo, pero con un final diferente. Contesta estas preguntas y luego escribe el final.

**1.** ¿Quiénes son los personajes? ¿Cuál es la situación general? ¿De qué hablan?

_____

_____

**2.** ¿Qué quieren ser los personajes? ¿Te parece que son ocupaciones adecuadas para ellos?

_____

_____

**3.** Explica los *pros* y los *contras* de seguir una vocación artística y una vocación más tradicional.

**Vocación artística** (pintor, artista, escritor)

| Pros | Contras |
|------|---------|
| _____ | _____ |
| _____ | _____ |
| _____ | _____ |

**Vocación tradicional** (mujer de negocios, ingeniero, arquitecto)

| Pros | Contras |
|------|---------|
| _____ | _____ |
| _____ | _____ |
| _____ | _____ |

**4.** Escribe en tu cuaderno el final sorpresa de tu historia, siguiendo el tema del video.

# Manos a la obra (páginas 456–459)

**Actividad D**

¿Qué cursos crees que hay que seguir para entrar en estas profesiones? ¿Qué cualidades hay que tener? Empareja la profesión u oficio con los cursos y cualidades. ¡Ojo! Hay dos profesiones de sobra.

1. _____ Tomó clases de matemáticas y fue a la universidad. Le gustan los números.

2. _____ Siguió la carrera de leyes. Le gusta investigar las cosas y hablar.

3. _____ Tomó diferentes cursos de ciencias en la universidad. Es paciente y le encantan los animales.

4. _____ Tomó clases de administración de empresas y le gustan los negocios.

5. _____ Estudió en las escuelas técnicas. Le encantan los coches.

**a.** veterinario(a)

**b.** mecánico(a)

**c.** abogado(a)

**d.** contador(a)

**e.** ingeniero(a)

**f.** gerente

**g.** político

**Actividad E**

Imagínate que vas a entrevistar a las personas que responden a estos anuncios de trabajo. Escribe en tu cuaderno tres preguntas que les harás, según los requisitos.

### Secretario(a) administrativo(a)

Se requiere secretario(a) administrativo(a) para agencia de viajes.
Requisitos:
—Conocimiento de idiomas
—Buen nivel cultural
—Experiencia en viajes internacionales
—Conocimientos de contabilidad
—Carácter abierto
Interesados(as) llamar al 555-4810.

### Doctores(as) voluntarios(as)

Agencia busca doctores(as) para trabajar como voluntarios(as) durante 2–3 meses en Latinoamérica. Alojamiento y comida pagados. Interesados(as) por favor contacten con la Asociación de Ayuda Latinoamericana en www.ayudalat.org.

Preguntas para un(a) secretario(a) administrativo(a):

Preguntas para un(a) doctor(a) voluntario(a):

**Actividad
F**

Prepara un anuncio de trabajo para el periódico de tu escuela. Elige una de las opciones de abajo. Escribe el anuncio según el título de cada puesto, añadiendo detalles sobre la experiencia laboral, preparación académica y las cualidades personales que crees que debe tener la persona elegida. **1.** Un(a) editor(a) para el periódico de la escuela; **2.** Un(a) profesor(a) de español; **3.** Una persona para ocuparse de todas las computadoras de la escuela.

| Modelo | Cartero(a): *Se busca cartero(a) con dos años de experiencia en una oficina de correos o en el reparto de diarios o paquetes. Debe haberse graduado del colegio y tener permiso de manejar al corriente. Interesados contacten oficina de correos de la ciudad de San Agustín.* |

_____

_____

_____

_____

_____

_____

## Ampliación del lenguaje

*Saber* y *conocer*

- *Saber* se usa cuando hablamos de conocimientos en general: El veterinario **sabe** mucho acerca de estos pingüinos.

- *Conocer* se usa para hablar de una persona, un lugar o una obra específica: ¿**Conoces** a María José?

Completa las siguientes frases con la forma correcta de *saber* o *conocer.*

—¿Tú _____ a Elena? Es la chica que _____ mucho de música.

—Sí, yo la _____ desde hace dos meses. Ella _____ que tú y yo somos amigas.

## Gramática

### El futuro                                    (página 460)

© Pearson Education, Inc. All rights reserved.

**Gramática interactiva**

**Identifica formas**
- Subraya todas las terminaciones de los verbos que tienen acento.
- En los ejemplos al final de la tabla, encierra en un círculo las formas de los verbos en el futuro.

**¿Recuerdas?**
Ya conoces dos formas de expresar eventos en el futuro. Con el tiempo presente:

- Mañana **comenzamos** el trabajo.

Usando *ir a* + infinitivo:
- El futuro **va a ser** mejor.

Otra forma de hablar sobre eventos futuros consiste en usar el tiempo futuro. El tiempo futuro expresa lo que ocurrirá. Para formar el futuro de los verbos regulares *-ar, -er* e *-ir,* se usan las mismas terminaciones para todos los verbos y se les añade al infinitivo.

| -é  | -emos |
|-----|-------|
| -ás | -éis  |
| -á  | -án   |

| (yo) | trabajaré<br>seré<br>viviré | (nosotros)<br>(nosotras) | trabajaremos<br>seremos<br>viviremos |
|------|------|------|------|
| (tú) | trabajarás<br>serás<br>vivirás | (vosotros)<br>(vosotras) | trabajaréis<br>seréis<br>viviréis |
| Ud.<br>(él)<br>(ella) | trabajará<br>será<br>vivirá | Uds.<br>(ellos)<br>(ellas) | trabajarán<br>serán<br>vivirán |

Observa que todas las formas tienen un acento gráfico excepto *nosotros(as)*.

Mañana comenzaremos el trabajo.

El futuro será mejor.

¿Dónde viviremos dentro de diez años?

Actividad
G

Para cada una de las frases siguientes, cambia las formas de los verbos al tiempo futuro. Escribe las nuevas frases en tu cuaderno.

1. Soy abogado(a) y necesito defender a mis clientes.

2. Soy político(a) y me presento para las elecciones a gobernador(a).

3. Soy profesor(a) de español y enseño en una escuela secundaria.

4. Soy científico(a) y busco tratamientos para las enfermedades.

**Actividad H**

¿Qué trabajos y profesiones habrá en el futuro? Lee la lista de profesiones y escribe si existirán o no dentro de 200 años, e incluye una breve explicación. Recuerda usar las formas del futuro que ya conoces.

> **Modelo**   Profesor(a): *Existirá porque necesitamos a personas que nos enseñen, pero quizás no tendremos escuelas porque todo se hará por computadora desde la casa. El / La profesor(a) se reunirá con sus estudiantes sólo una vez a la semana.*

1. Paramédico(a): Existirá / No existirá porque _____

_____

2. Secretario(a): Existirá / No existirá porque _____

_____

3. Artista: Existirá / No existirá porque _____

_____

4. Cartero(a): Existirá / No existirá porque _____

_____

5. Policía: Existirá / No existirá porque _____

_____

## Ampliación del lenguaje

### Palabras homófonas: *has* y *haz*

- *Has* es una forma del verbo *haber*. Se usa con un participio para formar el presente perfecto. Ejemplo: Todavía no **has** hecho la cama, ni te **has** vestido. ¿Qué **has** estado haciendo?

- El mandato de *hacer* es *haz*. Ejemplo: Ahora, **haz** la cama, vístete y **haz** todo lo que tienes que hacer.

**Actividad I**

Completa las siguientes frases con *has* o *haz*.

_____ tú la comida mientras yo hago la limpieza. Si no _____ terminado para las

doce, yo te ayudo. ¿No _____ visto mis libros?

## Gramática

### Verbos irregulares en el futuro (página 462)

Los verbos irregulares en el futuro tienen las mismas terminaciones que los verbos regulares, pero las raíces son irregulares. Aquí tienes algunas raíces de verbos que tienen un futuro irregular:

| | | |
|---|---|---|
| hacer | **har-** | ¿Qué clase de trabajo hará ella? |
| poder | **podr-** | En el futuro podremos usar el Internet para seguir más carreras. |
| saber | **sabr-** | ¿Sabrás hablar más de dos idiomas en el futuro? |
| tener | **tendr-** | Algún día tendré un trabajo con un salario muy bueno. |
| haber | **habr-** | Habrá muchas oportunidades para usar el español en mi carrera. |

### Gramática interactiva

**Identifica formas**
Encierra en un círculo las formas de los verbos en el futuro en los ejemplos.

**Determina formas**
Basándote en la información de la tabla de la derecha, escribe la primera persona *(yo)* del futuro de los siguientes verbos.

**deshacer**

_____

**retener**

_____

Lee las frases siguientes sobre las escuelas en los Estados Unidos hoy en día. Luego, escribe una frase diciendo cómo crees que será la escuela del futuro respecto a cada uno de estos hechos. Usa las formas adecuadas del futuro de cada verbo.

### ¿Recuerdas?
Terminaciones del futuro:

| | |
|---|---|
| -é | -emos |
| -ás | -éis |
| -á | -án |

**Modelo** Hoy en día la mayoría de los estudiantes estudian un idioma extranjero.
*En el futuro los estudiantes estudiarán dos idiomas extranjeros.*

1. Hoy en día en muchas escuelas hay una sala de computadoras.

_____

2. Actualmente los estudiantes tienen muchas clases obligatorias.

_____

3. Hoy en día algunos estudiantes no saben usar una computadora.

_____

4. Hoy en día los estudiantes hacen la mayor parte del trabajo en sus cuadernos o en hojas de papel.

_____

**Actividad K**

· · · · · · · · · · · · · · · · · · · · · · · · · · · · · · · · · · · · · · · · · · · · · · · · · · · · · · · · · · ·

Completa las siguientes oraciones usando el tiempo futuro. Usa los verbos de la lista cuando sea posible.

| ser | poder | hacer | saber | tener | haber | estudiar | trabajar | seguir |
|-----|-------|-------|-------|-------|-------|----------|----------|--------|

**1.** Si te preparas muy bien en tus estudios antes de graduarte...

_____

**2.** Si esperas a ser adulto para pensar en qué quieres hacer con tu futuro...

_____

**3.** Si escoges una carrera y después te das cuenta de que no es la correcta para ti...

_____

**4.** Si quieres trabajar en un ámbito internacional con personas de muchos lugares...

_____

**Actividad L**

· · · · · · · · · · · · · · · · · · · · · · · · · · · · · · · · · · · · · · · · · · · · · · · · · · · · · · · · · · ·

Muy pronto tu amigo(a) va a terminar sus estudios de secundaria. Tu amigo(a) está algo nervioso(a) y te ha enviado un mensaje de correo electrónico. Lee su mensaje, y luego, escribe tu respuesta en tu cuaderno. Primero, saluda a tu amigo(a). Luego, escribe dos o tres frases sobre tus planes. A continuación, dale tu opinión a tu amigo(a) sobre sus dudas; también puedes sugerirle que hable con un(a) consejero(a) a los estudiantes. Responde a todas las preguntas en tu cuaderno y haz tus propios comentarios usando el futuro.

Hola, ¿cómo estás?

El año próximo me graduaré de la escuela y aún no sé que voy a hacer. ¿Tú ya sabes lo que harás? ¿Seguirás estudiando o empezarás a trabajar? Yo quiero ir a la universidad pero también quiero ayudar a pagar mis gastos. Me gustaría estudiar y hacer algún trabajo a tiempo parcial, pero también quiero seguir pintando. ¿Podré hacerlo todo? ¿Tú qué crees? ¿Cuántas horas de clase habrá en la universidad por semana? Tú que siempre estás más informado(a) que yo, ¿me ayudarás un poco? ¡Cuéntame tus planes y dame alguna idea!

# Lectura cultural (página **458**)

En México, la educación primaria abarca seis años y es obligatoria. Los niños deben tener seis años cumplidos para poder entrar a primer grado. Muchos niños en este país no tienen acceso a la educación preescolar (jardín de niños o *kindergarten*), por lo que en el primer grado es donde se espera que los niños aprendan las letras y a leer. También aprenderán a escribir, a realizar las operaciones matemáticas básicas (sumar, restar, multiplicar y dividir), entre otros muchos contenidos elementales.

Después pasan a la secundaria, que consta de tres grados. Algunas escuelas secundarias enseñan con un sistema de materias por área (español, matemáticas, ciencias naturales y ciencias sociales), mientras que otras siguen un sistema de asignaturas (física, química, español, historia, civismo, geografía, matemáticas, biología). En ambos sistemas los alumnos toman un idioma extranjero (casi siempre, el inglés), educación artística (canto o algún instrumento musical), educación física y educación tecnológica. Esta materia es muy importante porque en ella los alumnos aprenden habilidades para desarrollar un oficio. Por ejemplo, electricidad, corte y confección, cocina y repostería o dibujo técnico, entre otros.

1. En esta tabla, escribe algunas diferencias entre el sistema educativo de México y el de los Estados Unidos.

| México | Estados Unidos |
|---|---|
| **Primaria** | **Primaria** |
| **Secundaria** | **Secundaria** |

2. Ahora imagínate que estás contándole a un amigo las diferencias entre los dos sistemas educativos. Usa tus apuntes de la tabla y escribe un breve resumen.

_____

_____

_____

_____

## Conexiones Las matemáticas (página 466)

Para esta sección vas a hacer un estudio laboral en tu clase. Debes seguir estos pasos.

1. Entrevista a tus compañeros de clase de español para saber cuántos de ellos trabajarán en profesiones técnicas, administrativas, de medicina o artísticas. Incluye los números abajo.

Profesiones técnicas: _____ estudiantes      Profesiones administrativas: _____ estudiantes

Profesiones médicas: _____ estudiantes      Profesiones artísticas: _____ estudiantes

2. Ahora, calcula el porcentaje total de estudiantes de tu clase y determina qué porcentaje de la clase representa cada grupo. Luego prepara una tabla o gráfica para indicar esos porcentajes. (Pinta cada porcentaje con un color diferente).

Porcentaje de profesiones técnicas: _____

Porcentaje de profesiones médicas: _____

Porcentaje de profesiones administrativas: _____

Porcentaje de profesiones artísticas: _____

Porcentaje de indecisos(as): _____

**Gráfica**

3. Escribe en tu cuaderno una o dos frases para resumir la información de la gráfica.

## El español en la comunidad

(página 467)

Vuelve a leer *El español en la comunidad* en la página 467 de tu libro de texto. Piensa en tu comunidad o ciudad y en tu cuaderno, contesta las preguntas siguientes.

1. ¿Qué tipo de profesiones requieren un conocimiento de otras culturas? ¿Y de otros idiomas? Escribe todas las que se te ocurran.

2. ¿Cuáles de las profesiones "interculturales" que mencionaste en la actividad anterior crees que serán más importantes en el futuro de nuestra sociedad? ¿Por qué? Explica tu respuesta.

# ¡Adelante! (páginas 468–469)

## Lectura 1

**Estrategia**

**Usar títulos y subtítulos**
Puedes saber enseguida de qué trata un artículo o un folleto leyendo los títulos y los subtítulos.

Lee *Usa títulos y subtítulos* (al margen) y sigue las instrucciones para la lectura. Si hay alguna palabra que no recuerdas, consulta las glosas en la página 469 de tu libro de texto. Después haz las otras actividades al margen.

---

**Lectura interactiva**

**Usa títulos y subtítulos**
Subraya los títulos de las secciones para saber la información que vas a encontrar.

**Encuentra**
Busca en el texto palabras o expresiones que son sinónimos de las palabras siguientes.

**solucionar**

_____

**dirigente**

_____

**monótono**

_____

---

**Una prueba de aptitud** puede ayudarte a encontrar la mejor profesión para ti. Lo primero que debes hacer es determinar tu personalidad. Lee las siguientes descripciones. ¿Cuál te describe?

\*Personalidad
   **a.** realista
   **b.** investigadora
   **c.** artística
   **d.** sociable
   **e.** emprendedora
   **f.** analítica

\*Te gusta...
   **a.** trabajar con animales, máquinas y herramientas.
   **b.** estudiar y resolver problemas de ciencias o de matemáticas.
   **c.** participar en actividades creativas como el arte, el teatro y la música.
   **d.** hacer cosas con otras personas.
   **e.** ser el líder.
   **f.** trabajar con números y máquinas de manera ordenada.

\*Prefieres...
   **a.** cosas prácticas que se pueden tocar y ver.
   **b.** las ciencias.
   **c.** actividades creativas.
   **d.** enseñar o ayudar a otras personas.
   **e.** la política y los negocios.
   **f.** el éxito en los negocios.

\*Evitas...
   **a.** situaciones sociales.
   **b.** ser el líder.
   **c.** actividades repetitivas.
   **d.** las máquinas, los animales y las herramientas.
   **e.** actividades científicas.
   **f.** actividades desordenadas.

### Profesiones

Para saber la carrera más relacionada a tus gustos e intereses, revisa tus respuestas. Haz la suma para ver qué letra marcaste más y compara este resultado con la siguiente información. Si marcaste dos letras diferentes o más, puede ser que tengas aptitud para varias carreras.

\*Localiza la letra que marcaste más veces para saber la profesión que debes elegir: a) ingeniero(a) o arquitecto(a); b) científico(a) o médico; c) actor, actriz o diseñador(a) de ropa; d) profesor(a) o enfermera; e) vendedor(a) o abogado(a) y f) contador(a) o cajero(a).

**Capítulo 9A**

Nombre _____   Fecha _____

**P**

Completa la prueba de aptitud y escribe cuál ha sido el resultado. ¿Estás de acuerdo con lo que te dice la prueba? ¿Por qué? Si no, ¿a qué profesión quieres dedicarte? Responde en un párrafo corto.

_____

_____

_____

_____

**Q**

Las pruebas de aptitud muchas veces están basadas en estudios psicológicos que intentan emparejar a cada persona con una profesión que le ayude a desarrollar sus talentos naturales. Aquí tienes la descripción de los talentos de varias personas. Para cada una, recomienda una profesión, y explica por qué crees que tendrá éxito en esa profesión.

1. Sara tiene 16 años. Tiene una mente muy analítica y le encanta investigar las razones de todo. Es muy exacta, ordenada y metódica.

_____

_____

2. Juan tiene 18 años. Es muy creativo e imaginativo. No le gusta estar más de una hora haciendo lo mismo. Le encantan las fiestas, la música, el arte y la naturaleza.

_____

_____

3. Andrea es hija de madre alemana y padre ruso. A los 14 años ya domina cuatro idiomas. Siente un gran interés por las relaciones internacionales y leer periódicos en diferentes idiomas.

_____

_____

## Lectura 2

Antes de leer el siguiente artículo, lee *Leer tomando apuntes* (a la derecha). Luego, lee el texto y después haz las otras actividades al margen.

### Estrategia

**Leer tomando apuntes** Cuando leas un texto con gran contenido informativo, el tomar apuntes a medida que lees o destacar con un marcador los puntos principales te ayudará a tener una visión global más clara al final de la lectura.

## El currículum vitae

*Un currículum vitae,* o C.V., resume la información sobre los estudios y la carrera profesional de una persona. Se usa para presentarse como candidato(a) a un puesto de trabajo.

Hay dos tipos de currículum: el cronológico y el funcional. El cronológico puede ser directo o inverso. En el directo, los datos sobre formación y experiencia profesional se organizan de más antiguo a más reciente. En el inverso, se sigue el orden contrario. Éste es el tipo de currículum más utilizado.

En el currículum funcional no se usan fechas. Las actividades se agrupan por experiencias. Su ventaja es que si hay un tiempo en el que no has trabajado ni estudiado, esto se hará menos evidente. Un currículum vitae consta de las siguientes partes:

- **DATOS PERSONALES:** Nombre y apellido, dirección postal (o de correo ordinario), teléfono, fax y dirección de correo electrónico.

- **FORMACIÓN:**
  **Estudios:** Estudios realizados, títulos o certificaciones obtenidos.
  **Otros estudios:** Conocimientos que complementan tu formación.
  **Conocimientos de informática:** Dominio de programas y aplicaciones.
  **Idiomas:** Idiomas que sabes y cuál es tu dominio de cada uno de ellos.

- **EXPERIENCIA PROFESIONAL:** Experiencias laborales. Si no tienes experiencia laboral, piensa en las actividades que has realizado o en las que has participado. Escoge las experiencias relacionadas con el puesto al que aspires.

- **OTROS DATOS:** Pertenencia a asociaciones culturales, deportivas o cívicas, carnet de conducir, etc.

**ROSARIO VARGAS**
0000 Milfort Street
Austin, TX 77990
Teléfono: (713) 000-0000
Correo electrónico: rovargas@zzzz.net.z

**Estudios:**
Enseñanza secundaria, año de graduación, 2004
Parkville High School, Houston, TX—Estados Unidos
Enseñanza primaria 1991–1996
Escuela L. Cárdenas, Morelia, Michoacán, México

**Otros estudios:**
Taller de escritura (Poet's Circle, Houston, TX, 2003)
Curso de introducción a la traducción

**Experiencia:**
Editora del periódico de Parkville High School 2003–2004
Revisión de artículos. Enlace entre los colaboradores del periódico y la dirección de la escuela.
Profesora de inglés como segunda lengua 2002–2004
Trabajo como voluntaria en las bibliotecas públicas del condado de Parkville, TX. Enseñanza de inglés hablado y escrito a niños hispanohablantes de 10 a 12 años.

**Informática:**
Microsoft Word a nivel de usuario, conocimiento avanzado

**Idiomas:** Completamente bilingüe inglés/español

### Lectura interactiva

**Toma apuntes**
Lee el texto subrayando las ideas principales. Toma apuntes en tu cuaderno de las cosas que consideres más importantes.

**Reflexiona**
Basándote en los apuntes que has tomado, ¿cuál crees que es el propósito de la persona que lo escribió: escribir algo agradable, promocionar algo o informar?

Ahora responde a las preguntas siguientes teniendo en cuenta lo que has leído.

1. ¿Qué es un currículum vitae? ¿Qué tipos de currículum se mencionan en la lectura?

_____

_____

_____

2. Explica la diferencia que hay entre el punto "estudios" y "otros estudios". Da ejemplos de tu experiencia personal de cosas que incluirías en uno y en otro.

_____

_____

_____

_____

Este verano tienes la oportunidad de trabajar en un país hispanohablante. Piensa en el trabajo que te gustaría hacer y qué se requiere para ser un(a) buen(a) candidato(a). Prepara tu currículum vitae para ese trabajo.

En una hoja de papel, escribe el puesto al que aspiras. Luego, escribe tu currículum teniendo en cuenta la información de la lectura y el modelo de currículum de la página anterior. Organiza la información en las secciones.

• Revisa el contenido: ¿Los datos personales son correctos? ¿Incluye toda la información académica y laboral? ¿Menciona detalles interesantes para el puesto al que aspiras?

Después escribe tu currículum en la computadora. Usa un formato que facilite la lectura (márgenes, párrafos bien diferenciados, etc.) y un tipo de letra que sea fácil de leer. Usa letras en negrita, en itálica o de distinto tamaño para destacar datos, pero no cambies continuamente el tipo de letra.

• Revisa la forma: ¿La ortografía y la puntuación son correctas? ¿El estilo es directo, claro y se entiende bien? ¿Los espacios, márgenes, etc. son correctos?

Haz las correcciones necesarias e incluye tu versión final en tu portafolios.

# La cultura en vivo (página 470)

En la página 470 de tu libro de texto puedes observar dos cuadros de pintores naif hispanohablantes. En el texto siguiente podrás aprender más sobre algunos pintores importantes de esta tendencia artística.

### Pintura naif en América Latina

Manuel Lepe (1936–1984) nació en Puerto Vallarta, México y fue el iniciador del estilo naif en este país. Lepe empezó a pintar a los siete años de edad y nunca tomó clases de pintura. Los temas de su pintura fueron los niños y su tierra natal. En sus pinturas, Puerto Vallarta es un paraíso lleno de color, alegría y luz. La obra de Lepe capta toda la alegría y la inocencia de la infancia. Esta obra fue elogiada por críticos y por artistas. Lepe fue nombrado "Ciudadano Distinguido" por la ciudad de San Antonio, TX. El Gobierno de Washington le rindió homenaje dedicando el 25 de septiembre de 1982 como Día Manuel Lepe. Hoy en día se hallan obras suyas en museos, palacios presidenciales y hogares de personajes célebres y de coleccionistas de arte de todo el mundo.

Pilar Sala nació en Buenos Aires, Argentina. Es licenciada en Ciencias Políticas y en pintura es una autodidacta. En sus cuadros refleja sus emociones y sentimientos siguiendo un estilo muy personal. Sus pinturas están llenas de colores, con predominio de los azules. En sus cuadros, Pilar Sala recrea situaciones reales usando imágenes creadas por su fantasía. Sus temas preferidos son árboles, flores, personas y paisajes en los que conviven la realidad y la fantasía. Ha expuesto su obra en varias ciudades de diferentes países. Se pueden ver imágenes de sus cuadros en su página Web.

**Actividad U**

• • • • • • • • • • • • • • • • • • • • • • • • • • • • • • • • • • • • • • • • • • • • •

Busca en un diccionario las palabras siguientes y explica qué significan en el texto.

1. autodidacta _____

2. paraíso _____

3. predominio _____

**Actividad V**

• • • • • • • • • • • • • • • • • • • • • • • • • • • • • • • • • • • • • • • • • • • • • •

Haz en tu cuaderno las siguientes actividades.

1. Explica qué cosas tienen en común estos dos pintores.

2. ¿Qué título le pondrías a cada uno de los párrafos de la lectura? No uses los nombres de los pintores como título.

# Presentación oral (página 471)

## Mi vida hoy y en el futuro

### 1. Preparación

Piensa en cómo es tu vida en la actualidad. ¿Cuáles son tus materias favoritas en la escuela? ¿Qué haces para divertirte? ¿Qué habilidades tienes? ¿Qué trabajos te atraen? Luego piensa cómo estas cosas pueden influir en la elección de una carrera laboral en el futuro. Haz una tabla para organizar lo que quieres incluir en tu presentación.

**Estrategia**

**Usar tablas** Hacer una tabla puede ayudarte a pensar acerca de la información clave sobre la que quieres hablar. Esto te ayudará a hablar de una manera más efectiva.

**Tarea**

Cada vez es más frecuente que las personas tengan más de un trabajo a lo largo de su vida. Prepara una presentación en la que hables de los trabajos que esperas tener en el futuro, basándote en tus aficiones y pasatiempos favoritos, tus intereses y tus logros actuales, así como en tus habilidades y tu carácter.

|  | Cursos favoritos | Diversiones | Habilidades | Carácter |
|---|---|---|---|---|
| Ahora | las matemáticas y el arte | trabajo en la computadora | hablo tres idiomas | me preocupa mucho mi aspecto |
| En el futuro | seré diseñadora en una escuela técnica | crearé nuevos diseños | trabajaré en un ambiente internacional | seré original y elegante |

### 2. Práctica

Repasa tu presentación varias veces. Puedes usar tus notas para practicar, pero no cuando hagas la presentación en público. Intenta:
- proporcionar tanta información como puedas.
- usar oraciones completas.
- hablar con claridad.

### 3. Presentación

Háblale a tu audiencia sobre tus intereses actuales y explica cómo estos factores afectarán las elecciones que hagas sobre trabajos que puedas desempeñar en el futuro.

### 4. Evaluación

Quizá tu profesor(a) te dé los criterios de cómo va a ser evaluada tu presentación. Probablemente, tu presentación será evaluada teniendo en cuenta:
- lo completa que fue tu presentación.
- la cantidad de información que presentaste.
- lo fácil que resultó entenderte.

# Repaso del capítulo (página 472)

## Vocabulario y gramática

**Repaso del capítulo**

**Para preparar el examen, revisa si...**
- conoces el vocabulario nuevo y la gramática.
- puedes realizar las tareas de la página 349.

### para hablar acerca de las profesiones en ciencia y tecnología

| | |
|---|---|
| el agricultor, la agricultora | farmer |
| el arquitecto, la arquitecta | architect |
| el científico, la científica | scientist |
| el diseñador, la diseñadora | designer |
| el ingeniero, la ingeniera | engineer |
| el mecánico, la mecánica | mechanic |
| el técnico, la técnica | technician |
| el veterinario, la veterinaria | veterinarian |

### para hablar acerca de las profesiones en los negocios

| | |
|---|---|
| el cartero, la cartera | mail carrier |
| el contador, la contadora | accountant |
| el dueño, la dueña | owner |
| el / la gerente | manager |
| el hombre de negocios | businessman |
| la mujer de negocios | businesswoman |
| los negocios | business |
| el secretario, la secretaria | secretary |

### para hablar acerca de las profesiones en las artes

| | |
|---|---|
| las artes | the arts |
| el / la artista | artist |
| el escritor, la escritora | writer |
| el pintor, la pintora | painter |

### para hablar acerca de las profesiones en las leyes y la política

| | |
|---|---|
| el abogado, la abogada | lawyer |
| el derecho | *(study of)* law |
| el juez, la jueza | judge |
|   *pl.* los jueces | |
| la ley | law |
| la política | politics |
| el político, la política | politician |

### para hablar acerca del futuro

| | |
|---|---|
| algún día | some day |
| los beneficios | benefits |
| bilingüe | bilingual |
| la carrera | career |
| el colegio | high school |
| la escuela técnica | technical school |
| el futuro | future |
| ganarse la vida | to make a living |
| la graduación | graduation |
| graduarse *(u → ú)* | to graduate |
| habrá | there will be |
| el idioma | language |
| militar | military |
| la oficina | office |
| la profesión | profession |
|   *pl.* las profesiones | |
| el programa de estudios | course of studies |
| el salario | salary |
| seguir *(e → i)* | to pursue (a career) |
|   (una carrera) | |
| la universidad | university |

### el futuro: verbos irregulares

| | |
|---|---|
| haber | habr- |
| hacer | har- |
| poder | podr- |
| saber | sabr- |
| tener | tendr- |

### terminaciones del futuro

| -é | -emos |
|---|---|
| -ás | -éis |
| -á | -án |

- ## Más práctica
  Practice Workbook Puzzle 9A-8
  Practice Workbook Organizer 9A-9

# Preparación para el examen (página **473**)

| En el examen vas a... | Éstas son las tareas que te pueden ser útiles para el examen... | Si necesitas repasar... |
|---|---|---|

 **1** **Escuchar** Escuchar y entender a personas que hablan de sus planes futuros.

En la Asamblea de despedida de alumnos de último año de secundaria, se les pregunta a algunos estudiantes qué harán después de graduarse. Escucha e identifica: (a) lo que harán el año que viene; (b) las profesiones en las que trabajarán, y (c) el salario que piensan que ganarán.

**págs. 452–455**
*A primera vista*
**pág. 456** Actividad 5
**pág. 459** Actividad 10
**pág. 460** Actividad 12

- - - - - - - - - - - - - - - - - - - - - - - - - - - - - - -

 **2** **Hablar** Hablar a los estudiantes nuevos sobre cómo es tu escuela secundaria.

Te has ofrecido para ayudar a los nuevos estudiantes hispanohablantes a inscribirse en las clases. ¿Cómo les describirías la experiencia que tendrán en la escuela secundaria? Puedes hablar de: (a) las clases; (b) las actividades extracurriculares o (c) darles algunos consejos para conocer a gente. Da tantos detalles como puedas.

**pág. 458** Actividad 8
**pág. 459** Actividad 11
**pág. 464**
    Actividades 19–21
**pág. 466** Actividad 24
**pág. 467** Actividad 25
**pág. 471**
*Presentación oral*

- - - - - - - - - - - - - - - - - - - - - - - - - - - - - - -

 **3** **Leer** Leer y entender las notas enviadas a los graduados acerca de su futuro.

Dentro de la tarjeta de graduación de Miguel hay una nota de su madre. Mientras lees, determina cómo piensa ella que la universidad será para él.

Querido hijo:

El año que viene irás a la universidad. Tú y tus amigos comenzarán una vida nueva en la universidad y tendrán oportunidades de conocer a gente interesante. Tu padre y yo sabemos que sacarás buenas notas.

Con mucho amor, Mamá

**pág. 461** Actividad 14
**pág. 462** Actividad 16
**págs. 468–469**
*Lectura*

- - - - - - - - - - - - - - - - - - - - - - - - - - - - - - -

 **4** **Escribir** Escribir acerca de tus planes futuros.

Como parte de una solicitud para un trabajo de verano, se te ha pedido escribir un párrafo corto acerca de tus planes sobre tu carrera. Por ejemplo, puedes incluir: *Estudiaré en la universidad por seis años para prepararme para ser veterinario(a).*

**pág. 458** Actividad 8
**pág. 460** Actividad 12
**pág. 461** Actividades
    13–14
**pág. 462** Actividad 16
**pág. 463** Actividades
    17–18
**pág. 467** Actividades
    25–26

- - - - - - - - - - - - - - - - - - - - - - - - - - - - - - -

 **5** **Pensar** Demostrar un conocimiento del arte popular de los países hispanohablantes.

Un(a) compañero(a) de clase va a viajar a América del Sur. Tu profesor(a) le ha pedido que traiga artesanías típicas de los países que visite. Basándote en lo que has aprendido en este capítulo, ¿qué crees que traerá el (la) estudiante?

**pág. 470** *La cultura en vivo*

# A ver si recuerdas... (páginas 474–475)

Como sabes, en muchos lugares, el medio ambiente está en peligro. Piensa en cosas que hacemos a diario y en cómo estas cosas afectan al medio ambiente. Completa las listas siguientes.

*Cosas que no son buenas para el medio ambiente*

1. Tirar basura en las playas y en los parques.

2. _____

3. _____

4. _____

*Cosas que sí son buenas para el medio ambiente*

1. Reciclar la basura es bueno para el medio ambiente.

2. _____

3. _____

4. _____

 **Fondo cultural** (página 474)

**Alfredo Arreguín** es un destacado pintor mexicoamericano que nació en Morelia, Michoacán, en enero de 1935. A los trece años se mudó a la capital del país, en donde vivió diez años. Desde 1959 ha vivido en Seattle, Washington, donde estudió arte. Muchos de sus cuadros contienen elementos de la cultura mexicana y de la naturaleza del lugar donde vive actualmente. Tal es el caso de su obra *Las garzas (2002)*, aves que viven cerca del agua y que habitan tanto en México como en los Estados Unidos.

1. ¿Conoces algún animal que viva tanto en México como en los Estados Unidos, o que viaje de uno de estos países al otro? ¿Cuál es este animal?

_____

2. ¿Crees que hay alguna relación entre el arte y la naturaleza? Explica tu respuesta.

_____

3. ¿Crees que por medio del arte se pueda motivar al público a preocuparse por el medio ambiente? Explica tu respuesta.

**Capítulo 9B**

# ¿Qué haremos para mejorar el mundo?

**Objetivos del capítulo**

- Hacer predicciones sobre el futuro
- Expresar dudas sobre temas ecológicos
- Comentar los problemas del medio ambiente y sus posibles soluciones
- Comprender las perspectivas culturales sobre los problemas ecológicos y sus soluciones

## Conexión geográfica (página 475)

En todo el mundo existen problemas con el medio ambiente. Lee la lista de problemas a continuación, estudia el mapa y escribe un sugerencia para remediar uno de los problemas en tu estado o en uno de los lugares sombreados.

contaminación del aire

contaminación del agua

deforestación

manejo de desechos (basura)

residuos tóxicos

lluvia ácida

**Modelo**  Si se recicla el papel en Texas, se ayuda a reducir la cantidad de basura.

**Web Code**
jde-0002

# A primera vista (páginas 476–477)

**Actividad A**

Usa las pistas para completar el crucigrama con las palabras del vocabulario.

**Horizontales: 1.** un tipo de energía; **3.** suciedad en el aire o el agua; **8.** lugar donde están los planetas y las estrellas; **10.** da vueltas alrededor de nuestro planeta; **11.** terreno bajo entre montañas; **12.** tipo de energía que se obtiene del sol; **13.** nuestro planeta

**Verticales: 2.** algunas especies de animales y plantas están en peligro de...; **4.** hacer que algo sea mejor; **5.** montaña pequeña; **6.** todo lo que no ha hecho el ser humano; **7.** hacer menor; **9.** comunidades

**Actividad B**

Gloria está hablando con su hermanita Graciela sobre el medio ambiente. Lee el diálogo y completa las frases con la palabra o expresión adecuada.

**GLORIA:** Graciela, ¡pon ese papel en la caja de reciclaje!

**GRACIELA:** ¿Por qué?

**GLORIA:** Porque ya hay mucha _____. Tenemos aire contaminado, los ríos y los

lagos están _____, los animales están en _____ de extinción...

**GRACIELA:** ¿Estamos destruyendo la _____? ¿Dónde viviremos?

**GLORIA:** Viviremos en Venus. La contaminación es un problema _____ y todos

tenemos que ayudar a _____ la situación.

**Videohistoria**     (páginas **478–479**)

Actividad **C**

Lee estas oraciones sobre la *Videohistoria*. Complétalas y luego escríbelas en orden.

1. Pedro cree que el autobús es

   muy _____.                                    _____

                                                     _____

2. La cajera en el cine dice que no                 _____

   _____ el aire acondicionado.                 _____

3. Los chicos caminan al cine y hablan de           _____

   _____ energía.                               _____

4. Pedro dice que pueden _____                  _____

   dinero si montan en bicicleta.                   _____

5. Pedro dice que el aire acondicionado             _____

   se rompió; _____ que sea la                  _____

   electricidad.                                    _____

---

## Ampliación del lenguaje

### Palabras de una sóla sílaba

Existen muchas palabras de una sóla sílaba que se pronuncian de la misma manera, pero que tienen significados diferentes. Para indicar la diferencia de significado se usa la tilde.

| | |
|---|---|
| **el** (artículo) | No funciona **el** aire acondicionado. |
| **él** (pronombre) | **Él** dice que el aire acondicionado se estropeó. |
| **mi** (posesivo) | **Mi** bicicleta me ayuda a ahorrar energía. |
| **mí** (preposición + pronombre) | A **mí** me gusta ahorrar energía. |
| **te** (pronombre objeto) | **Te** gusta tomar agua. |
| **té** (sustantivo; la bebida) | Te gusta tomar **té**. |
| **tu** (posesivo) | Escribe en **tu** cuaderno. |
| **tú** (pronombre sujeto) | **Tú** escribes en tu cuaderno. |

# Manos a la obra (páginas 480–483)

**Actividad D**

Encierra en un círculo la palabra o expresión que no corresponde en cada categoría.

1. la contaminación, el aire contaminado, el aire acondicionado, el agua contaminada

2. la electricidad, la Luna, las fuentes de energía, la calefacción solar

3. conservar, ahorrar, reducir, funcionar

4. el medio ambiente, la destrucción, la naturaleza, la Tierra

5. los bosques, las selvas tropicales, los desiertos, las fuentes de energía

6. mejorar, dudar, proteger, resolver

7. puro, eficiente, grave, económico

**Actividad E**

Completa la siguiente prueba para ver cuánto sabes sobre ecología. Sólo hay una respuesta correcta para cada pregunta. Encierra en un círculo la letra de la opción correcta.

1. La ecología estudia...

   **a.** las plantas.

   **b.** los animales.

   **c.** el medio ambiente y la naturaleza.

2. Cuando decimos que algo está en peligro de extinción, queremos decir que...

   **a.** vamos a verlo en todas partes.

   **b.** tenemos que eliminarlo para conservar las fuentes de energía.

   **c.** no lo vamos a ver dentro de unos años a menos que lo protejamos.

3. Si hay un cambio grande en las temperaturas del planeta...

   **a.** afectará solamente a las ciudades.

   **b.** tendrá un impacto sobre el medio ambiente.

   **c.** no pasará nada, pero tendremos que usar más la calefacción y el aire acondicionado.

## Ampliación del lenguaje

(página **482**)

### Antónimos

Has aprendido muchas formas de incrementar tu vocabulario. Una de éstas es aprender palabras como antónimos, o opuestos, en pares.

**1.** Escribe los antónimos de las siguientes palabras:

puro ≠ _____     artificial ≠ _____

falso ≠ _____     construcción ≠ _____

**2.** A continuación te presentamos una serie de refranes populares que comienzan con la frase *Más vale*.

Completa cada refrán con el antónimo de la palabra en itálica.

Más vale uno en *paz* que ciento en _____.

Más vale *antes* que _____.

Más vale *algo* que _____.

Más vale perro *vivo* que león _____.

Para cada una de las palabras siguientes, escribe dos palabras más que estén directamente relacionadas con ella. Si la palabra es un sustantivo, puedes escribir un verbo, un adjetivo o un adverbio. Usa el vocabulario que has aprendido.

| Modelo | aire puro | *las plantas* | *los bosques* |

**1.** contaminación _____     _____

**2.** conservar _____     _____

**3.** reciclar _____     _____

**4.** espacio _____     _____

**5.** destrucción _____     _____

**6.** extinción _____     _____

# Gramática

**(página 484)**

## Otros verbos irregulares en el futuro

Otros verbos que tienen radicales irregulares en el futuro son:

| | |
|---|---|
| **decir** | **dir-** |
| **poner** | **pondr-** |
| **querer** | **querr-** |
| **salir** | **saldr-** |
| **venir** | **vendr-** |

En el futuro **dirán** que la destrucción de las selvas tropicales causó muchos problemas ecológicos.

**Pondremos** plantas nuevas en nuestra casa.
**Querremos** luchar contra la guerra y por la paz.
**Saldré** muy temprano por la mañana. ¿**Vendrás** conmigo?

### ¿Recuerdas?

Ya sabes formar el futuro de verbos irregulares con las mismas terminaciones que se usan para los verbos regulares (*-é, -ás, -á, -emos, -éis, -án*). Ya conoces estos verbos irregulares:

| | | | |
|---|---|---|---|
| haber | **habr-** | hacer | **har-** |
| poder | **podr-** | saber | **sabr-** |
| tener | **tendr-** | | |

### Gramática interactiva

**Identifica formas**
Subraya el radical de cada una de las formas del futuro en los ejemplos.

**Determina formas**
Para cada uno de los verbos irregulares que se incluyen en la lista de la tabla, escribe la forma *yo* y la forma *nosotros*.

_____

_____

_____

_____

_____

Ahora que ya sabes cómo formar el futuro de algunos verbos irregulares, usa la misma regla para indicar cuál sería la forma futura de *nosotros* y *ellos* de los siguientes verbos relacionados.

| | **Primera persona plural** | **Tercera persona plural** |
|---|---|---|
| componer | _____ | _____ |
| prevenir | _____ | _____ |
| reponer | _____ | _____ |
| retener | _____ | _____ |
| convenir | _____ | _____ |
| suponer | _____ | _____ |

**Actividad I**

Un grupo de tu clase está preparando un evento especial para celebrar el Día de la Tierra y te han invitado a dar un discurso durante el evento. Responde a las preguntas de tus compañeros usando las formas del futuro apropiadas. Usa tu imaginación.

**Modelo**   ¿Qué día vamos a hacer el evento?
*Lo haremos (Haremos el evento) el próximo viernes.*

**1.** ¿Vas a decir que debemos proteger la Tierra?

_____

**2.** ¿Cuándo vamos a poner los carteles para anunciar el evento?

_____

**3.** ¿Vas a venir antes del evento para ensayar un poco?

_____

**4.** ¿A qué hora van a salir de clase los chicos que van a ayudarnos?

_____

**5.** ¿Vas a querer que el público te haga preguntas cuando termines de hablar?

_____

**Actividad J**

Ahora escribe en tu cuaderno una nota a unos primos invitándolos al evento para celebrar el Día de la Tierra. Explícales cómo será el evento y qué cosas habrá allí. Anímalos a asistir incluyendo también algunas cosas que ellos van a poder ver o hacer allí, etc. Usa al menos seis verbos de la lista.

| decir | haber | hacer | poder | poner |
|-------|-------|-------|-------|-------|
| querer | saber | salir | tener | venir |

## Gramática

### El presente de subjuntivo con expresiones de duda

(página **487**)

Ya has usado el subjuntivo para expresar que una persona intenta persuadir a otra para que haga algo. También se usa después de verbos y expresiones que indican duda o incertidumbre.

(1) Dudamos que puedan resolver todos los problemas.
(2) No es cierto que protejan las selvas tropicales.

Otras expresiones que indican duda o incertidumbre son:

**no creer que**
**no estar seguro(a) de que**
**es imposible que**
**es posible que**

Cuando el verbo o la expresión implica certeza, se usa el indicativo, *no* el subjuntivo.

(3) Estoy seguro de que destruyen los bosques.
(4) Creemos que es importante proteger la naturaleza.

El subjuntivo de *hay* es *haya,* del verbo *haber.*

(5) Es posible que haya suficiente electricidad.

### Gramática interactiva

**Determina formas**
- En las frases 1 a 5, subraya la expresión de duda y encierra en un círculo los verbos en subjuntivo.

**Actividad K**

Completa las siguientes oraciones con la forma correcta del subjuntivo o del indicativo, según el contexto.

1. No creo que la contaminación _____ *(eliminarse)* en un futuro próximo.

2. Estoy seguro de que tú _____ *(contribuir)* a la conservación del medio ambiente.

3. Es posible que las leyes sobre el medio ambiente _____ *(cambiar)* pronto.

4. No estoy seguro de que nosotros _____ *(tener)* que reciclar todos los días el papel.

5. Es importante que todos _____ *(proteger)* las plantas y los animales en peligro de extinción.

6. Él piensa que el problema de la contaminación no _____ *(ser)* demasiado grave.

7. En mi comunidad no creo que _____ *(haber)* problemas de contaminación.

8. Me parece imposible que ellos _____ *(destruir)* la naturaleza de ese modo.

9. Si nos organizamos, es posible que todos _____ *(luchar)* juntos para solucionar el problema de la contaminación.

**L**

Responde a estas preguntas según tu idea de cómo será el futuro. Usa las formas de futuro o de presente de subjuntivo de los verbos en cursiva según sea necesario.

> **Modelo**  ¿Crees que van a *circular* cada vez menos coches en las ciudades?
> *No, no creo que circulen cada vez menos coches en las ciudades.*
> o: *Sí, creo que circularán cada vez menos coches en las ciudades.*

1. ¿Crees que la temperatura de la Tierra va a *seguir* aumentando?

   _____

2. ¿Estás seguro(a) de que las personas van a *cuidar* cada vez más la naturaleza?

   _____

3. ¿Es posible que *podamos* proteger los animales en peligro de extinción?

   _____

4. ¿Crees que los Estados Unidos va a *ser* el país con los mejores sistemas de reciclaje del mundo?

   _____

**M**

María ha escrito una composición explicando cómo ve ella el futuro. Lee su composición y subraya cinco frases con las que no estés de acuerdo. Luego escribe un comentario en tu cuaderno sobre cada una de ellas usando expresiones de duda o negación.

> **Modelo**  Yo creo que dentro de pocos años los problemas del mundo se habrán resuelto.
> *No creo que se resuelvan los problemas del mundo tan pronto.*

Yo creo que dentro de pocos años los problemas del mundo se habrán resuelto. Estoy segura de que las personas ya se han dado cuenta de que tenemos que cuidar el planeta y ya están haciéndolo. Creo que ya quedan muy pocas personas que no reciclen cosas como las latas de refresco y los papeles. Dentro de nueve o diez años todos los gobiernos habrán creado leyes contra la contaminación. Entonces desaparecerá toda la contaminación del agua y del aire. Seguramente para entonces ya habrán descubierto nuevas fuentes de energía más eficaces. Los sistemas de energía solar serán muy baratos y cada familia podrá instalar uno en su hogar.

# Lectura cultural (página 485)

Aquí tienes más información sobre el ecoturismo. Léela y después contesta las preguntas a continuación.

## ¿Ya has probado el ecoturismo?

El ecoturismo es una forma alternativa de hacer turismo. Su misión principal es la de conservar la naturaleza, promoverla y ayudar a las regiones y pueblos del mundo a mantener su patrimonio ecológico, mediante visitas organizadas y otras actividades. En unas vacaciones ecoturistas se aprende a respetar y entender mejor la naturaleza en todos sus aspectos, además de participar en su conservación de forma directa.

Si haces reservaciones para un viaje de ecoturismo, es probable que tu hotel sea una cabaña, o algún lugar en medio de la naturaleza. Los alojamientos son limpios y cómodos, pero tienen en cuenta muchas formas de conservar energía que no encontramos en los hoteles tradicionales. Por ejemplo, la energía utilizada en estos lugares es probablemente solar, y se usa para lo mismo que usamos la energía eléctrica en nuestra vida diaria.

**1.** ¿Cuál es el objetivo de este artículo?

_____

**2.** ¿Qué crees que harán los ecoturistas en sus viajes?

_____

**3.** ¿Te gustaría pasar algunas vacaciones en un hotel como los que se describen aquí? ¿Por qué?

_____

## Ampliación del lenguaje

En las comunidades bilingües, hay palabras que pasan de una lengua a otra. Éstas son influencias del inglés en el español y que debemos evitar:

- El uso de la raya (—) en lugar de la coma o dos puntos:
  Incorrecto: *Compró varias frutas—duraznos, melón y sandía.*
  **Correcto: *Compró varias frutas: duraznos, melón y sandía.***

- El uso del gerundio en títulos: en inglés, el gerundio puede funcionar como un nombre. Su uso es frecuente en títulos de libros, películas, artículos, etc.: *"Lunching in the Park."* En español, el gerundio NO funciona como nombre, por eso es incorrecto escribir como título de un artículo "Almorzando en el parque"; lo correcto es **"Almuerzo en el parque"** o **"Almorzar en el parque"**.

**La ecología** (página 490)

El ser humano es la principal fuente de contaminación de las aguas. Veamos cuatro tipos de contaminación de las aguas provocada por el hombre:

- **La industria:** Contamina el agua mediante la descarga de metales pesados, productos químicos, hidrocarburos, grasas, colorantes, ácidos y muchos otros más.
- **Desechos humanos:** son todos aquellos desechos que se producen por la actividad doméstica (la vida diaria del hombre en pueblos y ciudades). Aunque en su mayoría son residuos orgánicos, el alcantarillado arrastra otras sustancias peligrosas, como ácidos, hidrocarburos y plomo, entre otros.
- **Navegación:** intencionales o no, los vertidos de petróleo en el agua producen importantes daños ecológicos.
- **Agricultura y ganadería:** a partir de estas actividades se arrojan a las aguas grandes cantidades de restos orgánicos de animales y plantas, pesticidas y fertilizantes.

Responde a las siguientes preguntas.

1. ¿Cuál de las formas de contaminación que se mencionan arriba te parece la más grave? Explica tu respuesta.

_____

_____

2. Explica con tus propias palabras que entiendes por el término "residuos orgánicos".

_____

_____

3. ¿Alguna vez has visto en la televisión u oído en el radio una noticia relacionada con la contaminación de las aguas? Si es así, explica cuál fue el hecho noticioso.

_____

_____

_____

# ¡Adelante! (páginas 492–493)

## Lectura 1

> **Estrategia**
>
> **Identificar el punto de vista** Al leer un artículo tienes que tener en cuenta que el autor puede tener opiniones muy definidas sobre algún tema.

 **Actividad 0**

Antes de leer el artículo, lee la primera sección de *Lectura interactiva* (al margen) y sigue las instrucciones. Puedes consultar las glosas de los artículos en las páginas 492 y 493 de tu libro de texto.

**Lectura interactiva**

**Identifica el punto de vista**

A medida que lees el artículo, trata de identificar los pasajes y las frases que apoyan el punto de vista del autor. Subráyalos.

Resume el punto de vista del autor en una oración.

_____

_____

_____

## Protegemos la Antártida

Con un área de 16.5 millones de kilómetros cuadrados, la Antártida es un continente de hielo. El 90 por ciento del hielo de la Tierra se encuentra en la Antártida. Es un desierto frígido donde casi nunca llueve. El continente está rodeado por islas que tienen un clima menos frío y por eso hay una variedad de plantas que mantienen un gran número de pájaros y animales. La existencia de especies está limitada por el clima, pero existe una abundancia de vida en el agua: plancton, coral, esponjas, peces, focas, ballenas y pingüinos.

### ¡Estamos en peligro!

Las regiones polares son muy importantes para la supervivencia de la Tierra entera. Los casquetes de hielo en las zonas polares reflejan luz solar y así regularizan la temperatura de la tierra. Cuando se destruyen estos casquetes, hay menos luz solar que se refleja y la Tierra se convierte en un receptor termal. Esto se llama el efecto de invernadero.

### El Tratado Antártico

A través de los años, muchos países han declarado soberanía de derechos sobre la Antártida y esto ha producido problemas, especialmente en Argentina y Chile. Pero el 1 de diciembre de 1959, los problemas se acabaron con el Tratado Antártico. El tratado estableció reglas para el uso de la región. Las dos más importantes son el uso pacífico del continente para objetivos científicos y la prohibición de la explotación minera.

Nombre _____ Fecha _____

**Responde a las siguientes preguntas con frases completas.**

1. ¿Cuál es el tono del autor del artículo? ¿serio? ¿formal? ¿informal? ¿preocupado? ¿cómico? ¿indiferente? ¿objetivo?

   _____

2. ¿Cuál es el objetivo principal de este artículo?

   _____

   _____

3. ¿Cuáles son las consecuencias principales del Tratado Antártico?

   _____

   _____

   _____

Un grupo de compañeros de tu escuela está planeando un viaje a la Antártida. Teniendo en cuenta lo que sabes de esta zona, además de lo que has aprendido sobre el medio ambiente y la naturaleza, prepara en un cartel una guía con sugerencias para tus compañeros.

1. Primero escribe una breve descripción del lugar a donde irán tus compañeros. Esta información debe ser objetiva y no debe incluir opiniones personales.

2. Prepara una lista de sugerencias para tus compañeros, indicándoles qué deben hacer y qué no deben hacer para que su viaje no tenga un impacto negativo en el área. Recuerda usar el subjuntivo de forma adecuada.

## Lectura 2

Antes de leer el siguiente artículo sobre el cambio climático, lee *Usa el contexto* (al margen) y sigue las instrucciones.

### Estrategia

**Distinguir hechos de hipótesis**
Cuando en un mismo texto se incluyen hechos reales e hipótesis es importante distinguirlos. Una forma de hacerlo es fijarse en los verbos. En general, los hechos se expresan en presente *(es, hay, está)* y las hipótesis en futuro o una forma llamada condicional *(sería, habría, estaría).*

### Lectura interactiva

**Usa el contexto**
Lee el texto fijándote en qué frases expresan hechos reales y cuáles expresan hipótesis o probabilidades. En el primer párrafo, subraya dos ejemplos de hechos. En el segundo párrafo, subraya dos veces dos ejemplos de hipótesis.

**Encuentra**
Encierra en un rectángulo una consecuencia del cambio climático en cada uno de los párrafos tercero y cuarto.

## Consecuencias de un cambio climático

Debido al efecto de invernadero, la Tierra se calienta cada vez más. Si no se toman medidas, la temperatura global del planeta aumentará unos 3.5 °C en los próximos cien años. Cuanto más aumenta el calor, más agua se evapora del suelo, de los mares, lagos y ríos. Esta evaporación haría aumentar el vapor de agua en el aire, dando lugar a un aumento de las precipitaciones y provocando un clima más extremo.

Un estudio del gobierno mexicano afirma que si continúa el cambio climático, muchos bosques de México desaparecerán, y se producirá un crecimiento de los bosques tropicales lluviosos. Como consecuencia, el clima sería más extremo, disminuyendo las zonas de clima templado y aumentando las zonas cálidas y húmedas (selvas tropicales), y las secas y cálidas (desiertos).

En cuanto a la agricultura, si continúa el cambio climático, la superficie apta para el cultivo del maíz disminuirá, mientras la población sigue aumentando, provocando una crisis de alimentos. El aumento de la evaporación producirá una disminución del volumen de agua disponible que tendría graves consecuencias.

Otra de las consecuencias del cambio climático sería la invasión del mar. Las zonas más afectadas serían las lagunas costeras y los pantanos.

Para enfrentar el cambio climático, la humanidad debe lograr una respuesta global, en la que todos los gobiernos se unan para proteger el planeta.

Responde a las siguientes preguntas sobre la lectura.

**1.** ¿Cuál es el tema principal del texto?

_____

**2.** ¿Cuál es la primera consecuencia global del aumento de la temperatura de la Tierra?

_____

**3.** ¿Qué crees que quiere decir esta frase al final de la lectura: "La humanidad debe lograr una respuesta global, [...] para proteger el planeta"? Explica tu respuesta.

_____

_____

_____

Responde a las preguntas siguientes según tu propia opinión.

**1.** ¿Qué otras consecuencias crees que puede tener un cambio climático?

_____

_____

**2.** ¿Crees que el clima está cambiando en tu comunidad? Piensa en cómo eran los inviernos y los veranos cuando tú eras pequeño(a). Si hace poco que vives en tu comunidad, puedes hablar de otro lugar que conozcas.

_____

_____

**3.** ¿Cuál de estos problemas te parece más grave: el uso sin distinción de las fuentes de energía, los animales y las plantas en peligro de extinción, la contaminación o las guerras? Escribe en tu cuaderno un párrafo para responder a esta pregunta.

# Perspectivas del mundo hispano (página 494)

Como has visto en la página 494 de tu libro de texto, la deforestación es un problema muy grave que afecta a gran número de territorios en todo el mundo. Lee el texto siguiente sobre las medidas que han tomado las autoridades de Michoacán, México, para hacerle frente a este problema, y después responde a las preguntas a continuación.

## Reforestación contra deforestación

En México, el estado de Michoacán, se ha visto afectado por incendios, talas clandestinas, plagas y enfermedades que provocaron la deforestación de la zona. Para solucionar esta situación, las autoridades crearon el Programa Estatal de Reforestación. La reforestación consiste en plantar árboles y plantas en un terreno en el que recientemente fueron destruidos, ya sea por causas naturales o por la mano del ser humano. El propósito de la reforestación es restaurar la vegetación autóctona o propia de la región.

Michoacán con tres tipos de clima —templado, cálido y semi-seco— posee una gran variedad de ecosistemas vegetales. El objetivo del programa de reforestación es facilitar la conservación y restauración de la vegetación original del estado.

Gracias a este programa, desde hace unos años, durante la temporada de lluvias, la reforestación es una actividad muy importante en el estado. Otra ventaja del programa es la creación de puestos de trabajo relacionados con la reforestación. Pero además de reforestar es importante educar para que los dueños de bosques comprendan el valor económico y ambiental de los mismos.

Responde a las siguientes preguntas en tu cuaderno.

1. ¿Qué puestos de trabajo piensas que puede crear la reforestación? ¿Por qué?

2. Averigua qué programas de reforestación o qué eventos en los que se incluye la plantación de árboles tienen lugar en tu comunidad. ¿Has participado alguna vez en un programa de reforestación? Explica el objetivo del programa y di qué personas participaron en él. ¿Cuál ha sido tu aportación al mismo?

# Presentación escrita (página 495)

**Prestemos servicio**

## Tarea

Las vacaciones de verano son un buen momento para hacer algo por tu comunidad. Estás organizando un proyecto de voluntarios y te han pedido que escribas un artículo para el diario local explicando tu proyecto.

## Estrategia

**Preguntas clave** Antes de escribir un artículo, es una buena idea organizar la información que vas a necesitar. Preguntas como *¿quién?, ¿qué?, ¿cuándo?, ¿dónde?, ¿cómo?* y *¿por qué?* te serán útiles para planificar tu artículo.

1. **Antes de escribir**
   Para escribir tu artículo, responde a las preguntas siguientes, dando tantos detalles como sea posible.

   • ¿Qué...?   • ¿Dónde...?   • ¿Quién(es)...?   • ¿Cuándo...?   • ¿Por qué...?

2. **Borrador**
   Usando tus respuestas a las preguntas clave, escribe un primer borrador de tu artículo. Trata de usar un título que capte el interés de los lectores. Es importante que presentes tus ideas de una forma lógica, concisa e interesante para que otras personas quieran participar en tu proyecto.

3. **Revisión**
   Lee tu artículo y asegúrate de que la ortografía, las concordancias, las formas verbales y el uso del vocabulario sean correctos. Pídele a un(a) compañero(a) de clase que revise los puntos siguientes:

   • ¿Has presentado tu plan en una forma lógica y concisa?
   • ¿Has incluido toda la información necesaria?
   • ¿Debes cambiar o añadir algo?
   • ¿Hay errores de ortografía, en las formas verbales o en la concordancia?

4. **Publicación**
   Vuelve a escribir el artículo haciendo las correcciones y cambios necesarios. Haz una copia para tu profesor(a) e incluye otra copia en tu portafolios.

5. **Evaluación**
   Quizá tu profesor(a) te dé los criterios de cómo va a ser evaluada tu presentación. Probablemente, tu presentación será evaluada teniendo en cuenta:

   • lo lógico y conciso que es el artículo.
   • lo completa que es la información.
   • la precisión en el uso del futuro y del presente de subjuntivo.

# Repaso del capítulo (página 496)

## Vocabulario y gramática

### Repaso del capítulo

**Para preparar el examen, revisa si...**
- conoces el vocabulario nuevo y la gramática.
- puedes realizar las tareas de la página 369.

### para hablar acerca de la Tierra

| | |
|---|---|
| el bosque | forest |
| la colina | hill |
| el desierto | desert |
| el espacio | *(outer)* space |
| la Luna | the moon |
| la naturaleza | nature |
| la planta | plant |
| el pueblo | town |
| la selva tropical | rain forest |
| la Tierra | Earth |
| el valle | valley |

### para hablar acerca de la energía

| | |
|---|---|
| ahorrar | to save |
| el aire acondicionado | air conditioning |
| la calefacción | heat |
| económico, -a | economical |
| eficiente | efficient |
| la electricidad | electricity |
| la energía | energy |
| solar | solar |

### para hablar acerca del medio ambiente

| | |
|---|---|
| conservar | to conserve |
| la contaminación | pollution |
| contaminado, -a | polluted |
| contra | against |
| la destrucción | destruction |
| ecológico, -a | ecological |
| eliminar | to eliminate |
| en peligro de extinción | endangered, in danger of extinction |
| la fuente | source |
| funcionar | to function, to work |
| grave | serious |
| la guerra | war |
| juntarse | to join |
| luchar | to fight |
| la manera | way, manner |
| el medio ambiente | environment |
| mejorar | to improve |
| la paz | peace |
| proteger | to protect |
| puro, -a | pure |
| reducir | to reduce |
| resolver *(o → ue)* | to solve |

### otras palabras y expresiones útiles

| | |
|---|---|
| además (de) | in addition (to), besides |
| dudar | to doubt |
| es cierto | it is certain |
| haya | there is, there are *(subjunctive)* |

### otros verbos irregulares con cambios en el radical en el futuro

| | |
|---|---|
| decir | dir- |
| poner | pondr- |
| querer | querr- |
| salir | saldr- |
| venir | vendr- |

### el presente del subjuntivo con expresiones de duda

**No creo que** los estudiantes **lleguen** a tiempo.
**Dudamos que** el aire acondicionado **funcione**.
Ramón **no está seguro de que** el concierto **empiece** a las siete.
**Es posible que veamos** al Presidente.
**Es imposible que** la gente **viva** en el espacio.
**No es cierto que** el agua del río **sea** pura.

### ● Más práctica
Practice Workbook Puzzle 9B-8
Practice Workbook Organizer 9B-9

# Preparación para el examen (página **497**)

| En el examen vas a... | Éstas son las tareas que te pueden ser útiles para el examen... | Si necesitas repasar... |
|---|---|---|

  **①** **Escuchar** Escuchar y entender a unos estudiantes que hablan acerca de las acciones de las personas con respecto al medio ambiente.

Para celebrar el *Día de la Tierra,* una clase está hablando sobre lo que las personas hacen o van a hacer para mejorar el medio ambiente. Escucha los comentarios y escribe *presente,* si los comentarios se refieren al presente y *futuro,* si lo que dicen corresponde al futuro.

págs. 476–479
*A primera vista*
pág. 480 Actividad 4
pág. 484 Actividad 12

---

 **②** **Hablar** Hablar sobre lo que harás para proteger el medio ambiente.

El director del Centro para Jóvenes Hispanos te ha pedido que hables a un grupo sobre cinco cosas que *tú* harás este año para lograr tener un impacto positivo sobre el medio ambiente. Por ejemplo, puedes decir: *Trabajaré en un centro de reciclaje.*

pág. 482 Actividad 9
pág. 483 Actividad 10
pág. 486 Actividad 16
pág. 488 Actividad 19
pág. 489 Actividades 20–21
pág. 490 Actividad 23
pág. 491 Actividad 25

---

 **③** **Leer** Leer y entender una descripción sobre el futuro.

Lee la descripción de una representación de un director de cine sobre cómo será el mundo dentro de 30 años. ¿Dónde vivirán las personas? ¿Qué usaremos como energía? ¿Crees que el director incluye algo que tú consideras imposible?

En el futuro, habrá apartamentos en el océano y en las estaciones del espacio. Dudo que usemos la gasolina para los coches. Será necesario usar la energía solar.

pág. 481 Actividad 7
pág. 482 Actividad 8
pág. 485 Actividad 13
pág. 487 Actividad 17
pág. 490 Actividad 23
pág. 491 Actividad 24

---

  **④** **Escribir** Escribir información para incluirla en un cartel de *"Proteger nuestro medio ambiente".*

Tu profesor(a) de ciencias te ha pedido que escribas una versión en español de un cartel relacionado con el medio ambiente. ¿Qué recomendaciones incluirías en él? Por ejemplo, puedes escribir: *Sugerimos que reciclen los periódicos.*

pág. 481 Actividad 7
pág. 482 Actividad 8
pág. 487 Actividad 17
pág. 488 Actividad 19
pág. 491 Actividades 24–25
pág. 495 *Presentación escrita*

---

  **⑤** **Pensar** Demostrar un conocimiento sobre los esfuerzos realizados para proteger los recursos naturales en el mundo hispanohablante.

Piensa en lo que has aprendido en este capítulo acerca de cómo las personas y los gobiernos atienden los problemas del medio ambiente en los países hispanohablantes. Compara estos esfuerzos con los que se llevan a cabo en Estados Unidos. ¿Crees que esto es un problema regional o mundial?

pág. 481 *Fondo cultural*
pág. 483 Actividad 10, *Fondo cultural*
pág. 485 *Fondo cultural*
pág. 494 *Perspectivas del mundo hispano*

# Verbos

## Verbos regulares

A continuación aparecen las conjugaciones de los verbos regulares terminados en *-ar, -er* e *-ir* en el indicativo (presente, pretérito, imperfecto, futuro y condicional) y en el presente y el imperfecto del subjuntivo.

| Infinitivo<br>Participio presente<br>Participio pasado | Presente | | Pretérito | | Imperfecto | |
|---|---|---|---|---|---|---|
| estudiar | estudio | estudiamos | estudié | estudiamos | estudiaba | estudiábamos |
| estudiando | estudias | estudiáis | estudiaste | estudiasteis | estudiabas | estudiabais |
| estudiado | estudia | estudian | estudió | estudiaron | estudiaba | estudiaban |
| correr | corro | corremos | corrí | corrimos | corría | corríamos |
| corriendo | corres | corréis | corriste | corristeis | corrías | corríais |
| corrido | corre | corren | corrió | corrieron | corría | corrían |
| vivir | vivo | vivimos | viví | vivimos | vivía | vivíamos |
| viviendo | vives | vivís | viviste | vivisteis | vivías | vivíais |
| vivido | vive | viven | vivió | vivieron | vivía | vivían |

- - - - - - - - - - - - - - - - - - - - - - - - - - - - - - - - - - - - - - - - - -

## Presente progresivo e imperfecto progresivo

Los tiempos progresivos se forman con una forma de *estar* y el participio presente.

| Presente progresivo | Participio presente | Imperfecto progresivo | Participio presente |
|---|---|---|---|
| estoy | | estaba | |
| estás | | estabas | |
| está | estudiando | estaba | estudiando |
| estamos | corriendo | estábamos | corriendo |
| estáis | viviendo | estabais | viviendo |
| están | | estaban | |

- - - - - - - - - - - - - - - - - - - - - - - - - - - - - - - - - - - - - - - - - -

## Verbos reflexivos

| Infinitivo y participio presente | Presente | Pretérito | Subjuntivo |
|---|---|---|---|
| lavarse | me lavo | me lavé | me lave |
| lavándose | te lavas | te lavaste | te laves |
| | se lava | se lavó | se lave |
| | nos lavamos | nos lavamos | nos lavemos |
| | os laváis | os lavasteis | os lavéis |
| | se lavan | se lavaron | se laven |

## Verbos regulares (continuación)

| Futuro | | Condicional | | Presente del subjuntivo | | Imperfecto del subjuntivo | |
|---|---|---|---|---|---|---|---|
| estudiaré | estudiaremos | estudiaría | estudiaríamos | estudie | estudiemos | estudiara | estudiáramos |
| estudiarás | estudiaréis | estudiarías | estudiarías | estudies | estudiéis | estudiaras | estudiarais |
| estudiará | estudiarán | estudiaría | estudiaría | estudie | estudien | estudiara | estudiaran |
| correré | correremos | correría | correríamos | corra | corramos | corriera | corriéramos |
| correrás | correréis | correrías | correríais | corras | corráis | corrieras | corrierais |
| correrá | correrán | correría | correrían | corra | corran | corriera | corrieran |
| viviré | viviremos | viviría | viviríamos | viva | vivamos | viviera | viviéramos |
| vivirás | viviréis | vivirías | viviríais | vivas | viváis | vivieras | vivierais |
| vivirá | vivirán | viviría | vivirían | viva | vivan | viviera | vivieran |

## Tiempos perfectos

Los tiempos perfectos se forman con un verbo auxiliar *(haber)* y un participio pasado.

| Presente perfecto | | Pluscuamperfecto | | Futuro perfecto | | Presente perfecto del subjuntivo | | Pasado perfecto del subjuntivo | | Condicional perfecto | |
|---|---|---|---|---|---|---|---|---|---|---|---|
| he | | había | | habré | | haya | | hubiera | | habría | |
| has | estudiado | habías | estudiado | habrás | estudiado | hayas | estudiado | hubieras | estudiado | habrías | estudiado |
| ha | corrido | había | corrido | habrá | corrido | haya | corrido | hubiera | corrido | habría | corrido |
| hemos | vivido | habíamos | vivido | habremos | vivido | hayamos | vivido | hubiéramos | vivido | habríamos | vivido |
| habéis | | habíais | | habréis | | hayáis | | hubierais | | habríais | |
| han | | habían | | habrán | | hayan | | hubieran | | habrían | |

# Mandatos afirmativos y negativos

Para formar un mandato afirmativo con *tú,* usa el presente del indicativo de las formas para *Ud./él/ella.* Esta regla también es aplicable a los verbos con cambios en la raíz. No obstante, algunos verbos tienen una forma irregular de mandato afirmativo con *tú.*

Para formar un mandato con *Ud.,* quita la *-s* de la forma de mandato negativo para *tú.* Para formar un mandato con *Uds.,* reemplaza la *-s* del mandato negativo para *tú* con una *-n.*

## Verbos regulares y con cambios en la raíz, y verbos terminanados en *-car, -gar* y *-zar*

| Infinitivo | Tú | Tú negativo | Usted | Ustedes |
|---|---|---|---|---|
| estudiar | estudia | no estudies | (no) estudie | (no) estudien |
| volver | vuelve | no vuelvas | (no) vuelva | (no) vuelvan |
| abrir | abre | no abras | (no) abra | (no) abran |
| sacar | saca | no saques | (no) saque | (no) saquen |
| llegar | llega | no llegues | (no) llegue | (no) lleguen |
| cruzar | cruza | no cruces | (no) cruce | (no) crucen |

## Verbos irregulares

| Infinitivo | Tú | Tú negativo | Usted | Ustedes |
|---|---|---|---|---|
| decir | di | no digas | (no) diga | (no) digan |
| hacer | haz | no hagas | (no) haga | (no) hagan |
| ir | ve | no vayas | (no) vaya | (no) vayan |
| mantener | mantén | no mantengas | (no) mantenga | (no) mantengan |
| poner | pon | no pongas | (no) ponga | (no) pongan |
| salir | sal | no salgas | (no) salga | (no) salgan |
| ser | sé | no seas | (no) sea | (no) sean |
| tener | ten | no tengas | (no) tenga | (no) tengan |
| venir | ven | no vengas | (no) venga | (no) vengan |

. . . . . . . . . . . . . . . . . . . . . . . . . . . . . . . . . . . . . . . . . . . . . . . . . . . . . . . . . . . . . . . .

# Colocación de pronombres en los mandatos

Agrega pronombres reflexivos o de objeto al final de los mandatos afirmativos. Agrégalos después de la palabra *no* en los mandatos negativos.

*Toma* esas vitaminas.
¡*Tómalas* ahora mismo!
*No las tomes.*

# Verbos con cambios en la raíz

A continuación aparece una lista de verbos que tienen cambios en la raíz. Sólo se muestran las conjugaciones que cambian.

## Infinitivo en *-ar*

| Infinitivo | Presente del indicativo | | Presente del subjuntivo | |
|---|---|---|---|---|
| pensar (e→ie) | pienso | pensamos | piense | pensemos |
| | piensas | pensáis | pienses | penséis |
| | piensa | piensan | piense | piensen |
| Verbos como **pensar**: calentar, comenzar, despertar(se), recomendar, tropezar | | | | |
| contar (o→ue) | cuento | contamos | cuente | contemos |
| | cuentas | contáis | cuentes | contéis |
| | cuenta | cuentan | cuente | cuenten |
| Verbos como **contar**: acostar(se), almorzar, costar, encontrar(se), probar(se), recordar | | | | |
| jugar (u→ue) | juego | jugamos | juegue | juguemos |
| | juegas | jugáis | juegues | juguéis |
| | juega | juegan | juegue | jueguen |

## Infinitivo en *-er*

| Infinitivo | Presente del indicativo | | Presente del subjuntivo | |
|---|---|---|---|---|
| entender (e→ie) | entiendo | entendemos | entienda | entendamos |
| | entiendes | entendéis | entiendas | entendáis |
| | entiende | entienden | entienda | entiendan |
| Verbos como **entender**: encender, perder | | | | |
| devolver (o→ue) past participle: devuelto | devuelvo | devolvemos | devuelva | devolvamos |
| | devuelves | devolvéis | devuelvas | devolváis |
| | devuelve | devuelven | devuelva | devuelvan |
| Verbos como **devolver**: mover(se), resolver, torcer(se), volver (participio pasado: **vuelto**) | | | | |

# Verbos con cambios en la raíz (continuación)

## Infinitivo en -ir

| | Indicativo | | | | Subjuntivo | |
|---|---|---|---|---|---|---|
| | **Presente** | | **Pretérito** | | **Presente** | |
| pedir (e→i) (e→i) | pido | pedimos | pedí | pedimos | pida | pidamos |
| present participle: | pides | pedís | pediste | pedisteis | pidas | pidáis |
| pidiendo | pide | piden | pidió | pidieron | pida | pidan |

Verbos como pedir: conseguir, despedir(se), repetir, seguir, vestir(se)

| | | | | | | |
|---|---|---|---|---|---|---|
| preferir (e→ie) (e→i) | prefiero | preferimos | preferí | preferimos | prefiera | prefiramos |
| present participle: | prefieres | preferís | preferiste | preferisteis | prefieras | prefiráis |
| prefiriendo | prefiere | prefieren | prefirió | prefirieron | prefiera | prefieran |

Verbos como preferir: divertir(se), hervir, mentir, sugerir

| | | | | | | |
|---|---|---|---|---|---|---|
| dormir (o→ue) (o→u) | duermo | dormimos | dormí | dormimos | duerma | durmamos |
| present participle: | duermes | dormís | dormiste | dormisteis | duermas | durmáis |
| durmiendo | duerme | duermen | durmió | durmieron | duerma | duerman |

Verbos como **dormir**: morir(se) (participio pasado: m**ue**rto)